■ 新编高等院校财经类“十三五”创新系列精品规划教材

XINBIAN GAODENG YUANXIAO CAIJINGLEI“SHISANWU” CHUANGXIN XILIE JINGPIN GUIHUA JIAOCAI

财务管理

主　编　肖　刚

副主编　齐星辰　高新光

参　编　张　秀　陈海艳　王艳芳

中国商业出版社

图书在版编目(CIP)数据

财务管理 / 肖刚主编. —北京 : 中国商业出版社,
2016.3

ISBN 978 - 7 - 5044 - 9007 - 0

Ⅰ. ①财… Ⅱ. ①肖… Ⅲ. ①财务管理 - 高等职业教育 - 教材 Ⅳ. ①F275

中国版本图书馆 CIP 数据核字(2015)第 127232 号

责任编辑:蔡凯

中国商业出版社出版发行

010 - 63180647　www. c - cbook. com

(100053　北京广安门内报国寺 1 号)

新华书店总店北京发行所经销

涿州市华建印刷有限公司印刷

*　*　*　*　*

787 × 1092 毫米　1/16 开　17 印张　字数 320 千字

2016 年 3 月第 1 版　2016 年 3 月第 1 次印刷

*　*　*　*

定价:38.80 元

(如有印装质量问题可更换)

前 言

《财务管理》是高职高专"十二五"精品规划教材;本书既可作为高等职业院校会计、审计、财务管理、税务及相关经济管理类专业教学用书,也可作为应用型本科院校财经类专业相关课程的教材或参考书,还可作为企业管理人员、会计人员职业培训和自学用书。

本书求深入浅出,本着务实、求新、开拓和借鉴的原则系统阐述财务管理的基本理论和基本方法。本书应市场经济的发展趋势和会计改革的发展情况,强化理论知识的应用及实践技能的可操作性,适于培养高素质应用型专业人才。其特色有:

一、实用性强

突出实践技能,知识要点的陈述以够用为度,增加实务操作内容,加强实践性教学环节。选择真实、典型、实用的企业管理案例,注重企业管理技能的培养。

二、通俗易懂

本书中有大量与教学内容相关的案例分析,增强了教材的生动性。便于学生对内容的理解与掌握。

三、内容新颖

对照企业管理实际,适当融入企业管理实际案例。本书参照"全国会计专业技术资格考试教材——财务管理"等编写,并适当补充相关内容。

四、注重精讲多练

对于企业财务管理知识的学习,适当的企业管理习题演练是必须的,针对这方面的不足,增加了课后习题。

本书由黑龙江商业职业学院的六名教师共同编写,由肖刚担任主编,齐星辰、高新光担任副主编,张秀、陈海艳、王艳芳参编。

本书的写作分工如下:肖刚编写项目五、八、九、十、十一;齐星辰编写项目一、三、六;高新光编写项目二、四;张秀编写项目七;陈海艳、王艳芳负责收集资料;全书由肖刚拟定编写大纲及组织编写。

在本书的编写过程中,我们参阅了国内外许多专家和学者的专著和论文,并借鉴了其中部分内容,在此谨向他们表示诚挚的谢意!

由于编者的水平有限,书中难免会有错误和不当之处,敬请读者批评指正。

编　者

2016 年 3 月

目录

项目一　财务管理认知

【知识要点】

1. 明确财务管理的含义与内容；
2. 熟悉财务管理的环节；
3. 明确财务管理目标；
4. 了解财务管理的原则与环境。

【能力目标】

1. 能够识别财务管理目标；
2. 能够识别影响财务管理环境的各种因素；
3. 能够分析财务管理环境对企业理财的影响。

【案例导入】

大学生毕业创业

王某某是刚从某所旅游学院毕业的学生，他决定自主创业。他根据所学的专业知识，结合自己积累的一些实习经验，请教了导师，并经过反复可行性论证后，决定开设一家旅行社。

王某某曾经在实习期间考察过几家旅行社，虽然对其经营有一定的了解，但自己创建旅行社必须面对许多问题，他认为以下事项需要解决：(1)旅行社的选址与设计。(2)旅行社筹建期间的费用预算。(3)如何筹集旅行社所需资金？(4)如何经营旅行社？(5)如何协调旅行社未来发展规划与预期收益分配问题？

假设你是旅行社的财务管理者，应如何为他规划、管理与财务相关的问题？

任务一 财务管理的内容

企业财务是指企业在生产经营过程中客观存在的资金运动及其所体现的经济利益关系。前者称为财务活动，后者称为财务关系。

企业在日常经营活动中，财务管理者经常面临如下财务决策：(1)如何筹集资金？(2)如何使用和控制资金？(3)如何进行投资活动？(4)怎样合理进行收益分配？这些问题就是财务管理的基本内容，只有明确了财务管理的基本内容，才能为实施具体的财务活动和协调有关各方利益关系奠定坚实的理论基础。

一、财务管理的概念

财务管理是企业管理的一个组成部分，它是根据财经法规制度，按照财务管理的原则，组织企业财务活动，处理财务关系的一项综合性的经济管理工作。

(一)财务活动

企业的财务活动主要包括筹资活动、投资活动、资金营运和资金分配等一系列行为。

1. 筹资活动

企业筹资是指企业为了满足投资和资金营运的需要，筹集所需资金的行为。企业通过筹资通常形成两种资金来源：一是企业权益资金；二是企业债务资金。

在筹资过程中，一方面，企业需要根据战略发展的需要和投资计划来确定各个时期企业总体的筹资规模，以保证投资所需的资金；另一方面，要通过筹资渠道、筹资方式或工具的选择合理确定筹资结构，降低筹资成本和风险，提高企业价值。

2. 资金营运活动

企业在日常生产经营活动中，会发生一系列的资金收付行为。首先，企业需要采购材料或商品，从事生产和销售活动，同时，还要支付工资和其他营业费用；其次，当企业把商品或产品售出后，便可取得收入、收回资金；最后，如果资金不能满足企业经营需要，还要采取短期借款方式来筹集所需资金。为满足企业日常营业活动的需要而垫支的资金，称为营运资金。因企业日常经营而引起的财务活动，称为资金营运活动。在一定时期内，营运资金周转速度越快，资金的利用效率就越高，企业就可能生产出更多的产品，取得更多的收入，获取更多的利润。

3. 投资活动

企业投资是指企业根据项目资金需要投出资金的行为。企业投资可分为广义的投资和狭义的投资两种。

企业广义的投资包括对外投资(如：购买其他公司股票、债券，或与其他企业联营、合营等)和对内投资(如：购置固定资产、无形资产、流动资产等)。企业狭义的投资仅指对外投资。

4. 利润分配活动

企业通过投资和资金营运活动可以取得相应的收入，并实现资金的增值。企业取得的各种收入在补偿成本、缴纳税金后，还应依据有关法律对剩余收益进行分配。广义的分配是指对企业各种收入进行分割和分派的行为；狭义的分配仅指对企业净利润的分配。

（二）财务关系

企业资金投放在投资活动、资金运营活动、利润分配活动中，在进行处理各项财务活动的过程中，会与有关各方发生经济利益关系，称为财务关系。主要包括以下几个方面：

1. 企业与投资者之间的财务关系

企业与投资者之间的财务关系主要是指企业的投资者向企业投入资金，企业向其投资者支付投资报酬所形成的经济关系。企业与投资者之间的财务关系实质上是一种所有权与经营权的关系。

2. 企业与债权人之间的财务关系

企业与债权人之间的财务关系主要是指企业向债权人借入资金，并按合同的规定支付利息和归还本金所形成的经济关系。企业与债权人之间的财务关系在性质上属于债务与债权的关系。

3. 企业与受资者之间的财务关系

企业与受资者之间的财务关系主要是指企业以购买股票或直接投资的形式向其他企业投资所形成的经济关系。企业与受资者之间的财务关系体现的是投资与受资之间的关系。

4. 企业与债务人之间的财务关系

企业与债务人之间的财务关系主要是指企业将其资金以购买债券、提供借款或商业信用等形式出借给其他单位所形成的经济关系。企业与债务人之间的财务关系体现为债权与债务之间的关系。

5. 企业与供货商、企业与客户之间的财务关系

企业与供货商、企业与客户之间的财务关系主要是指企业购买供货商的商品或接受其服务，以及企业向客户销售商品或提供服务过程中形成的经济关系。

6. 企业与政府之间的财务关系

企业与政府之间的财务关系是指政府作为社会管理者，通过收缴各种税款的方式与企业形成的经济关系。企业与政府之间的财务关系体现为依法纳税和依法征税的关系。

7. 企业与内部各单位(部门)之间的财务关系

企业与内部各单位之间的财务关系是指企业内部各单位之间在生产经营各环节中互相提供产品或劳务所形成的经济关系。企业与内部各单位之间的财务关系体现为企业与内部各单位之间的关系。

8. 企业与职工之间的财务关系

企业与职工之间的关系主要是指企业向职工支付劳动报酬过程中所形成的经济利益关系。企业与职工之间的关系体现为劳动成果的分配关系。

【思考】：

1. 企业在组织财务活动中会发生哪些财务关系？

2. 企业实施了一项狭义的“资金分配”活动，由此而形成的财务关系是(　　)。

A. 企业与投资者之间的财务关系

B. 企业与受资者之间的财务关系

C. 企业与债务人之间的财务关系

D. 企业与供应商之间的财务关系

3. 在下列各项中，从甲公司的角度看，能够形成“本企业与债务人之间财务关系”的业务是(　　)。

A. 甲公司购买乙公司发行的债券

B. 甲公司归还所欠丙公司的货款

C. 甲公司从丁公司赊购产品

D. 甲公司向戊公司支付利息

二、财务管理的环节

财务管理环节是财务管理的工作步骤与一般工作程序。

财务管理环节根据财务管理工作的程序及各部分间的内在关系，企业财务管理环节一般包含:财务规划和预测、财务决策、财务预算、财务控制、财务分析和业绩评价与激励。

财务管理的各个环节相互衔接，形成财务管理工作的完整过程，被称为财务管理循环。

1. 规划和预测

财务规划和预测是根据企业整体战略目标和规划，结合对未来宏观、微观形势的预测，来建立企业财务的整体战略目标和规划。企业战略目标的实现需要确定与之相匹配的企业财务战略目标，因此财务战略目标是企业整体战略目标的具体化，财务战略规划也就是企业整体战略规划的具体化。

在财务战略的指导下，企业财务人员要根据企业财务活动的历史资料，考虑现实的要求和条件，对企业未来的财务活动作出具体的预计和测算。本环节的主要工作是:明确预测目标;搜集相关资料;建立预测模型;确定财务预测结果。

2. 财务决策

财务决策是财务人员按照财务目标的总体要求，利用专门的方法对各种备选方案进行比较和分析，并从中选出最佳方案的过程。财务决策是财务管理的核心，财务预测是为财务决策服务的。决策的成功与否，直接关系企业的兴衰成败。财务决策环节的主要工作是:明确决策目标;提出备选方案;选择最优方案。

3. 财务预算

财务预算是指运用科学的技术手段和方法，对未来财务活动的内容及指标所进行的具体规划。财务预算是以财务预测提供的信息和财务决策确立的方案为基础编制的，是财务预测和财务决策的具体化。

企业在制定了财务目标、财务规划后，首先要在全企业内部建立财务预算体系，并根据各种预测信息和各项财务决策确立财务预算的指标和编制财务计划，预算体系的建立和财务预算的编制是实现企业财务目标乃至实现企业整体战略目标的出发点和基础。财务预算就是企业财务战略规划的具体计划，是控制财务活动的依据。

值得注意的是，财务预算应纳入到企业全面预算体系中去，构成企业全面预算体系的重要组成部分。

财务预算一般包括以下环节:分析财务环境，确定预算指标;协调财务能力，组织综合平衡;选择预算方法，编制财务预算。

4. 财务控制

财务控制就是对预算和计划的执行进行追踪监督，对执行过程中出现的问题进行调整和修正，以保证预算的实现。

更重要的是，要对财务活动的各个环节进行风险控制和管理，以保证目标和预算的执行。风险控制和管理就是要预测风险发生的可能性，尽可能地提出预警方案确定和甄别风险、采取有效措施规避、化解风险或减少风险带来的危害等等。

财务控制环节的主要工作是：制定控制标准并分解落实；实施追踪控制，及时调整与修正；分析执行情况。

5. 财务分析和业绩评价与激励

财务分析是根据财务报表等有关资料，运用特定方法，对企业财务活动过程及结果进行分析和评价的一项工作。财务分析既是对已完成的财务活动的总结，是评价企业财务状况和经营业绩、挖掘潜力、改进工作、实现财务管理目标的重要手段，也是财务预测的前提，在财务管理的循环中起着承上启下的作用。

财务分析环节主要包括以下步骤：占有资料，掌握信息；指标对比，揭露矛盾；分析原因，明确责任；提出措施，改进工作。

在财务分析的基础上建立的经营业绩评价体系是企业建立激励机制和发挥激励作用的依据和前提。而激励机制的有效性又是企业目标实现的动力与保证。一般说来，一个完善的业绩评价体系应该力求达到内部与外部的平衡和长期与短期的平衡。

上述财务管理工作的几个环节是相互联系、相互依存的。

【请思考】财务管理的各个环节相互之间有什么联系？

三、财务管理的内容

企业的筹资活动、投资活动、资金营运活动和利润分配活动相互联系、互相依存，构成了企业财务活动的完整过程，同时也成为财务管理的基本内容。因此，财务管理的内容由筹资管理、投资管理、资金营运管理和利润分配管理组成。

1. 筹资管理

筹资管理的目标就是采取适当的筹资方式进行筹资决策，以较低的资金成本和财务风险，筹集到企业正常经营和投资所需要的资金。筹资管理的主要内容是：筹资渠道和筹资方式的选择；筹资数量的确定；最佳资本结构的决策与运用。

2. 投资管理

投资管理的目标是合理权衡投资收益与投资风险，选择最佳的投资方向与投资方案，合理配置资金，优化资产结构，以获取最大投资收益。投资管理的主要内容是：项目投资管理、债券投资管理等。

3. 资金营运管理

资金营运管理的目标是对企业的营运资金进行控制与决策。资金营运管理的主要内容是：确定流动资产的投资规模，流动资产的合理融资等。

4. 利润分配管理

利润分配管理的目标是正确制定股利分配政策和分配原则，合理进行利润的分配。

【思考】：财务管理的内容有什么联系？

任务二　财务管理的目标

企业是盈利性组织，其出发点和归宿是获利，企业的目标是创造价值，因此，企业管理的目标可以概括为：生存、发展和获利。

企业财务管理的目标是企业财务管理活动所希望实现的结果，它是为企业创造价值服务的，它是企业财务管理的出发点和归宿，是评价企业财务活动是否合理有效的基本标准。因此，只有明确了财务管理的目标，才能为实施具体财务管理工作奠定明确的行为导向。科学的设置财务管理目标，对于优化理财行为、实现财务管理的目标具有重要意义。

企业财务管理目标的代表性模式：利润最大化、每股收益最大化、股东财富最大化、企业价值最大化。

一、财务管理的目标

(一)利润最大化

利润最大化目标就是企业财务管理以实现利润最大化为目标，即追求企业利润最大化作为财务管理的目标。

1. 利润最大化作为财务管理目标的原因

(1)人类从事生产经营活动的目的是为了创造更多的剩余产品，而剩余产品的多少可以用利润这个指标来衡量。

(2)在自由竞争的资本市场中，资本的使用权最终属于获利最多的企业。

(3)只有每个企业都最大限度地创造利润，整个社会的财富才可能实现最大化，从而带来社会的进步和发展。

2. 利润最大化目标的不足

(1)没有考虑资金时间价值。

(2)没有反映创造的利润与投入资本之间的关系。

(3)没有考虑风险因素，高额利润往往要承担较高的风险。

(4)片面追求利润最大化，可能导致企业短期行为，与企业发展的战略目标相背离。

(二)每股收益最大化

每股收益，是指企业实现的归属于普通股股东的当期净利润与发行在外普通股股数的比值，它的大小反映了投资者投入资本获得回报的能力。

每股收益最大化的目标将企业实现的利润额同投入的资本或股本数进行对比，能够说明企业的盈利水平，可以在不同资本规模的企业或同一企业不同期间之间进行比较，揭示其盈利水平的差异。但与利润最大化一样，该目标也存在以下不足：

1. 没有考虑资金时间价值。

2. 没有考虑风险因素。

3. 不能避免企业短期行为，与企业发展的战略目标相背离。

(三)企业价值最大化

企业价值最大化目标是指企业的财务管理以企业价值最大化为目标。

企业价值是指企业全部资产的市场价值，即企业资产所能创造的预计未来现金流量的现值。该目标反映了企业潜在或预期的获利能力和成长能力。

1. 企业价值最大化目标的优点

(1)该目标考虑了资金的时间价值和风险价值。

(2)该目标反映了对企业资产保值增值的要求。

(3)该目标有利于克服管理上的片面性和短期行为。

(4)该目标有利于社会资源的合理配置。

2. 企业价值最大化目标的不足

(1)企业的价值过于理论化，不易操作。尽管对于上市公司而言，股票价格的变动在一定程度上揭示了企业价值的变化，但是股价并非为企业所控制，其价格受多种因素影响产生的波动也并非与企业财务状况的实际变动相一致。

(2)对于非上市公司，只有对企业进行专门的评估才能真正确定其价值，而资产估价不易做到客观和准确，也导致企业价值确定困难。

企业价值最大化是目前公认的最佳财务管理目标，也是本教材主张的观点。

【思考】

1. 在下列各种观点中,既能够考虑资金的时间价值和投资风险,又有利于克服管理上的片面性和短期行为的财务管理目标是(　　)。

A. 利润最大化　　B. 企业价值最大化

C. 每股收益最大化　　D. 资本利润率最大化

2. 以“企业价值最大化”作为财务管理目标的优点有(　　)。

A. 有利于社会资源的合理配置

B. 有助于精确估算非上市公司价值

C. 反映了对企业资本保值增值的要求

D. 有利于克服管理上的片面性和短期行为

二、财务管理目标的协调

企业经营是不同利益主体共同作用的结果，将企业价值最大化作为企业财务管理目标的首要任务就是协调相关利益群体的关系，化解他们之间的利益冲突。

(一)所有者与经营者的矛盾与协调

1. 经营者和所有者的主要矛盾

经营者希望在提高企业价值和股东财富的同时，能更多地增加享受成本;而所有者和股东希望以较小的享受成本支出带来更高的企业价值或股东财富。

2. 矛盾协调方法

(1)解聘。这是一种通过所有者约束经营者的办法。

(2)接受。这是一种通过市场约束经营者的办法。

(3)激励。将经营者的报酬与其绩效挂钩，以使经营者自觉采取提高股东财富和企业价值的措施。通常有两种基本方式:“股票期权”方式;“绩效股”形式。

(二)所有者与债权人的矛盾与协调

所有者的财务目标可能与债权人期望实现的目标发生矛盾，协调双方矛盾通常采用两种方式:限制性借债;收回借款或停止借款。

【思考】

1. 财务管理目标有哪些观点?各有什么优缺点?

2. 如何正确选择适合企业的财务管理目标?

3. 如何协调不同利益主体的利益冲突?

4. 下面是通过市场约束经营者的办法的是( )。

A. 解聘　B. 接收　C. 激励　D. "股票期权"的方法和"绩效股"形式

三、财务管理的原则

财务管理原则是企业财务管理工作必须遵循的基本原则,它是从企业财务管理实践中抽象出来的并在实践中得以证明是正确的行为规范,它反映了企业财务管理活动的内在的本质要求。明确财务管理原则,有助于财务管理工作的有效实施。

(一)有关竞争环境的原则

1. 自利行为原则

自利行为原则是指人们在进行决策时按照自己的财务利益行事,在其他条件相同的条件下,人们会选择对自己经济利益最大的行动。该原则的依据是理性的经济人假设。

2. 双方交易原则

双方交易原则是指每一项交易都至少存在两方,在一方根据自己的经济利益决策时,另一方也会按照自己的经济利益行动,并且对方和你一样聪明、勤奋和富有创造力,因此你在决策时要正确预见对方的反应。该原则的依据是交易至少有两方;交易是"零和博弈";各方都是自利的。该原则要求理解财务交易时不能以自我为中心,不要自以为是;注意税收的影响。

3. 信号传递原则

行动可以传递信息,并且比公司的声明更有说服力。该原则的依据是自利行为原则。该原则要求:根据公司的行为判断它未来的收益状况;公司在决策时不仅要考虑行动方案本身,还要考虑该项行动可能给人们传达的信息。

4. 引导原则

当所有办法都失败时,寻找一个可以信赖的榜样作为自己的引导。该原则的依据是理解力存在局限性,寻找最优方案成本过高。该原则要求不能盲目模仿。

(二)有关创造价值的原则

1. 有价值的创意原则

有价值的创意原则是指新创意能获得额外报酬。该原则的依据是竞争理论。

2. 比较优势原则

比较优势原则是指专长能创造价值。该原则的依据是分工理论。该原则要求把主要精力放在自己的比较优势上。

3. 期权原则

期权原则是指期权是不附带义务的权利,它是有经济价值的。该原则要求在估价时要考虑期权的价值。

4. 净增效益原则

净增效益原则是指财务决策建立在净增效益的基础上，一项决策的价值取决于它和替代方案相比所增加的净收益。该原则要求只分析方案之间有区别的部分，不考虑与决策无关的成本。

（三）有关财务交易的原则

1. 风险报酬权衡原则

风险报酬权衡原则是指风险和报酬之间存在一个对等关系，投资人必须对报酬和风险作出权衡，为追求较高报酬而承担较大风险，或者为减少风险而接受较低的报酬。现实的市场中只有高风险同时高报酬和低风险时低报酬的投资机会。

2. 投资分散化原则

投资分散化原则是指不要把全部财富都投资于一个公司而要分散投资。该原则的依据是投资组合理论。

3. 资本市场有效原则

资本市场有效原则是指在资本市场上频繁交易的金融资产的市场价格反映了所有可获得的信息，而且面对新信息完全能迅速地做出调整。该原则的依据是有效市场理论。该原则要求重视市场对企业的估价；慎重使用金融工具，如果市场是有效的，购买或出售金融工具的交易的净现值为零。

4. 货币时间价值原则

货币时间价值原则是指在进行财务计量时要考虑货币时间价值因素。该原则的依据是货币投入使用后其数额会随着时间的延续而不断增加。该原则要求财务估价时要考虑时间价值的影响。

任务三　财务管理的环境

财务管理环境又称理财环境，是对企业财务活动和财务管理产生影响作用的企业内外各种条件的统称。

企业财务活动在相当大程度上受理财环境制约，如生产、技术、市场、物价、金融、税收等因素，对企业财务活动都有重大影响。只有在理财环境的各种因素作用下实现财务活动的协调平衡，企业才能生存和发展。明确理财环境，有助于正确地制定理财策略。

财务管理的外部环境是企业财务决策难以改变的，企业财务决策更多的是适应它们的要求和变化。财务管理环境涉及的范围很广，本教材主要介绍的是经济环境、法律环境和金融环境。

一、财务管理的外部环境

（一）经济环境

影响财务管理的经济环境内容十分广泛，主要包括经济体制、经济周期、经济发展水平、宏观经济政策和通货膨胀等。

1. 经济体制

不同经济体制下，企业财务管理有显著区别。经济体制是制约企业财务管理的重要环境因素之一。在计划经济体制下，财务管理活动内容比较单一，财务管理方法比较简单。在市场经济体制下，企业成为“自主经营、自负盈亏”的经济实体，有独立的经营权和理财权，保证企业财务活动自始至终根据自身条件和外部环境作出各种财务管理决策并组织实施。

2. 经济周期

市场经济条件下，经济发展与运行带有一定的波动性，大体上经历复苏、繁荣、衰退和萧条几个阶段的循环，这种循环叫做经济周期。在不同的经济周期，企业应采用不同的财务管理策略。西方财务学者探讨了经济周期中的经营理财策略。现择其要点归纳如下表 1－1 所示。

表 1－1　经济周期中的经营理财策略

复苏	繁荣	衰退	萧条
1. 增加厂房设备	1. 扩充厂房设备	1. 停止扩张	1. 建立投资标准
2. 实行长期租赁	2. 继续建立存货	2. 出售多余设备	2. 保持市场份额
3. 建立存货	3. 提高产品价格	3. 停产不利产品	3. 压缩管理费用
4. 开发新产品	4. 开展营销规划	4. 停止长期采购	4. 放弃次要利益
5. 增加劳动力	5. 增加劳动力	5. 削减存货	5. 削减存货
		6. 停止扩招雇员	6. 裁减雇员

3. 经济发展水平

财务管理的发展水平是和经济发展水平密切相关的，经济发展水平越高，财务管理水平也越好。财务管理水平的提高，也有利于经济发展水平的进一步提高。近年来我国的国民经济保持高速的增长，各项建设方兴未艾。这不仅给企业带来了机遇，同时又给企业财务管理带来严峻的挑战。因此，企业财务管理工作者必须积极探索与经济发展水平相适应的财务管理模式。

4. 宏观经济政策

经济政策是国家进行宏观经济调控的重要手段，经济政策包括产业政策、金融政策、财税政策、价格政策等。不同的宏观经济政策，对企业财务管理影响不同。金融政策中的货币发行量、信贷规模会影响企业投资的资金来源和投资的预期收益；财税政策会影响企业的资金结构和投资项目的选择等；价格政策会影响资金的投向和投资的回收期及预期收益；会计制度的改革会影响会计要素的确认和计量，进而对企业财务活动的事前预测、决策及事后的评价产生影响等等。可见，经济政策对企业财务的影响是非常大的。这就要求企业财务人员必须把握宏观经济政策，更好地为企业的经营活动服务。

5. 通货膨胀水平

通货膨胀对企业财务活动的影响是多方面的。企业应当采取措施予以防范。在通货膨胀初期，货币面临着贬值的风险，这时企业进行投资可以避免风险，实现资本保值；与客户应签订长期购货合同，以减少物价上涨造成的损失；取得长期负债，保持资本成本的稳定。在通货膨胀持续期，企业可以采用比较严格的信用条件，减少企业债权；调整财务政策，防止和减少企业资本流失等等。

【思考】

1. 在下列各项中，属于财务管理经济环境构成要素的的(　　)。

A. 经济周期　B. 经济发展水平　C. 宏观经济政策　D. 公司治理结构

(二)法律环境

财务管理的法律环境是指企业和外部发生经济关系时所应遵守的各种法律、法规和规章。

1. 法律环境的范畴

市场经济是法制经济，企业的经济活动总是在一定法律规范内进行的。法律既约束企业的非法经济行为，也为企业从事各种合法经济活动提供保护。

国家相关法律法规对财务管理内容的影响情况如下：

(1)影响企业筹资的各种法规：公司法、证券法、金融法、证券交易法、合同法等。

(2)影响企业投资的各种法规：公司法、证券交易法、企业财务通则等。

(3)影响企业收益分配的各种法规：税法、公司法、企业财务通则等。

2. 法律环境对财务管理的影响

法律环境对企业的影响是多方面的，影响范围包括企业组织形式、公司治理结构、投融资活动、日常经营、收益分配等。不同种类的法律，分别从不同方面约束企业的经济行为，对企业财务管理产生影响，如：企业组织形式；公司治理和财务监控；税收法律法规。

(三)金融环境

企业总是需要资金从事投资和经营活动。而资金的取得，除了自有资金外，主要从金融机构和金融市场取得。金融政策的变化必然影响企业的筹资、投资和资金运营活动。所以，金融环境是企业最为主要的环境因素之一。影响财务管理的主要金融环境因素有金融机构、金融市场、金融工具和利率。

1. 金融机构

金融机构包括银行和非银行金融机构。

(1)银行。银行是指经营存款、放款、汇兑、储蓄等金融业务，承担信用中介的金融机构。银行的主要职能是充当社会中介、充当企业之间的支付中介、提供信用工具、充当投资手段和充当国民经济的宏观调控手段。我国银行主要包括各种商业银行和政策性银行。商业银行，包括国有商业银行(如中国工商银行、中国农业银行、中国银行和中国建设银行)和其他商业银行(如交通银行、广东发展银行、招商银行、光大银行等)；政策性银行主要包括国家开发银行、中国进出口银行、中国农业发展银行等。

(2)非银行金融机构。非银行金融机构包括金融资产管理公司、信托投资公司、财务公司和金融租赁公司等。

2. 金融工具

金融工具是证明债权债务关系并据以进行货币资金交易的合法凭证，是融通资金的双方在金融市场上进行资金交易、转让的工具，具体分为基本金融工具和衍生金融工具两大类。金融工具的特征一般具有：期限性、流动性、风险性、收益性四个基本特征。

3. 金融市场

金融市场是指融通资金的双方通过一定的金融工具进行交易而融通资金的场所。金融市场可以是有形市场，如：银行、证卷交易所等；也可以是无形市场，如：利用电传、电脑等设施通过经纪人进行融通资金。

(1)金融市场的主要功能

转化储蓄为投资;改善社会经济福利;提供多种金融工具并加速流动，使中短期资金凝结为长期资金的功能;提高金融体系竞争性和效率;引导资金流向。

(2)金融市场的分类

①按交易期限划分为短期资金市场和长期资金市场。短期资金市场也叫货币市场，是指期限不超过一年的资金交易市场。长期资金市场也叫资本市场，是指期限在一年以上的股票和债券交易市场。

②按交割的时间划分为现货市场和期货市场。现货市场是买卖双方成交后，当场或几天之内买方付款、卖方交出证券的交易市场。期货市场是买卖双方成交后，在双方约定的未来某一特定的时日才交割的交易市场。

③按交易的方式和次数分为初级市场和次级市场。初级市场也叫发行市场或一级市场，是指从事新金融工具买卖的转让市场。次级市场也叫流通市场或二级市场是指从事旧金融工具买卖的转让市场。

④按金融工具的属性分为基础性金融市场和金融衍生品市场。

(3)金融市场的要素

金融市场的要素主要有:市场主体、金融工具、交易价格、组织方式。

4. 利率

利率也称利息率，是利息占本金的百分比指标。从资金的借贷关系看，利率是一定时期内运用资金资源的交易价格。资金作为一种特殊商品，以利率为价格标准的融通，实质上是资源通过利率实行的再分配。因此，利率在资金分配以及企业财务决策中起着重要的作用。

(1)利率的类型

①按利率之间的变动关系，分为基准利率和套算利率。基准利率是指在整个利率体系中起主导作用的基础利率。它的水平和变化决定其他各种利率的水平和变化。基准利率是利率市场化机制形成的核心。我国以中央人民银行对各专业银行的贷款利率为基准利率。套算利率是各金融机构根据基准利率和借贷款项的特点而换算出的利率。

②按利率与市场资金供求情况的关系，分为固定利率和浮动利率。固定利率是指借贷期内不作调整的利率。浮动利率是一种在借贷期内可定期调整的利率。

③按利率形成机制不同，分为市场利率和法定利率。市场利率是指根据资金市场的供求关系，随着市场而自由变动的利率。法定利率是指由政府金融管理部门或中央银行确定的利率。

(2)利率的计算

利率的一般计算公式:利率 = 纯利率 + 通货膨胀补偿率 + 风险报酬率

①纯利率。纯利率是指无通货膨胀、无风险情况下的平均利率。通常，在没有通货膨胀时，国库券的利率可以视为纯利率。纯利率的高低，受平均利润率、资金供求关系和国家调节的影响。

②通货膨胀补偿率。通货膨胀补偿率是指由于持续的通货膨胀会不断降低货币的实际购买力，为补偿其购买力损失而要求提高的利率。

③风险报酬率。风险报酬率是投资者要求的除纯利率和通货膨胀之外的风险补偿，包括

违约风险报酬率、流动性风险报酬率和期限风险报酬率三种。

二、财务管理的内部环境

1. 基本因素

指现代企业的法人治理结构、经营战略、目标与经营决策、长远规划等。

2. 组织结构因素

现代企业组织结构是按照一定目的和程序组成的一种权责结构。现代企业能否有效地运行，很大程度上取决于该企业的组织结构是否合理。现代企业内外部环境的变化，要求企业对组织结构设置也要进行相应调整，以适应环境变化。

3. 企业文化因素

企业文化是指企业职工在长期生产经营和管理活动中创造出来的文化形态，当这种文化被建立起来后，会成为塑造内部员工行为和关系的规范，是企业内部所有人共同遵循的价值观，对维系企业成员的统一性和凝聚力起很大的作用。

4. 技术环境

财务管理的技术环境，是财务管理得以实现的技术手段和技术条件，它决定着财务管理的效率和效果。

5. 财务管理体制

财务管理体制是企事业单位财务管理内部环境的主导因素。财务管理体制的核心在于财务控制权的集中与下放，形成集权式财务管理体制和分权式财务管理体制。

6. 企业内部财务管理制度

企业内部财务管理制度是企业财务管理工作的内部法规，依据《企业财务通则》和国家分行业财务制度，结合企业自身特点和管理要求制定的。

【思考】

1. 财务管理的外部环境有哪些？它们分别对财务管理活动的影响体现在哪些方面？

2. 利率有哪些类型？如何确定利率的计算公式？

3. 在下列各项中，属于财务管理经济环境构成要素的有（　　）。

A. 经济周期　　B. 经济发展水平

C. 宏观经济政策　　D. 公司治理结构　　E. 通货膨胀

4. 在下列中，属于企业财务管理的金融环境内容的有（　　）。

A. 利息率　　B. 公司法　　C. 金融工具　　D. 税收法规

【课后专业测评】

一、单项选择题

1. 企业支付利息属于由(　　)引起的财务活动。

A. 投资　　B. 分配　　C. 筹资　　D. 资金营运

2. 已知短期国库券利率为5%，纯利率为4%，市场利率为8%，则通货膨胀补偿率为(　　)。

A. 3%　　B. 1%　　C. -1%　　D. 4%

3. 下列(　　)属于企业购买商品或接受劳务形成的财务关系。

A. 企业与供应商之间的财务关系　　B. 企业与债务人之间的财务关系

C. 企业与客户之间的财务关系　　D. 企业与受资者之间的财务关系

4. 在下列各种观点中，既能够考虑资金的时间价值和投资风险，又有利于克服管理上的片面性和短期行为的财务管理目标是(　　)。

A. 企业价值最大化　　B. 利润最大化

C. 每股收益最大化　　D. 资本利润率最大化

5. 下面是通过市场约束经营者的办法的是(　　)。

A. 解聘　　B. 接收　　C. 激励　　D. "股票期权"的方法和"绩效股"形式

6. 在下列各项中，不属于企业财务管理的金融环境内容的有(　　)。

A. 利息率和金融市场　　B. 金融机构　　C. 金融工具　　D. 税收法规

二、多项选择题

1. 下列各项中属于广义的投资的是(　　)。

A. 发行股票　　B. 购买其他公司债券

C. 与其他企业联营　　D. 购买无形资产

2. 假定甲公司向乙公司赊销产品，并持有丙公司债券和丁公司的股票，且向戊公司支付公司债券利息。假定不考虑其他条件，从甲公司的角度看，下列各项中属于本企业与债务人之间财务关系的是(　　)。

A. 甲公司与乙公司之间的关系　　B. 甲公司与丁公司之间的关系

C. 甲公司与丙公司之间的关系　　D. 甲公司与戊公司之间的关系

3. 企业价值最大化的缺点包括(　　)。

A. 股价很难反映企业所有者权益的价值

B. 法人股东对股票价值的增加没有足够的兴趣

C. 片面追求利润最大化，可能导致企业短期行为

D. 对于非股票上市企业的估价不易做到客观和准确，导致企业价值确定困难

4. 下列属于所有者与债权人的矛盾协调措施的是(　　)。

A. 限制性借款　　B. 接收　　C. "股票选择权"方式　　D. 收回借款或停止借款

5. 金融市场的组成要素主要有(　　)

A. 市场客体　　B. 金融工具　　C. 交易价格　　D. 组织方式

6. 在不存在通货膨胀的情况下，利率的组成因素包括(　　)。

A. 纯利率　　B. 违约风险收益率

C. 流动性风险收益率　　D. 期限风险收益率

三、案例分析

李海是某高校财务管理专业的应届毕业生，经学校推荐来到华威有限责任公司实习，公司总经理是从事技术管理出身的，对财务管理不太在行，对李海寄予很高期望，希望李海能够充分利用所学专业知识，为公司的财务管理献计献策，解决存在的财务问题。

李海白天深入企业一线，晚上查阅专业书籍，经过一个月的调查和了解，发现公司存在下列问题：

(1)公司没有财务预算和现金收支计划，资金周转困难时就向银行贷款解决。公司无法预计未来可能出现的现金盈亏。

(2)公司采购行为无计划，审批程序流于形式，部分存货长期积压，部分存货因出现缺货现象而影响生产进度。

(3)产品质量控制不严格，部分工序没有质量检查程序。

(4)产品销售价格不均衡，存在不同客户不同价格的现象。

(5)税款缴纳不及时。

(6)公司员工工作积极性不高，普遍存在“磨洋工”现象。

要求：

(1)上述问题中，哪些属于财务管理问题？

(2)企业应该从哪些方面解决上述问题？

项目二　财务管理的价值观念

【知识要点】

1. 理解货币时间价值的概念；

2. 掌握时间价值的基本计算及其运用（资金时间价值的计算包括单利现价值和终值的计算、复利现值和终值的计算、年金现值和终值的计算）；

3. 了解风险的概念、种类以及风险衡量的指标的运用。

【能力目标】

1. 能够熟练的计算复利终值与现值；

2. 能够熟练的计算各种年金的终值与现值；

3. 能够计算期望收益率，并能够计算风险程度衡量的相关指标。

【案例导入】

拿破仑送玫瑰花的代价

1797 年 3 月 28 日，法兰西执政者拿破仑在参观卢森堡第一国立小学时，受到该校师生的热烈欢迎。

在学校的欢迎大会上，拿破仑手举一束价值 3 路易的玫瑰花，激动地说道："为了答谢贵校对我的盛情款待，我今天向贵校献上一束玫瑰花，并且向你们承诺，只要法兰西存在一天，每年的今天，我都会派人送给贵校一束等价的玫瑰花，作为法兰西与卢森堡两国友谊的象征！"

拿破仑慷慨激昂的演说，使全校师生激动不已。那束鲜红的玫瑰，就像跳动的火焰，在人们心中熊熊燃烧着……

可是，回国后的拿破仑很快就把赠送玫瑰的承诺给忘得干干净净，与此相反，卢森堡第一国立小学的师生却把这一承诺深深地记在了心里。

第二年、第三年……的3月28日，这所小学的师生们穿上节日的盛装，跳着欢快的舞蹈，准备迎接拿破仑派人送来的玫瑰花。可是，他们从清晨盼到天黑，也没有见到玫瑰花的影子。

就这样，每年的3月28日，卢森堡第一国立小学的师生都会盼望着有人送来玫瑰。尽管希望一次次地破灭，但他们依然相信拿破仑会实践他的诺言。

沧海桑田，物换星移。两个世纪过去了，尽管拿破仑早已故去，但卢森堡第一国立小学的师生依然会在3月28日这一天，等待着玫瑰的到来。可是，望眼欲穿的等待，每次都以希望破灭而告终。

将近200年的等待，将近200次的失望。第一国立小学的师生们这下真的生气了，他们要让法国政府给个说法！

1984年，卢森堡第一国立小学一纸诉状，将法国政府告上了国际法庭，他们向法国政府提出两点要求：一是从1798年起，用3个路易为本金，以5厘的年息计算，清偿这么多年来的所有金额；二是在法国各大报刊上，公开承认拿破仑是个言而无信的小人。

接到国际法庭的传票，法国政府不敢怠慢，查阅了相关历史资料后，证实了拿破仑的确许下过赠送玫瑰的诺言。他们计算了一下赔偿金额，结果让他们大吃一惊：原本3路易的一束玫瑰花，至今本息竟已高达1 375 596法郎！而在报刊上承认拿破仑言而无信的要求，法国政府表示更不可能接受。

经过反复斟酌，法国政府终于给出了一个令双方都满意的解决方案：一是马上给卢森堡第一国立小学建一座现代化的教学大楼，这所小学的毕业生将来如果愿意到法国留学，一切费用将由法国政府提供；二是以后无论在精神上还是物质上，法国政府将坚定不移地支持卢森堡的中小学教育事业，以弥补当年拿破仑的食言之过。

一场跨越了两百年的等待终于画上了圆满的句号。从此，卢森堡第一国立小学的大门口竖立起了一座玫瑰花束的雕塑，雕塑的下方刻着“1797－1984”字样。每当人们从这座雕塑前走过，内心总是荡起层层涟漪，久久不能平息……

思考：是怎样计算使原本3路易的一束玫瑰花，至今本息竟已高达1 375 596法郎的？

任务一　资金时间价值

一、资金时间价值

1. 资金时间价值的含义

资金时间价值，是指一定量资金在不同时间点上的价值量差额。资金的时间价值来源于资金进入社会在生产过程后的价值增值。通常情况下，它相当于没有风险也没有通货膨胀情况下的社会平均利润率，是利润平均化规律发生作用的结果。

根据资金具备有时间价值的理论，可以将某一时点的资金金额折算为其他时点的价值金额。

思考：今年今天的1 000元钱与明年今天的1 000元钱价值相等吗？为什么？

2. 资金时间价值的表示方法

货币时间价值可以用绝对数(利息)和相对数(利率)两种形式表示，通常用相对数表示。时间价值率，一般情况下，取没有风险和没有通货膨胀，社会平均资金利润率或通货膨胀很低时的政府债券利率。

【拓展知识】

年利率、月利率与日利率的换算

我国一般公布的是存贷款年利率。由于存贷款期限不同，银行计算利息时需将年利率换算成月利率和日利率，换算公式为：

$$月利率 = 年利率 \div 12$$

$$日利率 = 年利率 \div 360$$

$$日利率 = 月利率 \div 30$$

注意:年利率除以360换算成日利率，而不是除以365或闰年实际天数366，年利率换算成日利率除以360，月利率换算成日利率除以30。中央银行或商业银行在确定利率水平时，已经考虑了年利率、月利率和日利率之间的换算关系。

通常习惯上，年利率用百分比表示，月利率用千分比表示，日利率用万分比表示。

【思考练习】

1. 假设年利率12%，求月利率？日利率？

2. 假设日利率0.02%，求年利率？月利率？

二、现值和终值的计算

资金时间价值的计算涉及两个重要的概念:即现值和终值。终值又称将来值，是现在一定量的资金折算到未来某一时点所对应的金额，通常记作 F;现值是指未来某一时点上的一定量资金折算到现在所对应的金额，通常记作 P。

现值和终值是一定量资金在前后两个不同时点上对应的价值，其差额即为资金的时间价值。现实生活中计算利息时所称本金、本利和的概念相当于资金时间价值理论中的现值和终值，利率(用 $i \geqslant 1$)可视为资金时间价值的一种具体表现;现值和终值对应的时点之间可以划分为 n 期(n),相当于计息期。

利息的计算有两种方法。即单利、复利。单利，是只对本金计算利息。复利，不仅对本金，而且对利息也要计算利息，就是平常所说的“利滚利”。

例如:本金1 000元，年利率10%，计算两年后的本利和。

1. 单利计算：

第一年利息:1 000×10% =100元;

第二年利息:1 000×10% =100元;

本利和:1 000+100+100=1 200元

2. 复利计算：

第一年利息:1 000×10% =100元;

第二年利息:(1 000+100)×10% =110元;(第一年的利息100元，也按10%计息)

本利和:1 000+100+110=1 210元

注意:本章为计算方便，假定有关字母的含义如下：

P—— 本金，又称期初金额或现值；

i—— 利率，通常指每年利息与本金之比；

I—— 利息；

F—— 本金与利息之和，又称或终值；

n—— 时间，通常以年为单位。

(一) 单利的现值和终值

1. 单利终值，单利终值即现在的一定量资金在将来某一时点，按照单利方式计算的本利和。

单利利息的计算公式为：

利息(I) = 本金(P) × 利率(i) × 时间(n)

单利终值计算公式：

$F = P(1 + n \cdot i)$

式中，$(1 + n \cdot i)$ 为单利终值系数。

【例 2 - 1】某人将 1 000 元存入银行，年利率 2%，求 5 年后的终值。

$F = P(1 + n \cdot i) = 1\,000 \times (1 + 5 \times 2\%) = 1\,100$(元)

2. 单利现值

单利现值是资金现在的价值。单利现值的计算就是确定未来终值一定数量金额的现在价值。即已知终值求现值。单利现值计算公式：

$P = F/(1 + n \cdot i)$

式中，$1/(1 + n \cdot i)$ 为单利现值系数。

【例 2 - 2】某人为了 5 年后能从银行取出 5 000 元，在年利率 2% 的情况下，目前应存入银行的金额是多少？

解答：$P = F/(1 + n \cdot i) = 5\,000 \div (1 + 5 \times 2\%) \approx 4\,545.5$(元)

结论：(1) 单利的终值和单利的现值互为逆运算；

(2) 单利终值系数$(1 + i \cdot n)$ 和单利现值系数 $1/(1 + i \cdot n)$ 互为倒数。

【思考练习】

(1)某人将 15 万元存入银行，年利率 5%，求 5 年后的本金与利息之和？(单利计算)

(2)某人为了 5 年后能从银行取出 15 万元，在年利率 5% 的情况下，目前应存入银行的金额是多少？(单利计算)

(二)复利的现值和终值

【思考】:单利与复利计息的区别？

复利计算方法是指每经过一个计息期，要将该期所派生的利息加入本金在计算利息，逐期滚动计算，俗称“利滚利”。这里所说的计息期，是指相邻两次计息的间隔，如年、月、日等。除非特别说明，计息期一般为一年。

1. 复利终值的计算公式为：

$$F = P(1 + i)^n$$

式中，$(1 + i)^n$ 为复利终值系数，记作$(F/P, i, n)$；n 为计息期。

【例 2 - 3】某人将 100 万元存入银行，复利年利率 2%，求 5 年后的终值。

解答：$F = P(1 + i)^n = 100 \times (1 + 2\%)^5 = 110.4$(万元)

2. 复利现值的计算公式为：

$$P = F/(1+i)^n$$

式中，$1/(1+i)^n$为复利现值系数，记作（P/F，i，n）；n为计息期。

【例2－4】某人为了5年后能从银行取出100万元，在复利年利率2%的情况下，求当前应存入金额。

解答：$P = F/(1+i)^n = 100/(1+2\%) = 90.57$（万元）

结论：(1)复利终值和复利现值互为逆运算；

(2)复利终值系数$(1+i)^n$和复利现值系数$1/(1+i)^n$互为倒数。

(三)年金终值和年金现值的计算

年金是指一定时期内每期金额相等的收付款项。简单地说，年金就是等额定期的系列收支。在实际经济生活中，企业、个人都会经常发生等额定期的系列收支，如分期付款赊购、分期偿还贷款、发放养老金、支付租金、提取折旧等，这些都属于年金收付形式。

在年金的计算中，设定以下符号：A为每期收付的金额，即年金；i为利率；F为年金终值；P为年金现值；n为期数。

按照收付的次数和支付的时间划分，年金可以分为：普通年金（后付年金）、即付年金（先付年金）、递延年金、永续年金等形式。普通年金和即付年金是年金的基本形式，都是从第一期开始发生等额收付，两者的区别是普通年金发生在期末，而即付年金发生在初期。递延年金和永续年金是派生出来的年金。递延年金是从第二期或第三期或以后才开始发生等额的收付；而永续年金的收付期趋向于无穷大。

思考：年金包括普通年金（后付年金）、即付年金（先付年金）、递延年金、永续年金等形式，它们各自的特征？

注意：在年金中，系列等额收付的间隔期间只需要满足“相等”的条件即可，间隔期间完全可以不是一年，例如：每季末等额支付的债券利息也是年金。

1. 普通年金终值的计算（即，已知年金A，求终值F）

根据复利终值的方法计算年金终值的公式为。

$$F = A + A(1+i) + A(1+i)^2 + A(1+i)^3 + \cdots\cdots + A(1+i)^{(n-1)}$$

将两边同时乘以$(1+i)$得：

$$F(1+i) = A(1+i) + A(1+i)^2 + A(1+i)^3 + \cdots\cdots + A(1+i)^{(n)}$$

两者相减得：

$$F \cdot i = A \cdot (1+i)^n - A = A \cdot [(1+i)^n - 1]$$

$$F = A \cdot \frac{(1+i)^n - 1}{i}$$

式中，$\frac{(1+i)^n - 1}{i}$称为“年金终值系数”，记作（F/A，i，n），该系数可直接查阅“年金终值系数表”。

【例2－5】小王是位热心于公众事业的人，自2011年12月底开始，他每年都要向一位失学儿童捐款，小王向这位失学儿童每年捐款10 000元，帮助这位失学儿童从小学一年级一直读完九年义务教育。假设每年定期存款利率都是2%，则小王九年捐款在2019年底相当于多少钱？

$$F = A \cdot \frac{(1+i)^n - 1}{i} = 10\ 000 \times \frac{(1+2\%)^9 - 1}{2\%} = 97\ 546(\text{元})$$

或者 $F = 10\ 000 \times (F/A, 2\%, 9) = 10\ 000 \times 9.7546 = 97\ 546$(元)

【例 2-6】A 矿业公司决定将其一处矿产开采权公开拍卖，因此它向全世界各国煤炭企业招标开矿。已知甲公司和乙公司的投标书最具有竞争力。甲公司的投标书显示：如果该公司取得开采权，从获得开采权的第 1 年开始，每年末向 A 公司交纳 10 亿美元的开采费，直到 10 年后开采结束；乙公司的投标书表示：该公司在取得开采权时，直接付给 A 公司 40 亿美元，在 8 年后开采结束，再付给 60 亿美元。如果 A 公司要求的年投资回报率达到 15%，问应该接受哪个公司的投标？

思考：要比较甲乙两个公司给 A 的开采权收入的大小。但由于两个公司支付开采权费用的时间不同，因此不能直接比较，请您想一想该如何应用所学知识予以解决？

分析：应比较 A 矿业公司获得甲公司和乙公司这些支出在第 10 年终值的大小（或现值的大小）。

解答：(1) 甲公司的方案对 A 公司来说是一笔年收款 10 亿美元的 10 年年金，其终值计算如下：

$$F = A \cdot \frac{(1+i)^n - 1}{i} = 10 \times \frac{(1+15\%)^{10} - 1}{15\%} = 203.04(\text{亿美元})$$

(2) 乙公司的方案对 A 公司来说是两笔收款，分别计算其终值：

第 1 笔收款（40 亿美元）的终值：

$40 \times (1+15\%)^{10} = 40 \times 4.0456 = 161.824$(亿美元)

第 2 笔收款（60 亿美元）的终值：

$60 \times (1+15\%)^2 = 60 \times 1.3225 = 79.35$(亿美元)

终值合计 $161.824 + 79.35 = 241.174$(亿美元)

因此，甲公司付出的款项终值小于乙公司付出的款项的终值，应接受乙公司的投标。

2. 偿债基金的计算

偿债基金是指为了在约定的未来某一时点清偿某笔债务或积聚一定数额的资金，而必须分次等额形成的存款准备金。也就是为使年金终值达到既定金额的年金数额（即，已知终值 F，求年金 A）。在普通年金终值公式中解出 A，这个 A 就是偿债基金。

思考：普通年金终值与偿债基金的计算的内在联系？

【例 2-7】某人拟在 5 年后还清 100 000 元债务，从现在起每年末等额存入银行一笔款项。假设银行利率为 10%，则每年需存入多少元？

解答：根据普通年金终值的计算公式：$F = A \cdot \frac{(1+i)^n - 1}{i}$（即，已知终值 F，求年金 A）

$$A = F \div \frac{(1+i)^n - 1}{i} = 100\ 000 \div \frac{(1+10\%)^5 - 1}{10\%}$$

或 $= F \times (A/F, i, n) = 100\ 000 \times 0.1638 = 16\ 380$(元)

注：式中，$(A/F, i, n)$ 称为"偿债基金系数"。

结论：(1) 偿债基金和普通年金终值互为逆运算；

(2) 普通年金终值系数 $\frac{(1+i)^n - 1}{i}$ 记作 $(F/A, i, n)$ 和偿债基金系数 $\frac{i}{(1+i)^n - 1}$

记作$(A/F, i, n)$互为倒数。

3. 普通年金现值

普通年金现值的计算实际上就是已知年金A，求普通年金现值P。

根据复利现值的方法，计算年金现值的公式为：

$$P = A \times \frac{1-(1+i)^{-n}}{i} = A(P/A, i, n)$$

式中，$\frac{1-(1+i)^{-n}}{i}$称为“年金现值系数”记作$(P/A, i, n)$，可直接查阅“年金现值系数表”。

【例2-8】某投资项目于2000年初动工，假设当年投产，从投产之日起每年年末可得收益400 000元。按年利率6%计算，计算预期10年收益的现值。

$$\begin{aligned} P &= A \times \frac{1-(1+i)^{-n}}{i} = A(P/A, i, n) \\ &= 400\ 000 \times (P/A, 6\%, 10) \\ &= 400\ 000 \times 7.3601 \\ &= 2\ 944\ 040(\text{元}) \end{aligned}$$

【例2-9】王女士最近准备买房，看了好几家开发商的售房方案，其中一个方案是A开发商出售一套100平方米的住房，要求首期支付10万元，然后分6年每年年末支付3万元。王女士很想知道每年付3万元相当于现在多少钱，好让她与现在2 000元/平方米的市场价格进行比较（假设银行利率6%）。

解：6年每年年末支付3万元的现值：

$$\begin{aligned} P &= A \times \frac{1-(1+i)^{-n}}{i} = A(P/A, i, n) \\ &= 3 \times (P/A, 6\%, 6) = 3 \times 4.9173 \\ &= 14.7915(\text{万元}) \end{aligned}$$

王女士付给A开发商的资金现值为：

$$= 10 + 24.7915 = 24.7915(\text{万元})$$

如果直接按每平方米2 000元购买，王女士只需要付出20万元（100平米×2 000元），可见分期付款对她不合算。

4. 年资本回收额的计算

年资本回收额是指在约定年限内等额回收初始投入资本或清偿所欠债务的金额（年资本回收额的计算实际上是已知普通年金现值P，求年金A）。

由普通年金现值计算公式：$P = A \times \frac{1-(1+i)^{-n}}{i}$

得：$A = P \times \frac{i}{1-(1+i)^{-n}}$

式中，$\frac{i}{1-(1+i)^{-n}}$称为“资本回收系数”，记作$(A/P, i, n)$

【例2-10】某企业借得1 000万元的贷款，在10年内以年利率12%等额偿还，则每年应付的金额为多少？

解答：$A = P \cdot \frac{i}{1-(1+i)^{-n}} = P \cdot (A/P, i, n)$

$= 1\ 000 \times (A/P, 12\%, 10)$

$= 1\ 000 \times \frac{1}{(P/A, 12\%, 10)}$

$= 1\ 000 \times \frac{1}{5.6502}$

$= 177$(万元)

结论：(1) 资本回收额与普通年金现值互为逆运算；

(2) 资本回收系数与普通年金现值系数互为倒数。

5. 即付年金终值的计算

即付年金又称先付年金，即年金在期初收付；付年金终值是指把即付年金每个等额 A 都换算成第 n 期期末的数值，再来求和

即付年金终值的计算公式为：

$$F = A \times \frac{(1+i)^n - 1}{i} \times (1+i) = A(F/A, i, n)(1+i)$$

或 $F = A[(F/A, i, n+1) - 1]$

【例 2－11】为给儿子上大学准备资金，王先生连续 6 年于每年年初存入银行 10 000 元。若银行存款利率为 5%，则王先生在第 6 年末能一次取出本利和多少钱？

解答：$F = A[(F/A, i, n+1) - 1]$

$= 10\ 000 \times [(F \times A, 5\%, 7) - 1]$

$= 10\ 000 \times (8.1420 - 1)$

$= 71\ 420$(元)

【思考练习】孙女士看到在邻近的城市中，一种品牌的连锁经营餐馆生意很火爆。她也想在自己所在的县城开一个连锁经营餐馆，于是找到业内人士进行咨询。花了很多时间，她终于联系这家连锁经营餐馆的总部，总部工作人员告诉她，如果她要加入连锁经营餐馆的经营队伍，必须一次性支付 50 万元，并按该连锁经营餐馆品牌的经营模式和经营范围营业。孙女士提出现在没有这么多现金，可否分次支付，得到的答复是如果分次支付，必须从开业当年起，每年年初支付 20 万元，付 3 年。三年中如果有一年没有按期付款，则总部将停止专营权的授予。

假设孙女士现在身无分文，需要到银行贷款开业，而按照孙女士所在县城有关扶持下岗职工创业投资的计划，她可以获得年利率为 5% 的贷款扶持。请问孙女士现在应该一次支付还是分次支付？

分析：对孙女士来说，如果一次支付，则相当于付现值 50 万元；而若分次支付，对 3 年终值进行比较，以发现哪个方案更有利。

(1) 如果分次支付，则其 3 年终值为：

$F = 20 \times (F/A, 5\%, 3) \times (1+5\%)$

$= 20 \times 3.1525 \times 1.05$

$= 66.2025$(万元)

(2) 如果一次支付，则其 3 年的终值为：

$50 \times (F/A, 5\%, 3) = 50 \times 1.1576 = 57.88$(万元)

相比之下，一次支付效果更好。

6. 即付年金现值

即付年金的现值就是把即付年金每个等额的 A 都换算成第一期期初的数值即第 0 期期末的数值，再求和。即付年金现值的计算就是已知每期期初等额收付的年金 A，求现值 P。

公式：$P = A \cdot [(P/A, i, n-1) + 1]$

【例 2－12】张先生采用分期付款方式购入商品房一套，每年年初付款 100 000 元，分 10 年付清。若银行利率为 6%，该项分期付款相当于一次先进支付的购买价是多少？

解答：$P = A \cdot [(P/A, i, n-1) + 1]$

$= 100\,000 \times [(P/A, 6\%, 9) + 1]$

$= 100\,000 \times (6.8017 + 1)$

$= 780\,170$(元)

【思考练习】：李博士是国内某领域的知名专家，某日接到一家上市公司的邀请函，邀请他作为公司的技术顾问，指导开发新产品。邀请函的具体条件如下：

1. 每个月来公司指导工作一天；
2. 每年聘金 10 万元；
3. 提供公司所在 A 市住房一套，价值 80 万元；
4. 在公司至少工作 5 年。

李博士对以上工作待遇很感兴趣，对公司开发的新产品也很有研究，决定应聘。但他不想接受住房，因为每月工作一天，只需要住公司招待所就可以了，这样住房没有专人照顾，因此他向公司提出，能否将住房改为住房补贴。公司研究了李博士的请求，决定可以在今后的 5 年里每年年初给李博士支付 20 万元房贴。

收到公司的通知后，李博士又犹豫起来，因为如果向公司要住房，可以将其出售，扣除售价 5% 的手续费，她可以获得 76 万元，而若接受房贴，则每年年初可获得 20 万元。假设每年存款利率 2%，则李博士应该如何选择？

7. 递延年金终值

递延年金的终值计算与普通年金的终值计算一样，只是要注意期数。

$$F = A(F/A, i, n)$$

式中，“n”表示的是 A 的个数，与递延期无关。

【例 2－13】某投资者拟购买一处房产，开发商提出了三个付款方案：方案一，是现在起 15 年内，每年末支付 10 万元；方案二，是现在起 15 年，每年初支付 9 万元；方案三是前 5 年不支付，第六年起到 15 年，每年末支付 18 万元。

假设按银行贷款利率 10% 复利计息，问哪一种付款方式对购买者有利？

分析：可以采用终值方式进行比较：

方案一：$F = 10 \times (F/A, 10\%, 15)$

$= 10 \times 31.772$

$= 317.729$(万元)

方案二：$F = 9 \times [(F/A, 10\%, 16) - 1]$

$= 9 \times (35.950 - 1)$

= 314.55(万元)

方案三:$F = 18 \times (F/A, 10\%, 10)$

$= 18 \times 15.937$

$= 286.87$(万元)

结论:从上述计算可得出,采用第三种付款方案对购买者有利。

8. 递延年金现值(分三种方法计算)

假定,m 为递延期,n 为连续收支期数

(1) 计算方法一:

先将递延年金视为 n 期普通年金,求出在 m 期普通年金现值,然后再按复利终值折算到第一期期初。

$$P_0 = A \times (P/A, i, n) \times (P/F, i, m)$$

(2) 计算方法二:

先计算 $m + n$ 期年金现值,再减去 m 期年金现值:

$$P_0 = A \times [(P/A, i, m + n) - (P/A, i, m)]$$

(3) 计算方法三:

先求递延年金终值再折现为现值:

$$P_0 = A \times (F/A, i, n) \times (P/F, i, m + n)$$

【例 2 - 14】某企业向银行借入一笔款项,银行贷款的年利率为 10%,每年复利一次。银行规定前 10 年不用还本付利息,但从第 11 年 ~ 第 20 年每年年末偿还本息 50 000 元。

要求:用两种方法计算这笔款项的现值。

方法一:

$P = A \times (P/A, 10\%, 10) \times (P/F, 10\%, 10)$

$= 50\,000 \times 6.145 \times 0.386$

$= 118\,600$(元)

方法二:

$P = A \times [(P/A, 10\%, 20) - (P/A, 10\%, 10)]$

$= 50\,000 \times [8.514 - 6.146]$

$= 118\,450$(元)

注:两种方法相差 150 元,是因小数点的尾数造成的。

【思考练习】

某公司拟购置一处房产,房主提出两种付款方案:

方案一,从现在起,每年年初支付 10 万元,连续支付 10 次,共 100 万元。

方案二,从第 5 年开始,每年年初支付 12 万元,连续支付 10 次共 120 万元。

假设该公司的资本成本率(即最低报酬率)为 10%,你认为该公司应选择那个方案?

9. 永续年金的现值

永续年金的现值可以看成是一个 n 无穷大的后付年金的现值,则永续年金现值计算公式如下:

$$P = A/i$$

【例 2 - 16】归国华侨吴先生想支持家乡建设,特地在祖籍所在县设立奖学金。奖学金每

年发放一次，奖励每年高考的文理科状元各100 000元。奖学金的基金保存在中国银行该县支行。银行一年的定期存款利率为4%，问吴先生要投资多少钱作为奖励基金？

解答：由于每年都要拿出200 000元，因此奖学金的性质是一项永续年金，其现值应为：

$$P = A/i = 200\ 000/4\% = 5\ 000\ 000(\text{元})$$

也就是说，吴先生要存入5 000 000元作为基金，才能保证这一奖学金的成功运行。

【拓展知识】

复利计息方式下的利率计算

复利计息方式下，利率与现值（或者终值）系数之间存在一定的数量关系。已知现值（或者终值）系数，则可以通过内插法计算对应的利率。

$$i = i_1 + \frac{B - B_1}{B_2 - B_1} \times (i_2 - i_1)$$

式中，所求利率为i，i对应的现值（或者终值）系数为B，$B_1 \cdot B_2$为现值（或者终值）系数表中B相邻的系数，i_1，i_2为$B_1 \cdot B_2$对应的利率。

若已知复利现值（或者终值）系数B以及期数n，可以查“复利现值（或者终值）系数表”，找出与已知复利现值（或者终值）系数最接近的两个系数及其对应的利率，按内插法公式计算利率。

【思考练习】

郑先生下岗获得50 000元现金补助，他决定趁现在还有劳动能力，先找工作糊口，将款项存起来。郑先生预计，如果20年后这笔款项连本带利达到250 000元，那就可以解决自己的养老问题。问银行存款的年利率为多少，郑先生的预计才能变为现实？

解答：$50\ 000 \times (F/P, i, 20) = 250\ 000$

$(F/P, i, 20) = 5$，即$(1 + i)^{20} = 5$

可采用逐次测试法（也称为试误法）计算：

查表：当$i = 8\%$时，$(F/P, i, 20) = (1 + 8\%)^{20} = 4.661$

当$i = 9\%$时，$(F/P, i, 20) = (1 + 9\%)^{20} = 5.604$

因此，i在8%和9%之间

运用内插法：
$$i = i_1 + \frac{B - B_1}{B_2 - B_1} \times (i_2 - i_1)$$

$$i = 8\% + \frac{5 - 4.661}{5.604 - 4.661} \times (9\% - 8\%) = 8.359\%$$

说明如果银行存款的年利率为8.539%，则郑先生的预计可以变为现实。

【拓展知识】名义利率与实际利率

如果以“年”作为基本计息期，每年计算一次复利，这种情况下的年利率是名义利率。如果按照短于一年的计息期计算复利，并将全年利息额除以年初本金，此时得到的利率是实际利率。名义利率与实际利率的换算关系如下：

$$i = (1 + r/m)^m - 1$$

式中，i为实际利率，r为名义利率，m为每年复利计息次数。

【例2-17】年利率为12%，按季付利计息，试求实际利率。

解答：$i = (1 + r/m)^m - 1$
$= (1 + 12\%/4)^4 - 1$
$= 1.1255 - 1$
$= 12.55\%$

【思考练习】

某企业于年初存入10万元，在年利率10%、每半年复利计息一次的情况下，到第10年末，该企业能得到的本利和是多少？实际利率是多少？

分析：首先，根据名义利率与实际利率的换算公式 $i = (1 + i/m) - 1$ 求实际利率；然后按复利计息年数计算到期本利和。

任务二　风险与报酬

一、风险的含义

风险一般是指某一行动的结果具有变动性。从财务管理的角度讲，风险是指企业在各项财务活动过程中，由于各种难以预料或难以控制因素的作用，使企业的实际收益与预计收益发生背离，从而蒙受经济损失的可能性。由于风险与收益同方向变动，因而正确地估计风险将可能给企业带来超过预期的收益，而错误地估计风险则可能给企业带来超过预期的损失。因此，风险管理的目的是正确地估计和计量风险，在对各种可能结果进行分析的基础上，趋利防弊，以求以最小的风险谋求最大的收益。

二、风险的种类

风险可以从不同角度进行分类：

（一）从投资主体角度划分

从投资主体角度划分，风险可以分为系统风险和非系统风险。

1. 系统风险

系统风险是指对所有企业产生影响的因素引起的风险。系统风险大多是由于宏观经济形势和政治形势的变化造成的，如国家政治形势的变化、国家经济政策的调整、自然灾害、战争、经济周期的变化、通货膨胀以及世界能源状况的变化等，这些因素往往会对证券市场上所有资产的收益产生影响，因此，由于系统风险是影响整个资本市场的风险，所以也称“市场风险”。又由于系统风险不能通过分散化投资的方法消除，所以也称“不可分散风险”。

2. 非系统风险

非系统风险是指发生于个别公司的特有事件造成的风险，如罢工、诉讼失败、失去销售市场等。这种风险不是每个企业都面临的，而是发生于个别企业，而且事件发生的可能性是不确定的，因而，要想回避这个风险可以通过多元化投资来分散。即非系统风险可以通过将资金同时投资于多种资产来有效地分散。由于非系统风险是个别公司或个别资产所特有的，因此也称“公司特有风险”。由于非系统风险可能通过投资多元化分期散掉，因此也称为“可分散风险”。

例如，一家公司的工人罢工、新产品的开发失败、失去重要的销售合同、诉讼失败，或者宣告发现新矿藏、取得一个重要合同等。这类事件是非预期的、随机发生的，它只影响一个或少数公司，不会对整个市场产生太大影响。这种风险可以通过多样化投资来分散，即发生于一家公司的不利事件可以被其他公司的有利事件所抵消。

【思考】:系统风险和非系统风险主要区别?

(二) 从公司经营本身划分，风险可分为经营风险和财务风险

1. 经营风险

经营风险是指生产经营方面的原因给企业盈利带来的不确定性。企业的供、产、销等各种生产经营活动都存在着很大的不确定性，都会对企业收益带来影响，因而经营风险是普遍存在的。如原材料供应地政治经济情况变动，价格变动等，这些因素会造成供应方面的风险；由于出现新的竞争对手，消费者爱好发生变化，销售决策失误等因素带来的销售方面的风险。所有这些生产经营方面的不确定性，都会引起企业的利润或利润率的变化，从面导致经营风险。

2. 财务风险

财务风险又称筹资风险，是指由于举债而给企业财务成果带来的不确定性。企业举债经营，全部资金中除权益资金外还有一部分借入资金，这会对权益资金的盈利能力造成影响；同时，借入资金需还本付息，一旦无力偿付到期债务，企业便会陷入财务困境甚至破产。当企业息税前资金利润率高于借入资金利息率时，使用借入资金而获得的利润除了补偿利息外，还有剩余，因而使自有资金利润率提高。但是，当息税前资金利润率低于借入资金利息率时，借入资金所获得的利润不足以支付利息，需动用自有资金利润来支付利息，从而使自有资金利润率降低。总之，由于诸多因素的影响，使得息税前资金利润率与借入资金利息率具有不确定性，从而引起自有资金利润率的变化，这种风险即为财务风险。其风险大小受借入资金与自有资金比例的影响，借入资金比例越大，风险程度越大；借入资金比例越小，风险程度就会随之减小。对财务风险的管理，关键是要保证有一个合理的资金结构，维持适当的负债水平，既要充分利用举债经营这一手段获取财务杠杆利益，提高资金盈利能力，又要注意防止过度举债而引起的财务风险加大，避免陷入财务困境。

【思考】:学习了财务风险，那么企业是否要举债经营呢?为什么?

二、风险的衡量

由于风险具有普遍性和广泛性，那么正确地衡量风险就十分重要。下面结合实例说明如何衡量与计算风险。

(一) 概率

风险是与各种可能的结果和结果的概率相联系的，所以对风险的衡量与计算，就必须从概率分析入手。

在完全相同的条件下，某一事件可能发生也可能不发生，可能出现这种结果也可能出现另外一种结果，这类事件称为随机事件。概率就是用来表示随机事件发生的可能性大小的数值。一般用 X 表示随机事件，X_i 表示随机事件的第 i 种结果，P_i 表示第 i 种结果出现的概率。通常把必然发生的事件的概率定为1，把不可能发生的事件的概率定为0，而一般随机事件的概

率是介于0与1之间的一个数，概率越大就表示该事件发生的可能性越大。同时，所有可能结果出现的概率之和为1。因此，概率必须满足下列两个条件：

(1)$0 \leqslant P_i \leqslant 1$。

(2) $\sum_{i=1}^{n} P = 1$

(二) 期望值

期望值是随机变量的均值。对于单项投资风险报酬率的评估来说，我们所要计算的期望值即为期望报酬率。期望值（期望投资报酬率）的计算公式为：

$$K = \sum_{i=1}^{n} K_i P_i$$

式中，K 为期望值（期望投资报酬率）；K_i 为第 i 个可能结果下的报酬率；P_i 为第 i 个可能结果出现的概率；n 为可能结果的总数。

［例 2－19］某企业有 A、B 两个项目，两个项目的报酬率及其概率分布情况如表 2－1所示。

表 2－1　A 项目和 B 项目投资报酬率及概率分布

项目实施情况	该种情况出现的概率		投资报酬率	
	项目 A	项目 B	项目 A	项目 B
好	0.20	0.30	15%	20%
一般	0.60	0.40	10%	15%
差	0.20	0.30	0	-10%

根据式（表 2－1）分别计算项目 A 和项目 B 的期望值（期望投资报酬率）为

$K_A = K_1P_1 + K_2P_2 + K_3P_3 = 0.20 \times 15\% + 0.60 \times 10\% + 0.20 \times 0 = 9\%$

$K_B = K_1P_1 + K_2P_2 + K_3P_3 = 0.30 \times 20\% + 0.40 \times 15\% + 0.30 \times (-10\%) = 9\%$

【思考】：从计算结果可以看出，两个项目的期望值（期望投资报酬率）都是9%。但是否可能就此认为两项目风险是等同的呢？

我们还需要了解概率分布的离散情况，即计算标准离差和标准离差率。

(三) 方差、标准离差

1. 方差

按照概率论的定义，方差是各种可能的结果偏离期望值的综合差异，是反映离散程度的一种量度。方差的计算公式为：

$$\delta^2 = \sum_{i=1}^{n} (k_i - k) \times P_i$$

式中，δ^2 为方差。

2. 标准离差（标准差）

标准离差则是方差的平方根。标准离差是各种可能的报酬率偏离期望报酬率的综合差异，是反映离散程度的一种量度。在实务中一般使用标准离差而不使用方差来反映风险的大小程度。一般来说，标准离差越小，说明离散程度越小，风险也就越小；反之标准离差越大则风险越大。

标准离差的计算公式为:

$$\delta = \sqrt{\sum_{i=1}^{n}(k_i - K) \times P_i}$$

计算上述 A、B 两个项目的方差及标准方差:

项目 A 的方差:

$$\delta^2 = \sum_{i=1}^{n}(k_i - k) \times P_i = 0.0024$$

项目 A 的标准离差:

$$\delta = \sqrt{\sum_{i=1}^{n}(K_i - K) \times P_i} = 0.049$$

项目 B 的方差:

$$\delta^2 = \sum_{i=1}^{n}(k_i - k) \times P_i = 0.0159$$

项目 B 的标准离差:

$$\delta = \sqrt{\sum_{i=1}^{n}(K_i - K) \times P_i} = 0.126$$

以上计算结果表明项目 B 的风险要高于项目 A 的风险。

(四) 标准离差率

标准离差是反映随机变量离散程度的一个指标。但我们应当注意到标准离差是一个绝对指标,只能用来比较期望值相同的各项投资的风险程度,而不能用来比较期望值不同的各项投资的风险程度。要比较期望值不同的项目的风险程度,应该用标准离差率,即标准离差同期望值(期望投资报酬率)的比值。

标准离差率的计算公式为:

$$v = \frac{\delta}{k} \times 100\%$$

式中,v 为标准离差率。

由于在此例中项目 A 和项目 B 的期望投资报酬率是相等的,可以直接根据标准离差来比较两个项目的风险水平。但如果要比较的项目期望值不同,则一定要计算标准离差率才能进行比较。

例如,若上例中项目 A 项目 B 标准离差是 0.15 和 0.20,但是项目 A 期望报酬率为 15%,项目 B 期望报酬率为 40%,那么究竟哪种项目的风险更大呢?这时就不能用标准离差来判别,而要使用标准离差率。计算结果如下:

项目 A 的标准离差率:

$$v = \frac{\delta}{k} \times 100\% = 0.15 \div 15\% \times 100\% = 100\%$$

项目 B 的标准离差率:

$$v = \frac{\delta}{k} \times 100\% = 0.20 \div 40\% \times 100\% = 50\%$$

这说明,在上述假设条件下,项目 A 的风险大于项目 B 的风险。

三、风险与报酬

一般而言，投资者都力求回避风险，但是为什么还是有人进行风险投资呢?这是因为风险投资可得到额外的报酬，即风险报酬。所以风险与报酬是两个紧密相连的因果关系，一般情况下，风险越大报酬率越高，即高风险意味着高收益，低风险意味着低收益。离开了风险因素，就无法正确评价企业报酬的高低，风险是财务决策的基本依据。

风险报酬是投资者由于冒风险进行投资而获得的超过资金时间价值的额外收益。在财务管理中，风险报酬常用相对数(风险报酬率)来计量。风险报酬率，是指风险报酬额与原始投资额的比率。

如果不考虑通货膨胀，投资者冒风险进行投资所希望得到的投资报酬率是无风险报酬率与风险报酬率之和。即:

投资报酬率 $= R + \beta V$

式中，R 为无风险报酬率;βV 为风险报酬率。

无风险报酬率就是货币的时间价值，是在没有风险下的投资报酬率，是投资者投资某一项目肯定能得到的报酬，具有确定性。在财务管理实务中，一般把短期政府债券(如短期国库券)的报酬率作为无风险报酬率;风险报酬率是风险价值，是由于承担风险而超过货币时间价值的额外报酬，具有不确定性。它与风险程度(标准离差率)和风险报酬系数的大小有关，并成正比例关系。即:

风险报酬率 $= \beta V$

式中，β 为无风险报酬系数;V 为标准离差率。

风险报酬系数 β 可以通过对历史资料的分析、统计回归、专家评议获得，或者由政府部门公布。

[例2-20] 假设无风险报酬率为8%，项目A、B风险报酬系数为0.1，V_A 为0.544;V_B 为1.4，请计算A、B两个项目的风险报酬率和投资报酬率。

解:项目A的风险报酬率 $= \beta V = 0.1 \times 0.544 = 5.44\%$，

项目A的投资报酬率 $= R + \beta V = 8\% + 5.44\% = 13.44\%$

项目B的风险报酬率 $= \beta V = 0.1 \times 1.4 = 14\%$

项目B的投资报酬率 $= R + \beta V = 8\% + 14\% = 22\%$

从计算结果可以看出，项目B的投资报酬率(22%)要高于项目A的投资报酬率(13.44%)。若投资者愿意冒风险以获得更高报酬，应选择项目B;若投资者不愿意冒风险，应选择项目A。

【课后专业测评】

一、单选题

1. 货币时间价值等于(　　)

A. 无风险报酬率　　C. 无风险报酬率与通货膨胀补偿率之和

B. 通货膨胀补偿率　　D. 无风险报酬率与通货膨胀补偿率之差

2. 如果两个投资项目预期收益的标准离差相同，而期望值不同，则判断这两个项目风险时使用的指标是(　　)。

A. 期望值　　B. 标准离差率　　C. 标准离差　　D. 以上均可

3. 若希望5年后取得1 000元，利率为10%，则单利情况下现在应存入银行(　　)。

A. 384.6　　B. 650　　C. 666.67　　D. 665.5

4. 某人现在存入银行5000元，利率为10%，复利情况下，10年后终值为(　　)元。

A. 11 500.3　　B. 11 610.2　　C. 12 480.5　　D. 12 968.5

5. 企业现在按8%的年利率取得贷款200 000元，要求在6年内每年末等额偿还，每年的偿付额应为(　　)元。

A. 40 000　　B. 43 262.89　　C. 54 332.15　　D. 64 320.32

6. 可以通过多元化投资来分散的风险是(　　)。

A. 基本风险　　B. 系统风险　　C. 财务风险　　D. 不可分散风险

7. 某企业为了在5年后偿还到期值为500万元的银行借款，假设存款年利率为6%，则该企业每年年末应向银行存款(　　)万元。

A. 88.7　　B. 86.5　　C. 100　　D. 92.3

8. 已知(F/A, 5%, 4) =4.3101, (F/P, 5%, 4) =1.2155, (F/P, 5%, 5) =1.2763, 则(F/A, 5%, 5)为(　　)。

A. 5.5256　　B. 5.4432　　C. 4.3864　　D. 5.0388

9. 从第一期起、在一定时期内每期期末等额收付的系列款项是(　　)。

A. 先付年金　　B. 即付年金　　C. 递延年金　　D. 普通年金

10. 下列表述中，错误的有(　　)。

A. 复利终值系数和复利现值系数互为倒数

B. 普通年终值系数和普通年金现值系数互为倒数

C. 普通年金终值系数和偿债基金系数互为倒数

D. 普通年金现值系数和资本回收系数互为倒数

11 从财务的角度来看风险主要指(　　)。

A. 生产经营风险　　B. 筹资决策带来的风险

C. 无法达到预期报酬率的可能性　　D. 不可分散的市场风险

12. 对于多方案择优，决策者的行动准则应是(　　)。

A. 选择高收益项目

B. 选择高风险高收益项目

C. 选择低风险低收益项目

D. 权衡期望收益与风险，而且还要视决策者对风险的态度而定

13. x方案的标准离差是1.5，y方案的标准离差是1.4，如x、y两方案的期望值相同，则两方案的风险关系为(　　)。

A. $x > y$　　B. $x < y$　　C. $x = y$　　D. 无法确定

二、多选题

1. 下列各项中既有终值又有现值的年金是(　　)。

A. 递延年金　　B. 永续年金　　C. 普通年金　　D. 先付年金

2. 对风险进行衡量时应着重考虑的因素有(　　)。

A. 概率分布　　B. 期望值　　C. 标准离差　　D. 标准离差率

3. 一般来说，下列各项中可以视为年金形式的有(　　)。

A. 等额分期付款　　B. 折旧　　C. 养老金　　D. 零存整取的等额零存数

4. 下列选项中，(　　)因素可能造成经营风险。

A. 战争　　B. 经济衰退　　C. 销售决策失误　　D. 原材料价格发生变化

5. 下列各项中不属于递延年金特点的有(　　)。

A. 最初若干期没有收付款项　　B. 最后若干期没有收付款项

C. 其终值计算与普通年金相同　　D. 递延年金没有终值

6. 某项目从现在开始投资，3 年内没有回报，从第 4 年开始每年获利额为 A，获利年限为 6 年，则该项目利润的现值为(　　)。

A. $A \times (P/A, i, 6) \times (P/F, i, 3)$　　B. $A \times (F/A, i, 6) \times (P/F, i, 9)$

C. $A \times (P/A, i, 9) - A \times (P/A, i, 3)$　　D. $A \times (P/A, i, 9) - A \times (P/A, i, 2)$

7. 关于衡量投资方案风险的下列说法中，正确的是(　　)。

A. 预期报酬率的概率分布越窄，投资风险越小

B. 预期报酬率的概率分布越窄，投资风险越大

C. 预期报酬率的标准差越大，投资风险越大

D. 预期报酬率的标准离差率越大，投资风险越大

三、判断题

1. 普通年金现值系数的倒数称为偿债基金系数。(　　)

2. 风险自担是指企业预留一笔风险金或随着生产经营的进行，有计划地计提资产减值准备等。(　　)

3. 对于筹资者来说，在名义利率相同的情况下，与每半年复利一次相比，每年复利一次更有利。(　　)

4. 利率不仅包含时间价值而且也包含风险价值和通货膨胀。(　　)

5. 国库券的利率就是资金时间价值。(　　)

6. 递延年金现值的计算类似于普通年金，它与递延期无关。(　　)

7. 如果不考虑通货膨胀，投资者进行风险投资的总报酬率便是资金的时间价值与风险报酬率之和。(　　)

8. 对于多方案的优选，期望值不同时，标准离差率较大的方案风险大；但是对于期望值相同的情况下该结论就不成立了。(　　)

9. 在财务管理中，风险就是指事件发生的不确定性。(　　)

10. 按照风险发生的原因可以将风险分为纯粹风险和投机风险。(　　)

11. 财务管理中的企业特定风险可分为经营风险和财务风险。(　　)

12. 在普通年金终值系数的基础上，期数加 1，系数减 1 所得的结果，在数值上等于即付年金终值系数。(　　)

13. 已知国库券利率为 5%，通货膨胀率为 2%，实际市场利率为 10%，则风险报酬率为 3%。(　　)

14. 从财务角度讲，风险主要是指达到预期报酬的可能性。(　　)

15. 两个方案比较时，标准离差越大，说明风险越大。(　　)

16. 风险与收益是对等的，风险越大收益的机会越多，期望的收益率就越高。(　　)

17. 无论各投资项目报酬率的期望值是否相同，都可以采用标准离差比较其风险程度。(　　)

18. 在实务中，当说到风险时，可能指的是确切意义上的风险，但更可能指的是不确定性，二者不作区分。(　　)

19. 风险报酬率是指投资者因冒风险进行投资而获得的额外报酬率。(　　)

计算：有一项年金，前3年无流入，后5年每年年初流入500万元，假设年利率为10%，其现值为多少？

四、计算题

1. 某人年初存入银行10 000元，假设银行按每年8%的复利计息，每年末取出2 000元，则最后一次能够足额(2 000)提款的时间是？

2. 向银行借入一笔款项，银行贷款的年利率为10%，每年复利一次。银行规定前10年不用还本付息，但从第11～20年每年年末偿还本息5 000元，求这笔借款的现值。

3. 6年分期付款购物，每年初付500元。设银行利率为10%，该项分期付款相当于现在一次现金支付的购价是多少？

4. 企业需用一设备，买价为3 600元，可用10年。如租用，则每年年初需付租金500元，除此以外，买与租的其他情况相同。假设利率为10%，则企业是租赁该设备还是购买设备？

5. 某公司拟购置一处房产，房主提出两种付款方案：

(1)从现在起，每年年初支付20万，连续支付10次，共200万元；

(2)从第5年开始，每年年初支付25万元，连续支付10次，共250万元。

6. 时代公司需用一设备，买价为1 600元，可用10年，如果租用，则每年年末付租金200元，除此之外，买与租其他情况相同。假设利率为6%，用数据说明买与租何者为优。比较现值

7. 东大公司为扩大经营规模融资租入一台机器，该机器的市价为288万元，设备运抵公司过程中支付运费以及保险费共计12万元，租期为10年，租赁公司的融资成本为30万元，租赁手续费为20万元。租赁公司要求的报酬率为12%。

要求：

(1)确定租金总额。

(2)如果租金每年年初等额支付，则每期租金为多少？

(3)如果租金每年年末等额支付，则每期租金为多少？

9. 某企业欲投资100万元开发新产品，现有A、B两种新产品备选，它们的预计报酬与经营状况及各种状况发生的概率密切相关，各种状况下的概率分布如下表所示：

表2－1　　A项目和B项目投资报酬率及概率分布

项目实施情况	该种情况出现的概率		投资报酬率	
	项目A	项目B	项目A	项目B
好	0.20	0.30	15%	20%，
一般	0.60	0.40	10%	15%
差	0.20	0.30	0	－10%

根据上述资料计算各方案的期望报酬率及其标准差。

项目三　筹资管理

【知识要点】

1. 通过本章的学习，了解企业筹资管理概述的基本概念；
2. 理解资金成本、财务杠杆和资本结构的基本原理；
3. 掌握资金成本、杠杆系数的计算方法，学会运用所学知识合理进行筹资决策。

【能力目标】

1. 能准确计算债券发行价格；
2. 能够准确计算资金成本并运用专门的方法优化资本结构；
3. 运用杠杆原理分析杠杆效应。

【案例导入】

波音公司在1990年10月，研制成功其最新机型——波音777。该项研制工程耗资巨大，开始的研究开发已经耗资40亿~50亿美元，生产设备和人员培训还需耗资20亿美元，1996年需要营运资本17亿美元。请问：你认为公司的巨大资本从何而来？哪些筹资方式的筹资成本最低？都有哪些筹资渠道？每种筹资方式各有何利弊？

任务一　企业筹资的认知

企业要想顺利开展生产经营活动，就必须拥有一定量的资金，就要通过不同的筹资渠道，采用不同的筹资方式，按照法定程序筹集生产经营所需资金。它既是企业进行生产经营的前提，也是企业财务活动的起点。

一、企业筹资的含义

企业筹资，是指企业根据其生产经营、对外投资以及调整资本结构等需要，通过一定的渠道，采取适当的方式，获取所需资金的一种行为。

企业之所以要筹集一定数量的资金，其财务目的主要有以下几个方面：

1. 满足企业设立的需要

新企业的设立，必须准备充足的开业资金，以便购置厂房、机器设备和原材料等。作为企业设立的前提，筹资活动是财务活动的起点。

2. 满足生产经营的需要

为满足生产经营活动的需要而进行的筹资活动是企业最为经常性的财务活动。一是满足简单再生产的需要，二是满足扩大再生产的需要。

3. 偿还债务的需要

企业为了生产经营以及获取财务杠杆利益，都会有一定程度的负债。债务到期必须清偿，如果到期时企业现金支付能力不够，或者虽然有一定的支付能力，但是支付后将影响目前的资本结构时，便产生了筹资的需要。

4. 满足资本结构调整的需要

资本结构的调整是企业为了降低筹资风险、减少资本成本而对权益资本与负债间的比例关系进行的调整，属于企业重大的账务决策事项，也是企业筹资管理的重要内容。

二、企业筹资资金的分类

企业筹集的资金可按不同的标准进行分类，主要分类如下：

（一）按照所筹资金使用期限的长短，可将企业筹资分为短期资金筹集与长期资金筹集

短期资金，是指使用期限在一年以内或超过一年的一个营业周期以内的资金。短期资金主要投资于现金、应收账款、存货等流动资产。短期资金通常采用商业信用、短期银行借款、短期融资券、应收账款转让等方式来筹集。

长期资金，是指使用期限在一年以上或超过一年的一个营业周期以上的资金。长期资金主要投资于新产品的开发和推广、生产规模的扩大、厂房和设备的更新等长期资产，一般需几年甚至十几年才能收回。长期资金通常采用吸收直接投资、发行股票、发行债券、长期借款、融资租赁和利用留存收益等方式来筹集。

（二）按照资金的来源渠道不同，可将企业筹资分为负债性筹资和权益性筹资

负债性筹资也称借入资金筹资，是指企业通过向银行借款、发行债券、融资租赁等方式筹集的资金。企业采用借入资金的方式筹集资金，到期要归还本金和支付利息，一般承担较大风险，但相对而言，付出的资金成本较低。

权益性筹资也称为自有资金筹资，是指企业通过吸收直接投资、发行股票、内部积累等方式筹集资金。企业采用吸收自有资金的方式筹集资金，一般不用还本，财务风险小，但付出的资金成本相对较高。

三、筹资原则

企业筹资应遵循以下基本原则：

(一)规模适当原则

企业的筹资规模应与资金需求量相一致，既要避免因资金筹资不足，影响生产经营的正常进行，又要防止资金筹集的过多，造成资金闲置。

(二)筹措及时原则

企业财务人员应全面掌握资金需求的具体情况并熟知资金价值的原理，合理安排资金的筹集时间，适时获取所需资金。

(三)来源合理原则

不同来源的资金，对企业的收益和成本有不同的影响。因此，企业应认真研究资金来源渠道和资金市场，合理选择资金来源。

(四)方式经济原则

企业筹集资金必然要付出一定的代价，并承担相应的风险，不同筹资方式条件下的资金成本和财务风险有高有低，因此，需要对各种筹资方式进行分析、对比，选择经济可行的筹资方式。

四、筹资渠道与方式

(一)筹资渠道

筹资渠道，是指筹措资金来源的方向与通道，体现资金的来源与流量。目前我国企业筹资渠道主要包括：

1. 银行信贷资金

银行对企业的各种贷款，是我国目前各类企业最为重要的资金来源。我国银行分为商业性银行和政策性银行两种。商业性银行是以盈利为目的、从事信贷资金投放的金融机构，它主要为企业提供各种商业贷款。商业性银行主要有中国银行、中国农业银行、中国工商银行、中国建设银行、交通银行等;政策性银行主要为特定企业提供政策性贷款。政策性银行主要有国家开发银行、中国进出口银行和农业发展银行。

2. 非银行金融机构资金

非银行金融机构也可以为企业提供一定的资金来源，非银行金融机构主要指信托投资公司、保险公司、金融租赁公司、证券公司、财务公司等。它们所提供的各种金融服务，既包括信贷资金投放，也包括物资融通，还包括为企业承销证券等金融服务。

3. 其他企业资金

其他企业资金也可以为企业提供一定的资金来源。企业在生产经营过程中，往往形成部分暂时闲置的资金，并为一定的目的而进行相互投资。另外，企业间的购销业务可以通过商业信用方式来完成，从而形成企业间的债权债务关系，形成债务人对债权人的短期信用资金占用，如:应收账款等。企业间的相互投资和商业信用的存在，使其他企业资金也成为企业资金的重要来源。

4. 居民个人资金

居民个人资金也可以为企业提供一定的资金来源，企业职工和居民个人的结余货币，作为“游离”于银行及非银行金融机构之外的个人资金，可用于对企业进行投资，形成民间资金来源渠道。

5. 国家资金

国家对企业的直接投资是国有企业特别是国有独资企业获得资金的主要渠道之一，现有国有企业的资金来源，其资本部分大多是由国家财政以直接拨款方式形成的。除此之外，还有些国家对企业“税前还贷”或减免各种税款形成的。

6. 企业自留资金

企业自留资金，也称企业内部留存，是指企业内部形成的资金，主要包括提取公积金和未分配利润等。这些资金的重要特征是：它们无须企业通过一定的方式去筹集，而直接由企业内部自动生成。

(二)筹资方式

筹资方式，是指企业筹集资金所采用的具体形式。目前我国企业的筹资方式主要有以下几种：

1. 吸收直接投资

吸收直接投资，既企业按照“共同投资，共同经营，共担风险，共享利润”的原则直接吸收国家、法人、个人投入资金的一种筹资方式。

2. 发行股票

发行股票，既股份公司通过发行股票筹措权益性资本的一种筹资方式。

3. 利用留存收益

留存收益，是指企业按规定从税后利润中提取的盈余公积金；根据投资人意愿和企业具体情况留存的应分配给投资者的未分配利润。利用留存收益筹资是指企业将留存收益转换为投资的过程，它是企业筹集权益性资本的一种重要方式。

4. 向金融机构借款

向银行借款，既企业根据借款合同从有关银行或非银行金融机构借入的需要还本付息的款项。

5. 利用商业信用

商业信用，是指商品交易中的延期付款或延期交货所形成的借贷关系，它是企业筹集短期资金的重要方式。

6. 发行公司债券

发行公司债券，既企业通过发行债券筹措债务性资金的一种筹资方式。

7. 融资租赁

融资租赁，也称资本租赁或财务租赁，是区别于经营租赁的一种长期租赁形式，是指出租人根据承租人对租货物和供货人的选择和认可，将其从供货人处取得租赁物，按融资租赁合同的约定出租给承租人占有、使用，并向承租人收取租金，最短租赁期限为一年以上的交易活动，它也是企业筹集长期债务性资本的一种方式。

(三)筹资渠道与筹资方式的对应关系

筹资渠道解决的是资金来源问题，筹资方式解决的是通过何种方式取得资金的问题，他们之间存在一定的对应关系。一定的筹资方式可能只适用于某一特定的筹资渠道，但是，同一渠道的资金往往可以采用不同的筹资方式取得，同一筹资方式又往往适用于不同的筹资渠道。因此，企业在筹资时，应实现两者的合理配合。

筹资方式 筹资渠道	吸收 直接投资	发行股票	留存收益	银行借款	融资租赁	发行债券	商业信用
国家资金	√	√					
银行信贷资本				√			
非金融机构资本	√	√		√	√	√	
其他企业资金	√	√			√	√	√
居民个人资金	√	√				√	
利用留存收益	√		√				

任务二　权益性筹资

权益性筹资或称自有资金，企业权益性筹资的筹集一般是通过吸收直接投资，发行股票，内部积累等方式筹集资金。

一、吸收直接投资

企业在采用吸收筹资方式筹集资金时，投资者可以用现金、厂房、机器设备、材料物资、无形资产等作价出资。

(一)吸收直接投资的出资方式

1. 以现金出资

以现金出资是吸收直接投资中的一种最主要的出资方式。有了现金，便可获取其他物资资源。因此，企业尽量动员投资者采用现金方式出资。吸收投资中所需投入现金的数额，取决于投入的实物、工业产权之外尚需多少资金来满足建厂的开支和日常周转需要。

2. 以实物资产出资

以实物出资就是投资者以厂房、建筑物、机器设备等固定资产或原材料等流动资产所进行的投资，一般来说企业吸收的实物应符合如下条件：(1)确为企业生产经营所需；(2)技术性能比较好；(3)作价公平合理。

3. 以工业产权出资

以工业产权出资是指投资者以专有技术、商标权、专利权等无形资产所进行的投资。一般来说，企业吸收的工业产权应符合以下条件：(1)能帮助研究开发出新的高科技产品；(2)能帮助生产出适销对路的高科技产品；(3)能帮助改进产品质量，提高生产效率；(4)能帮助企业大幅度降低各种消耗；(5)作价比较合理。

企业在吸收工业产权投资时应特别谨慎，认真进行技术时效性分析和财务可行性研究。因为工业产权具有时效性，因其随着科技的发展，新技术的进步可能导致价值不断减少甚至完全丧失，风险较大。

4. 以土地使用权出资

投资者也可以用土地使用权来进行投资，土地使用权是按有关法规和合同的规定使用土地的权利，企业吸收土地使用权投资应符合以下条件：(1)是企业科研、生产经营活动所需要的；(2)交通、地理条件比较适宜；(3)作价公平合理。

(二)吸收直接投资的优缺点

1. 吸收直接投资的优点

(1)有利于增强企业的信誉。吸收直接投资所筹集的资金属于自有资金，能增强企业的信誉和借款能力，对扩大企业经营规模、壮大企业实力具有重要作用。

(2)有利于尽快形成生产能力。吸收直接投资可以直接获取投资者的先进设备和先进技术，有利于尽快形成生产能力，尽快开拓市场。

(3)有利于降低财务风险。吸收直接投资可以根据企业的经营状况向投资者支付报酬，企业经营状况好，可向投资者多支付一些报酬；企业经营状况不好，则可不向投资者支付报酬或少支付报酬，报酬支付较为灵活，所以，财务风险较小。

2. 吸收直接投资的缺点

(1)资金成本较高。一般而言，采用吸引直接投资方式筹集资金，所需负担的资金成本较高，特别是企业经营状况较好和盈利较多时，更是如此。因为向投资者支付的报酬是根据其出资的数额和企业实现利润的比率来计算的。

(2)容易分散企业控制权。采用吸引直接投资方式筹集资金，投资者一般都要求获得与投资数量相适应的经营管理权，这是企业接受外来投资的代价之一。如果外部投资者的投资较多，则投资者会有相当大的管理权，甚至会对企业实行完全控制，这是吸收直接投资的不利因素。

二、发行股票

股票是股份有限公司在筹集资本时向出资人发行的股份凭证。股票代表着其持有者(即股东)对股份公司的所有权。

(一)股票的分类

1. 按股东权利和义务的不同，可将股票分为普通股票和优先股票

普通股票简称普通股，是股份公司依法发行的具有平等的权利、义务，股利不固定的股票。普通股具备股票的最一般特征，是股份公司资本的最基本部分。

优先股票简称优先股，是股份公司发行的，相对于普通股具有一定优先权的股票，这种优先权主要体现在股利分配和分取剩余财产权利上。从法律上讲，企业对优先股不承担法定的还本义务，是企业自有资金的一部分。

2. 按股票票面是否记名，可将股票分为记名股票和无记名股票。

记名股票是指在股票上记载有股东姓名或名称，并将其记入公司股东名册的股票。记名股票的转让，继承都要办理过户手续。

无记名股票是指在股票上不记载股东姓名和名称，也不将股东姓名或名称记入公司股东名册的股票。凡持有无记名股票者，都可成为公司股东。无记名股票的传让，继承无须办理过户手续，只要将股票交给受让人，就可发生转让效力，移交股权。

3. 按发行对象和上市地区的不同，可将股票分为A股、B股、H股和N股等。

在我国内地上市交易的股票主要有A股、B股。

A股是以人民币标明票面金额，并以人民币认购和交易的股票。

B股是以人民币标明票面金额，以外币认购和交易的股票。

另外，还有H股和N股。H股为在香港上市的股票；N股是在纽约上市的股票。

（二）普通股股东的权利

普通股股票的持有人称为普通股股东，普通股股东一般具有以下权利：

1.公司管理权

普通股股东的管理权主要体现为：在董事会选举中有选举权和被选举权，通过选出的董事会代表所有股东对企业进行控制和管理。具体来说，普通股股东的管理权主要包括投票权、查账权、阻止越权经营的权利。

2.分享盈余权

分享盈余权，既普通股股东经董事会决定后，从净利润中分得股息和红利的权利。

3.出让股份权

出让股份权，既股东有权出售或转让股票的权利。

4.优先认股权

优先认股权，既普通股股东拥有优先于其他投资者购买公司增发新股票的权利。

5.剩余财产要求权

剩余财产要求权，既当公司解散，清算时，普通股股东对剩余财产有要求权。但是，公司破产清算时，财产的变价收入，首先要用来清偿债务，然后支付优先股股东，最后才能分配给普通股股东。

（三）股票发行

我国股份公司发行股票必须符合《证券法》和《上市公司证券发行管理办法》规定发行条件。股票的发行方式有公募发行和私募发行，公募发行有自销方式和承销方式，承销方式具体分为包销和代销。

（四）股票上市

股票上市，指股份有限公司公开发行的股票，经批准在证券交易所挂牌交易。

1.股票上市的有利影响

（1）有助于改善财务状况。公司公开发行股票可以筹得自有资金，能迅速改善公司财务状况，并有条件得到利率更低的贷款。同时，公司一旦上市，就可以有更多的机会从证券市场上筹集资金。

（2）利用股票收购其他公司。一些公司常用出让股票而不付现金的方式对其他企业进行收购。被收购企业也乐意接受上市公司的股票。因为上市的股票具有良好的流通性，持股人可以很容易将股票出手而得到资金。

（3）利用股票市场客观评价企业，对于已上市的公司来说，每时每日的股市行情，都是对企业客观的市场估价。

（4）利用股票可以激励职员，上市公司用股票作为激励关键人员的有效手段，公开的股票市场提供了股票的准确价值，也可使职员的股票得以兑现。

（5）提高公司知名度，吸引更多顾客。股票上市公司为社会所知，并被认为经营优良，这会给公司带来良好的声誉，从而吸引更多的顾客，扩大公司的销售。

2. 股票上市的不利影响

(1)使公司失去隐私权，一家公司转为上市公司，其最大的变化是公司隐私权的消失，国家证券管理机构要求上市公司将关键的经营情况向社会公众公开。

(2)限制经理人员操作的自由度。公司上市后，其所有重要决策都需要经董事会讨论通过，有些对企业至关重要的决决策则须全体股东投票决定。股东们通常以公司盈利、分红、股价等来判断经理人员的业绩，这些压力往往使得企业经理人员只注重短期效益而忽略长期效益。

(3)公开上市需要很高的费用。这些费用包括:资产评估费用、股票承销佣金、律师费、注册会计师费、材料印刷费、登记费等。这些费用的具体数额取决于每一个企业的具体情况、整个上市过程的难易程度和上市融资的数额等因素。公司上市后还需花费一些费用为证券交易所、股东等提供资料，聘请注册会计师、律师等。

(五)普通股筹资的成本

普通股筹资的成本就是普通股投资的必要报酬率，其测算方法一般有三种:即股利折现模型、资本资产定价模型和无风险利率加风险溢价法。

1. 股利折现模型

股利折现模型的基本形式是:

$$P_0 = \sum_{t=1}^{n} \frac{D_t}{(1+K_0)^t}$$

式中，P_0 为普通股筹资净额，即发行价格扣除发行费用;D_t 为普通股第 t 年股利;K_0 为普通股投资必要收益率，即普通股资金成本率。

运用上面的模型测算普通股筹资成本:

(1)公司采用固定股利政策，即每年分派固定数额的现金股利，则普通股筹资成本为:

$$\text{普通股筹资成本} = \frac{\text{每年固定股利}}{\text{普通股筹资金额} \times (1-\text{普通股筹资费率})} \times 100\%$$

【例 3-1】某公司拟发行一批普通股，发行价格 12 元，每股发行费用 2 元，预定每年分派现金股利每股 1.2 元。则该普通股筹资成本测算为:

$$\text{普通股筹资成本} = \frac{1.2}{12-2} \times 100\% = 12\%$$

(2)公司采用固定股利增长率的政策:如果采用固定股利增长率的政策，股利固定增长率为 g，则普通股筹资成本可按下式测算:

$$\text{普通股筹资成本} = \frac{\text{第一年预期股利}}{\text{普通股筹资金额} \times (1-\text{普通股筹资费率})} \times 100\% + \text{股票固定增长率}$$

【例 3-2】某公司准备增发普通股，每股发行价为 15 元，发行费用 3 元，预定第一年分派现金股利每股 1.5 元，以后每年股利增长 5%。则该普通股筹资成本测算为;

$$\text{普通股筹资成本} = \frac{1.5}{15-3} \times 100\% + 5\% = 17.5\%$$

2. 资本资产定价模型

资本资产定价模型:普通股投资的必要报酬率等于无风险报酬率加上风险报酬率。用公式表示如下：

$$K_C = R_f + \beta(R_m - R_f)$$

式中，R_f 代表无风险报酬率；R_m 代表市场报酬率或市场投资组合的期望收益率；β 代表某公司股票收益率，相对于市场投资组合期望收益率的变动幅度。

【例3-3】某股份公司普通股股票的 β 值为1.5，无风险利率为6%，市场投资组合的期望收益率为10%，则该公司的趋同股筹资成本为：

$$普通股筹资成本 = 6\% + 1.5 \times (10\% - 6\%) = 12\%$$

3. 无风险利率加风险溢价法

无风险利率加风险溢价法认为，由于普通股的求偿权不仅在债权之后，而且还次于优先股，因此，持有普通股股票的风险要大于持有债权的风险，这样，股票持有人就必然要求一定的风险补偿。一般情况来看，通过一段时间的统计数据，可以测算出某公司普通股股票期望收益率超出无风险利率的大小，既风险溢价 R_p，无风险利率 R_f。一般用同期国债收益率表示，这是证券市场最基础的数据，因此，用无风险利率加风险溢价法计算普通股筹资成本的公式为：

$$K_C = R_f + R_p$$

【例3-4】假定某公司普通股的风险溢价估计为8%，而无风险利率为5%，则该公司普通股筹资的成本为：

$$普通股筹资成本 = 5\% + 8\% = 13\%$$

(六)普通股筹资的优缺点

1. 普通股筹资的优点

(1)没有固定利息负担。公司有盈余，并认为适合分配股利时，就可以分配股利；公司盈余较少，或虽有盈余但资金短缺或有更有利的投资机会时，就可少支付或不支付股利。

(2)没有固定到期日，不用偿还。利用普通股筹集的是永久性的资金，只有公司清算才需偿还。它对保证企业最低的资金需求有重要意义。

(3)筹资风险小。由于普通股没有固定到期日，不用支付固定的股利，此种筹资实际上不存在不能偿付的风险，因此，风险最小。

(4)能增加公司的信誉。普通股本与留存收益构成公司偿还债务的基本保障，因而，普通股筹资即可以提高公司的信用价值，同时也为使用更多的资金提供了强有力的支持。

(5)筹资限量较少，利用优先股或债券筹资，通常有许多限制，这些限制往往会影响公司经营的灵活性，而利用普通股筹资则没有这种限制。

2. 普通股投资的缺点

(1)资金成本较高，一般来说，普通股筹资的成本要大于债务资金。这主要是因为股利要从净利润中支付，而债务资金的利息可在税前扣除。另外，普通股的发行费用也比较高。

(2)容易分散控股权。利用普通股筹资，出售了新的股票，引进了新的股东，容易导致公司控制权的分散。

(3)普通股筹资虽然没有财务风险，但也享受不到财务杠杆带来的利益，即不能像负债那样利用他人的资金来为自己盈利。

三、留存收益筹资

从性质上看，企业通过合法有效的经营实现的税后净利润，都属于企业的所有者。企业将本年的利润部分甚至全部留下来的原因很多，主要包括：第一，收益的确认和计量是建立在权责发生制基础上的，企业有利润，但企业不一定有相应的现金净流量增加，因而企业不一定有足够的现金将部分或全部利润派发给所有者。第二，法律法规从保护债权人利益和要求企业可持续发展等角度出发，限制企业将全部利润分配出去。《公司法》规定，企业每年的税后净利润，必须提取10%的法定盈余公积金。第三，企业基于自身扩大再生产和筹资的需要，也会将一部分利润留下来。

（一）留存收益筹资的渠道

1. 盈余公积

盈余公积，是指有指定用途的留存净利润，它是公司按照《公司法》规定从净利润中提取的积累资金，包括法定盈余公积金和任意盈余公积金。盈余公积金主要用于企业未来的发展经营，经投资者审议后也可以用于转增股本（实收资本）和弥补以前年度经营亏损，但不得用于以后年度的对外利润分配。盈余公积也可以用于构建固定资产、进行固定资产更新改造、增加资产储备，进行科学研究等。因此，企业通过提取盈余公积而形成的资本属于企业权益资本筹资。

2. 未分配利润

未分配利润，是指未限定用途的留存净利润。这里有两层含义：一是这部分净利润没有分给公司的股东；二是这部分净利润未指定用途。未分配利润可以用于企业未来的经营发展、转增资本（实收资本）、弥补以前年度亏损及以后年度的利润分配。

（二）留存收益筹资的成本

留存收益是由公司税后利润形成的，属于权益资本。一般企业都不会把全部收益以股利形式分给股东，留存收益是企业资金的一种重要来源，企业留存收益等于股东对企业进行追加投资，股东对这部分投资与以前交给企业的股本一样要求获得同普通股价的报酬，所以留存收益也要计算成本。留存收益筹资成本的计算与普通股基本相同，但不用考虑筹资费用。

（1）在普通股股利固定的情况下，留存收益筹资成本的计算公式：

$$留存收益筹资成本 = 每年固定股利/普通股筹资金额 \times 100\%$$

（2）在普通股股利逐年固定增长的情况下，留存收益筹资成本的计算公式为：

$$留存收益筹资成本 = \frac{第一年预期股利}{普通股筹资金额} \times 100\% + 股利年增长率$$

【例3-5】某公司普通股目前的股价为10元/股，筹资费率为8%，刚刚支付的每股股利为2元，股利固定增长率3%，则该企业留存收益筹资的成本为：

$$留存收益筹资成本 = \frac{2 \times (1 + 3\%)}{10} \times 100\% + 3\% = 23.6\%$$

（三）留存收益筹资的优缺点

1. 留存收益筹资的优点

（1）资金成本较普通股低。用留存收益筹资，不用考虑筹资费用，资金成本较普通股低。

(2)保持普通股股东的控制权。用留存收益筹资，不用对外发行股票，由此增加的权益资本不会改变企业的股权结构，不会稀释原有股东的控股权。

(3)增强公司的信誉。留存收益筹资能够使企业保持较大的可支配的现金流，既可解决企业经营发展的资金需求，又能提高企业举债的能力。

2. 留存收益筹资的缺点

(1)筹资数额有限制。留存收益筹资最大可能的数额是企业当期的税后利润和上年未分配利润之和。如果企业经营亏损，则不存在这一渠道的资金来源。此外，留存收益的比例常常受到某些股东的限制。他们可能从消费需求、风险偏好等因素出发，要求股利支付比率要维持在一定水平上。留存收益过多，股利支付过少，可能会影响到今后的外部筹资。

(2)资金使用受制约，留存收益中某些项目的使用，如法定盈余公积金等，要受国家有关规定的制约。

任务三　短期负债筹资

一、短期借款

短期借款，是指企业向银行和其他非银行机构借入的期限在一年以内的借款。

(一)短期借款的种类

短期借款主要有生产周转借款、临时借款、结算借款等。按照国际通行做法，短期借款还可依偿还方式的不同，分为一次性偿还借款和分期偿还借款；依利息支付方法的不同，分为收款法借款、贴现法借款和加息法借款；依有无担保，分为抵押借款和信用借款。

(二)短期借款的信用条件

按照国际惯例，银行发放短期贷款时，往往涉及以下信用条件：

1. 信贷额度

信贷额度亦即贷款额度，是借款人与银行在协议中规定的允许借款人借款的最高限额。

2. 周转信贷协定

周转信贷协定是银行从法律上承诺向企业提供不超过某一最高限额的贷款协定。在协定的有效期限内，只要企业借款总额未超过最高限额，银行必须满足企业任何时候提出的借款要求。企业根据周转协定，通常要对贷款限额的未使用部分付给银行一笔承诺费。

【例3-6】某企业与银行商定在周转信贷额为2 000万元，承诺费率为0.5%，借款企业年度内使用了1 400万元，余额为600万元。则借款企业应向银行支付承诺费的金额为：

$$承诺费=600\times0.5\%=3(万元)$$

3 补偿性余额。它是银行要求借款人在银行中保持按贷款限额或实际借款额的一定百分比计算的最低存款余额。存在补偿性余额的条件下实际利率的计算公式为：

$$实际利率=\frac{名义借款金额\times名义利率}{名义借款金额\times(1-补偿性余额比例)}\times100\%$$

补偿性余额有助于银行降低贷款风险，补偿其可能遭受的损失；但对借款企业来说，补偿性余额则提高了借款的实际利率，加重了企业的利息负担。

【例3－7】某企业按年利率8%向银行借款100万元，银行要求保留20%的补偿性余额，企业实际可以动用的借款只有80万元。则该项借款的实际利率为：

$$实际利率=\frac{8\%}{1-20\%}\times100\%=10\%$$

4. 借款抵押。银行向财务风险较大、信誉不好的企业发放贷款，往往需要有抵押品担保，以减少自己蒙受损失的风险。借款的抵押品通常是借款企业的办公楼、厂房等。

5. 偿还条件。无论何种借款，银行一般都会规定还款的期限。根据我国金融制度的规定，贷款到期后仍无力偿还的，视为逾期贷款，银行要照章加收逾期罚息。

6. 以实际交易为贷款条件。当企业发生经营性临时资金需求，向银行申请贷款以求解决时，银行则以企业将要进行的实际交易为贷款基础，单独立项，单独审批，最后做出决定并确定贷款的相应条件和信用保证。

（三）借款利息的支付方式

1. 利随本清法

利随本清法，又称收款法，是在借款到期时向银行支付利息的方法。采用这种方法，借款的名义利率等于其实际利率。

2. 贴现法

贴现法，是银行向企业发放贷款时，先从本金中扣除利息部分，在贷款到期时借款企业再偿还全部本金的一种利息方法。贴现法的实际贷款利率公式为：

$$贴现贷款实际利率=\frac{利息}{贷款金额-利息}\times100\%$$

【例3－8】某企业从银行取得借款200万元，限期1年，名义利率10%，利息20万元。按照贴现法付息，企业实际可动用的贷款为180万元（200－20），该项贷款的实际利率为：

$$贴现贷款实际利率=\frac{20}{200-20}\times100\%\approx11.11\%$$

$$或:贴现贷款实际利率=\frac{名义利率}{1-名义利率}\times100\%$$

$$=\frac{10\%}{1-10\%}\times100\%\approx11.11\%$$

3. 加息法

加息法是指在借款期内分期等额偿还本息的方法，加息法下的实际利率约等于名义利率的2倍。加息贷款的实际利率为：

$$加息贷款实际利率=\frac{贷款额\times利息率}{贷款额\div2}\times100\%$$

【例3－9】某企业借入（名义）年利率为12%的贷款20万元，分12个月等额偿还本息，该项贷款的实际利率为：

$$加息贷款实际利率=\frac{20\times12\%}{20\div2}\times100\%=24\%$$

(三)短期借款筹资的优缺点

1. 短期借款筹资的优点

(1)筹资速度快。企业获得短期借款所需时间要比长期借款短得多，因为银行发放长期贷款前，通常要对企业进行比较全面的调查分析，花费时间较长。

(2)筹资弹性大。借款数额及借款时间弹性较大，企业可在需要资金时借入，在资金充裕时还款，便于企业灵活安排。

2. 短期借款筹资的缺点

(1)筹资风险大。短期资金的偿还期短，在筹资数额较大的情况下，如企业资金调度不周，就有可能出现无力按期偿付本金和利息，甚至被迫破产。

(2)相比而言，资金成本较高，尤其是在补偿性余额和附加利率情况下，实际利率通常高于名义利率。

二、商业信用

(一)商业信用的条件

商业信用条件，是指销货人对付款时间和现金折扣所做的具体规定，主要有以下几种形式:预收货款;延期付款，但不涉及现金折扣;延期付款，但早付款可享受现金折扣。

1. 预收货款

这是企业在销售商品时，要求买方在卖方发出货物之前支付货款的情形。一般用于以下两种情况:(1)企业已知买方的信用欠佳;(2)销售生产周期长、售价高的产品。在这种信用条件下，销货单位可以得到暂时的资金来源，购货单位则要预先垫支一笔资金。

2. 延期付款，但不涉及现金折扣

这是指企业购买商品时，卖方允许企业在交易发生后一定时期内按发票金额支付货款的情形，如“net45”是指在45天内按发票金额付款。这种条件下的信用期间一般为30~60天，但有些季节性的生产企业可能为其顾客提供更长的信用期间。在这种情况下，买卖双方存在商业信用，买方可因延期付款而取得资金来源。

3. 按期付款，但早付款可享受现金折扣

在这种条件下，买方若提前付款，卖方可给予一定的现金折扣，如买方不享受现金折扣，则必须在一定期间内付清账款。如“2/10,n/30”便属于此种信用条件。应用现金折扣的主要是为了加速账款的收现。现金折扣一般为发票现金额的1%~5%。

这种条件下，双方存在信用交易。买方若在折扣期内付款，则可获得短期的资金来源，并能得到现金折扣;若放弃现金折扣，则可在稍长时间内占用卖方的资金。

(二) 现金折扣成本的计算

在采用商业信用形式销售产品时，为鼓励购货单位尽早付款，销货单位往往都规定一些信用条件，主要包括现金折扣和付款期间两部分内容。如果销货单位提供现金折扣，购买单位应尽量争取获得此项折扣，因为丧失现金折扣的机会成本很高。

放弃现金折扣的机会成本可以按下列公式计算:

$$\text{放弃现金折扣的机会成本} = \frac{\text{现金折扣率}}{1 - \text{现金折扣率}} \times \frac{360}{\text{信用期} - \text{折扣期限}} \times 100\%$$

【例3-10】某企业似以“2/10,n/30”信用条件购进一批原料。这一信用条件意味着企业如果在10天之内付款，可享受2%的现金折扣;若不享受现金折扣，货款应在30天内付清。

则放弃折扣的成本为：

$$放弃现金折扣的成本=\frac{2\%}{1-2\%}\times\frac{360}{30-10}\times100\%=36.73\%$$

这表明只要企业筹资成本不超过36.73%，就应当在第10天付款。

三、短期融资券

1.短期融资券的含义、特征及种类

短期融资券，又称商业票据或短期债券，是由企业发行的无担保短期本票。在我国，短期融资券是指企业依照《短期融资券管理办法》的条件和程序在银行间债券市场发行和交易并约定在一定期限内还本付息的有价证券，是企业筹措短期（一年以内）资金的直接融资方式。

我国短期融资券具有以下特征：(1)发行人为非金融企业；(2)它有一种短期债券的品种，期限不超过365天；(3)发行利率（价格）由发行人和承销商协商确定；(4)发行对象为银行间债券市场的机构投资者，不向社会公众发行；(5)实行余额管理，待偿还融资券余额不超过企业净资产的40%；(6)可以在全国银行间债券市场机构投资人之间流通转让。

2.短期融资券的种类

(1)按发行方式分类，可将短期融资券分为经纪人代销的融资券和直接销售的融资券。

经纪人代销的融资券，又称间接销售融资券，是指先由发行人卖给经纪人，然后由经纪人再卖给投资者的融资券。经纪人主要有银行、信托投资公司、证券公司等。企业委托经纪人发行融资券，要先支付一定金额的手续费。

直接销售的融资券，是指发行人直接销售给最终投资者的融资券。直接发行融资券的公司通常是经营金融业务的公司或自己有附属金融机构的公司，它们自己的分支网点，有专门的金融人才，因此，有力量自己组织推销工作，从而节约了间接发行时应付给证券公司的手续费。

(2)按发行人的不同分类，可将短期融资券分为金融企业的融资券和非金融企业的融资券。

金融企业的融资券主要是指由各大公司所属的财务公司、各种信托投资公司、银行控股公司等发行的融资券。这种融资券一般都采用直接发行方式。

非金融企业的融资券是指那些没有设立财务公司的工商企业所发行的融资券。这类企业一般规模不大，多数采用间接方式来发行融资券。

(3)按融资券的发行和流通范围分类，可将短期融资券分为国内融资券和国际融资券。

国内融资券是一国发行者在其国内金融市场上发行的融资券。发行这种融资券一般只要遵守本国家的法律法规和金融市场惯例即可。

国际融资券是一国发行者在其本国以外的金融市场上发行的融资券。发行这种融资券，必须遵循有关国家的法律法规和国际金融市场的惯例。

(二)短期融资券的发行

1.短期融资券的发行条件

一般来讲，只有实力雄厚、资信程度很高的大企业才有资格发行短期融资券。在我国，短期融资券的发行必须符合《短期融资券管理办法》中规定的发行条件。

2. 短期融资券的发行程序

短期融资券的发行程序是:(1)公司作出发行短期融资券的决策;(2)办理发行短期融资券的信用评级;(3)向有关审批机构提出发行申请;(4)审批机关对企业提出的申请进行审查和批准;(5)正式发行短期融资券，取得资金。

(三)短期融资券筹资的优缺点

1. 短期融资券筹资的优点

(1)短期融资券的筹资成本低。在西方，短期融资券的利率加上发行成本通常要低于银行的同期贷款利率。但在我国，目前由于短期融资券市场刚刚建立，还不完善，因而有时会出现短期融资券的利率高于银行借款利率的情况。

(2)短期融资券筹资数额比较大。一般而言，银行不会向企业发巨额的短期借款，因此，银行短期借款常常面临着数额的限制，而发行短期融资券的数额往往较大，可以筹集更多的资金。

(3)发行短期融资券可以提高企业信誉和知名度。由于能在货币市场上发行短期融资券的都是著名的大公司，因而一个公司如果能发行自己的短期融资券，说明该公司有较好的信誉;同时，随着短期融资券的发行，公司威望和知名度也大大提高。

2. 短期融资券的缺点

(1)发行短期融资券的风险比较大。短期融资券到期必须归还，一般不会有延期的可能。如果到期不归还，会对企业的信誉等产生较严重的影响，因此，风险较大。

(2)发行短期融资券的弹性较小。只有当企业的资金需求达到一定数量时才能使用短期融资券，如果数量较小，则会加大单位资金的筹资成本。另外，短期融资券一般不会提前偿还，即使企业资金比较充裕，也要到期才能还款。

(3)发行短期融资券的条件比较严格。并不是任何企业都能发行短期融资券，必须信誉好、实力强、效益高的企业才能使用，而一些小企业或信誉不够好的企业，则不可能利用短期融资券来筹集资金。

四、应收账款转让

(一)应收账款转让的含义及种类

1. 应收账款转让的含义

应收账款转让，是指企业将应收帐款出让给银行等金融机构以获取资金的一种筹资方式。应收账款转让筹资数额一般为应收账款扣减以下项目后的余额:(1)允许客户在付款时扣除的现金折扣;(2)贷款机构扣除的准备金、利息费用和手续费。其中，准备金是指因在应收账款收回过程中可能发生销货退回和折让等而保留的存款。

2. 应收账款转让的种类

应收账款转让按是否具有追索权可分为附加追索权的应收账款转让和不附加追索权的应收账款转让。其中，附加追索权的应收账款转让，是指企业将应收账款转让给银行等金融机构，在有关应收账款到期无法从债务人处收回时，银行等金融机构有权向转让应收账款的企业追偿，或按照协议规定，企业有义务按照约定从银行等金融机构回购部分应收账款，应收账款的坏账风险由企业承担;不附加追索权的应收账款转让，是指企业将应收账款转让给银行等金融机构，在有关应收账款到期无法从债务人处收回时，银行等金融机构不能向转让应收账款的企业追偿，应收账款的坏账风险由银行承担。

(二)应收账款转让筹资的优缺点

1. 应收账款转让筹资的优点

(1)及时回笼资金，避免企业因赊销造成的现金流量不足。通过应收账款转让筹资，企业可以及时地收回销售商品和提供劳务的资金，增加现金流量，缓解因应收账款带来的资金紧张程度，从而避免企业因赊销造成的现金流量不足的问题。

(2)节省收账成本，降低坏账损失风险，有利于改善企业的财务状况、提高资产的流动性。应收账款转让时，银行等金融机构均要掌握购货方的资信情况，而银行等金融机构只对有相当资信度的应收账款提供资金。所以，应收账款转让在一定程度上保证了账款的安全，防止了坏账的发生。

2. 应收账款转让筹资的缺点

(1)筹资成本较高。应收账款转让筹资的手续费和利息都很高，从而增加了企业的筹资成本。

(2)限制条件较多。应收账款转让时，贷款机构对转让的应收账款和转让的应收账款的公司都有一定的条件限制，不符合条件的，不接受转让。

任务四　长期负债筹资

一、长期借款

长期借款是企业向银行和其他非银行金融机构借入的期限在一年以上的借款，主要用于构建固定资产和满足长期流动资金占用的需要。

(一)长期借款的种类

我国目前各种金融机构的长期借款种类主要有：

1. 按照用途分为基本建设贷款、专项贷款、流动资金贷款等；

2. 按有无担保分为信用贷款(无担保贷款)和担保贷款；

3. 按贷款机构分为政策性银行贷款和商业银行贷款。

(二)长期借款筹资的程序

企业向金融机构借款，通常要经过以下步骤：

1. 企业提出申请

企业申请借款必须符合贷款原则和条件，填写包括借款金额、借款用途、偿还能力以及还款方式等主要内容的《借款申请书》，并提供以下资料：(1)借款人及保证人的基本情况；(2)财政部门或会计师事务所核准的上年度财务报告；(3)原有的不合理借款的纠正情况；(4)抵押物清单及同意抵押的证明，保证人拟同意保证的有关证明文件；(5)项目建议书和可行性报告；(6)贷款银行认为需要提交的其他资料。

2. 金融机构进行审批

银行接到企业的申请后，要对企业的申请进行审查，以决定是否对企业提供贷款。审查的内容主要包括以下几个方面：

（1）对借款人的信用等级进行评估。评估可以由银行独立进行，内部掌握，也可以委托独立的信誉评定机构进行评估。

（2）对贷款人进行相关调查。贷款人受理借款人的申请后，应当对借款人的信用及借款的合法性、安全性和盈利性等情况进行调查，还要核实抵押物、保证人情况，测定贷款的风险。

（3）贷款审批。银行一般都建立了审贷分离、分级审批的贷款管理制度。审查人员应该对调查人员提供的材料，认真进行审查，决定是否提供贷款。

3. 签订借款合同

借款合同是规定借贷各方权利和义务的契约，其内容分基本条款和限制条款，限制条款又有一般性限制条款、例行性限制条款和特殊性限制条款之分。基本条款是借款合同必须具备的条款。限制条款是为了降低贷款机构的贷款风险而对借款企业提出的限制条件，它不是借款合同的必备条款。限制条款中，一般性限制条款最为常见，例行性限制条款次之，特殊性限制条款比较少见。

借款合同的基本条款包括：借款种类、借款用途、借款金额、借款利率、借款期限、还款资金来源及还款方式、保证条款、违约责任等。

借款合同的一般性限制条款通常包括：对企业流动资金保持量的规定、对企业支付现金股利的限制，对企业资本性支出规模的限制，对企业借入其他长期债务的限制等。

借款合同的例行性限制条款一般包括：企业定期向贷款机构报送财务报表、企业不准在正常情况下出售大量资产、企业要及时偿付到期债务、禁止企业贴现应收票据或转让应收账款、禁止以资产作其他承诺的担保或抵押等。

借款合同的特殊性限制条款一般包括：贷款专款专用、要求企业主要领导购买人身保险、要求企业主要领导在合同有效期内担任领导职务等。

4. 企业取得借款

双方签订借款合同后，贷款银行按合同的规定按期发放贷款，企业便可取得相应的资金。贷款人不按合同约定按期发放贷款的，应偿付违约金。借款人不按合同的约定的，也应偿付违约金。

5. 企业偿还借款

企业应按借款合同的规定按时足额归还借款本息。如果企业不能按期归还借款，应在借款到期之前，向银行申请贷款展期，但是否展期，由贷款银行根据具体情况决定。

（三）长期借款筹资成本的计算

长期借款筹资成本的计算公式为：

$$长期借款筹资成本=\frac{年利息\times(1-所得税税率)}{筹资总额\times(1-筹资费用率)}\times100\%$$

【例3－11】某公司欲从银行借款1 000万元，手续费率0.1%，年利率5%，期限3年，每年结息一次，到期一次还本，公司所得税税率为25%。则该笔长期借款筹资成本为：

$$长期借款筹资成本 = \frac{1\,000 \times 5\% \times (1-25\%)}{1\,000 \times (1-0.1\%)} \times 100\% = 3.75\%$$

由于银行借款的手续费率很低，上式中的筹资费率常常可以忽略不计，则上式可简化为：

$$长期借款筹资成本 = 借款利率 \times (1-所得税率)$$
$$= 5\% \times (1-25\%) = 3.75\%$$

(四)长期借款筹资的优缺点

1. 长期借款筹资的优点

(1)筹资速度快。发行各种证券筹集长期资金所需时间一般较长。证券发行的准备工作，以及证券的发行需要一定时间。而向银行借款与发行证券相比，一般所需时间较短，可以迅速地获取资金。

(2)借款弹性较大。企业与银行可以直接接触，可通过直接商谈，来确定借款的时间、数量和利息。在借款期间，如果企业情况发生了变化，也可以与银行进行协商，修改借款的数量和条件，借款到期后，如有正当理由，还可延期归还。

(3)借款成本较低，就目前我国情况来看，利用银行借款所支付的利息比发行债券所支付的利息低，另外，也无需支付大量的发行费用。

(4)可以发挥财务杠杆的作用。不论公司赚钱多少，银行只按借款合同收取利息，在投资报酬率大于借款利率的情况下，企业所有者将会因财务杠杆的作用而得到更多的收益。

2. 长期借款筹资的缺点

(1)筹资风险较高、企业举借长期借款，必须定期还本付息，在经营不利的情况下，可能会产生不能偿付的风险，甚至会导致破产。

(2)限制性条款比较多。企业与银行签定的借款合同中，一般都有一些限制条款，如定期报送有关报表，不准改变借款用途等，这些条款可能会限制企业的经营活动。

(3)筹资数量有限，银行一般不愿借出巨额的长期借款，因此，利用银行借款筹资都有一定的上限。

二、发行债券

(一)债券的含义和特征

债券是政府、金融机构、工商企业等机构直接向社会借债筹措资金时，是向投资者发行，并且承诺按一定利率支付利息并按约定条件偿还本金的债权债务凭证。债券的本质是债的证明书，具有法律效力。债券购买者与发行者之间是一种债券债务关系，债券发行人即债务人，投资者(或债券持有人)即债权人。债券作为一种重要的融资手段和金融工具具有如下特征：

1. 偿还性。债券一般都规定有偿还期限，发行人必须按约定条件偿还本金并支付利息。

2. 流通性。债券一般都可以在流通市场上自由转换。

3. 安全性。与股票相比，债券通常规定有固定的利率，与企业绩效没有直接联系，收益比较稳定，风险较小。此外，在企业破产时，债券持有者享有优先于股票持有者对企业剩余财产的索取权。

4. 收益性。债券的收益性主要表现在两个方面，一是投资债券可以给投资者定期或不定期地带来利息收益；二是投资者可以利用债券价格的变动，买卖债券赚取差额。

(二)债券的基本要素

债券的基本要素有四个:

1. 票面价值:债券的票面价值简称面值，是指债券发行时设定的票面金额。

2. 债券价格:债券的价格包括发行价格和交易价格。

债券的发行价格可能不等同于债券面值。当债券发行价格高于面值时，称为溢价发行;当债券发行价格低于面值时，称为折价发行;当债券发行价格等于面值时，称为平价发行。

债券的交易价格即债券买卖时的成交价格。在行情表上我们还会看到开盘价、收盘价、最高价和最低价。最高价是一天交易中最高的成交价格;最低价即一天交易中最低的成交价格;开盘价是当天开市第一笔交易价格;闭市前的最后一笔交易价格则为收盘价。

3. 偿还期限:债券的偿还期限是个时间段，起点是债券的发行日期，终点是债券票面上标明的偿还日期。偿还日期也称为到期日。在到期日，债券的发行人偿还所有本息，债券代表的债权债务关系终止。

4. 票面利率:票面利率是指每年支付的利息与债券面值的比例。投资者获得的利息就等于债券面值乘以票面利率。

(三)债券的种类

债券可按不同的标准进行分类，主要的分类方式如下:

1. 按债券是否记名，可将债券分为记名债券和无记名债券

记名债券，是指在债券票面上注明债权人姓名或名称，同时在发行公司的债权人名册上进行登记的债券。

无记名债券，是指债券票面未注明债权人姓名或名称，也不用在债权人名册上登记债权人姓名或名称的债券。

2. 按债券能否转换为公司股票，可将债券分为可转换债券和不可转换债券。可转换债券，由持有人在一定期限内,自由地选择转换为普通股的债券。

不可转换债券，是指不可以转换为普通股的债券。

3. 按有无特定的财产担保，可将债券分为信用债券和抵押债券

信用债券，是指仅凭债券发行者的信用发行的，没抵押品作抵押或担保人作担保的债券。

抵押债券，是指以一定抵押品作抵押而发行的债券，抵押债券按抵押物品的不同，又可分不动产抵押债券，设备抵押债券和证券信托债券。

(四)债券的发行

债券的发行条件

发行公司债券的目的是为筹集生产经营资金，同时要维护投资者的利益，使发行债券的公司能够有到期偿还本息的能力，因而发行公司债券，必须符合我国《公司法》《证券法》规定的有关条件:

1. 股份有限公司的净资产额不低于人民币 3 000 万元，有限责任公司的净资产额不低于人民币 6 000 万元。

2. 累计债券总额不超过公司净资产额的 40%。

3. 最近三年平均可分配利润足以支付公司债券一年的利息。

4. 筹集的资金投向符合国家产业政策。

5. 债券的利率不得超过国务院限定的利率水平。

6. 国务院规定的其他条件。

对于发行公司债券筹集的资金，必须用于批准发行时所确定的用途，不得用于弥补亏损和非生产性支出。这是发行公司债券的一项重要条件，目的在于正确、有效地使用筹集到的资金，保持和增强公司的偿债能力，有利于保护债权人的利益。

发行公司债券后，能保持发债条件并获得投资者信任的，可以再次发行公司债券，这对公司的筹集资金是有益的。如果发行公司债券的公司未能取得投资者的信任，并有不利于债权人行为的，则其再次发行公司债券要受到限制。因此，凡有下列情形之一的，不得再次发行公司债券：

1. 前一次发行的公司债券尚未募足的。

2. 对已发行的公司债券或者其债务有违约或者延迟支付本息的事实，且仍处于继续状态的。

债券发行程序，债券发行的基本程序如下：

(1)作出发行债券的决议；

(2)提出发行债券的申请；

(3)公告债券筹集办法；

(4)委托证券机构发售；

(5)交付债务，收缴债券款，登记债券存根簿。

(五)债券的还本付息

1. 债券的偿还

债券偿还时间按其实际发生与规定的到期日之间的关系，分为到期偿还，提前偿还与滞后偿还三类。

(1)到期偿还，是指当债券到期后还清债券所载明的义务。又包括分批偿还和一次偿还两种。

(2)提前偿还，提前偿还又称提前赎回或收回，是指在债券尚未到期之前就予以偿还，只有在企业发行债券的契约中明确规定了有关允许提前偿还的条款，企业才可以进行此项操作，提前偿还所支付的价格通常要高于债券的面值，并随到期日的临近而逐渐下降，具有提前偿还条款的债券可使企业融资有较大的弹性：当企业资金有结余时，可提前赎回债券，当预测利率下降时，也可提前赎回债券，而后以较低利率来发行新债券。

赎回有三种形式：既强制性赎回，选择性赎回和通知赎回。强制性赎回，是指要保证公司拥有一定的现款来减少其固定负债，从而减少利息支付时，能够提前还债，强制性赎回有偿债基金和赎债基金两种形式。

偿债基金主要是为分期偿还未到期债券而设，它要求发行人在债券到期前陆续偿还债务，因而缩短了债务的有效期限，同时分散了还本付息的压力，这样，在某种程度上减少了违约的风险，但另一方面，在市场看好时(如市场价格高于面值)，强制性赎回使投资人遭受损失，举债公司要给予补偿，通常的办法是提高赎回价格。

赎债基金同样是举债人为提前偿还债券设立的基金，与偿债基金不同的是，赎债基金是债券持有人强制举债公司收回债券，赎债基金只能从二级市场上购回自己的债券，其主要任务是支持自己的债券在二级市场上的价格。

选择性赎回，是指举债公司有选择债券到期前赎回全部或部分债券的权利。选择性赎回的利息率略高于其他同类债券。

通知赎回，是指举债公司在到期日前准备赎回债券时，要提前一段时间向债券持有人发出赎债通知，告知赎回债券的日期和条件，债券持有人有权将债券在通知赎回日期之前售回举债公司，债券持有人的这种权利称为提前售回优先权。

通知赎回中，债券持有人还有一种提前售回选择权，指债券持有人有权选择在债券到期前某一个或某几个指定日期，按指定价格把债券售回举债公司，这和选择性赎回的选择主体正好相反。

(3)滞后偿还。债券在到期日之后偿还叫滞后偿还，这种偿还条款一般在发行时便订立，主要是给予持有人以延长持有债券的选择权，滞后偿还还有转期和转换两种形式。

转期，指将较早到期的债券换成到期日较晚的债券，实际上是将债务的期限延长。常用的方法有两种：一是直接以新债券兑换旧债券；二是用发行新债券得到的资金来赎回旧债券。

转换，通常指股份有限公司发行的债券可以按一定的条件转换成本公司的股票。

2. 债券的付息

债券的付息主要表现在利息率的确定、付息频率和付息方式三个方面。利息率的确定有固定利率和浮动利率两种形式。债券利息频率主要有按年付息、按半年付息、按季付息按月付息和一次性付息（利随本清、贴现发行）五种。付息方式有两种：一种是采取现金、支票或汇款的方式；另一种是息票债券的方式。

(六)债券的发行价格

债券的发行价格是指债券原始投资者购入债券时应支付的市场价格，它与债券的面值可能一致也可能不一致。理论上，债券发行价格是债券的面值和要支付的年利息按发行当时的市场利率折现所得到的现值。

通常债券的发行价格三种：一是溢价；二是等价；三是折价。溢价指按高于债券面额的价格发行债券。等价指以债券的票面金额作为发行价格。折价指按低于债券面额的价格发行债券。

票面利率和市场利率的关系影响到债券的发行价格。当债券票面利率等于市场利率时，债券发行价格等于面值；当债券票面利率低于市场利率时，企业仍以面值发行就不能吸引投资者了，故一般要折价发行；反之，当债券票面利率高于市场利率时，企业仍以面值发行就会增加发行成本，故一般要溢价发行。从资金时间价值来考虑，债券的发行价格由两部分组成：一是债券到期还本面额的现值；二是债券各期利息的年金现值。计算公式如下：

$$\text{债券发行价格} = \frac{\text{票面金额}}{(1+\text{市场利率})^n} + \sum_{t=1}^{n} \frac{\text{票面金额} \times \text{票面利润}}{(1+\text{市场利率})}$$

$$\text{或} = \text{票面金额} \times (P/F, i_1, n) + \text{票面金额} \times i_2 \times (P/A, i_1, n)$$

式中，n 为债券期限；i_1 为市场利率；i_2 为票面利率。

【例 3-12】北方电脑公司发行面值为 1 000 元，利息率为 10%，期限为 10 年，每年年末付息的债券。在公司决定发行债券时，认为 10% 的利率是合理的。如果到债券正式发行时，市场上的利率发生变化，那么就要调整债券的发行价格。现按以下三种情况分别讨论：

(1)资金市场上的利率保持不变，北方电脑公司的债券利率为 10% 仍然合理，则可采用等价发行。

$$债券价格 = 1\,000 \times (P/F,10\%,10) + 1\,000 \times 10\% \times (P/A,10\%,10)$$
$$= 1\,000 \times 0.3855 + 100 \times 6.1446$$
$$\approx 1\,000(元)$$

(2)资金市场上的利率有较大幅度的上升，达到15%时，则应采用折价发行。

$$债券价格 = 1\,000 \times (P/F,15\%,10) + 1\,000 \times 10\% \times (P/A,15\%,10)$$
$$= 1\,000 \times 0.2472 + 100 \times 5.0188$$
$$\approx 749.08(元)$$

也就是说，只有按749.08元的价格出售，投资者才能购买此债券，并获得15%的报酬。

(3)资金市场上的利率较大幅度的下降，达到5%，则应采用溢价发行。

$$债券价格 = 1\,000 \times (P/F,5\%,10) + 1\,000 \times 10\% \times (P/A,5\%,10)$$
$$= 1\,000 \times 0.6139 + 100 \times 7.7217$$
$$\approx 1\,386.07(元)$$

也就是说，投资者把1 386.07元的资金投资于北方电脑公司面值为1 000元的债券，可获得5%的报酬。

当然，资金市场上的利率是复杂多变的，除了考虑目前利率外，还要考虑利率的变动趋势，实际工作中确定债券的发行价格通常要考虑多种因素。

(七)债券筹资成本的计算

债券成本中的利息在税前支付，具有减税效应。债券的筹资费用一般较高，主要包括申请发行债券的手续费、债券注册费、印刷费、上市费以及摊销费用等。债券筹资成本的计算公式为：

$$债券的资本成本 = \frac{年利息 \times (1-所得税税率)}{债券筹资总额 \times (1-手续费率)} \times 100\%$$

【例3-13】某企业等价发行面值1 000元、期限5年、票面利率8%的债券4 000张，每年结息一次。发行费率为5%，所得税税率为25%，则该批债券筹资的成本为：

$$债券的资本成本 = \frac{4\,000 \times 1\,000 \times 8\% \times (1-25\%)}{4\,000 \times 1\,000 \times (1-5\%)} \times 100\% \approx 6.32\%$$

若溢价发行，发行价格为1 200元时：

$$债券的资本成本 = \frac{4\,000 \times 1\,000 \times 8\% \times (1-25\%)}{4\,000 \times 1\,200 \times (1-5\%)} \times 100\% \approx 5.26\%$$

若折价发行，发行价格是800元时：

$$债券的资本成本 = \frac{4\,000 \times 1000 \times 8\% \times (1-25\%)}{4\,000 \times 800 \times (1-5\%)} \times 100\% = 8\%$$

(八)债券筹资的优缺点

1. 债券筹资的优点

(1)资金成本较低。利用债券筹资的成本要比股票筹资的成本低。主要是因为债券的发行费用较低，债券利息在税前支付，部分利息由政府负担了。

(2)保障股东控制权。债券持有人无权干涉企业的管理实务，如果吸纳新股东会担心控制权旁落，则可采用债券筹资。

(3)可以发挥财务杠杆作用。债券利息负担固定，在企业投资效益良好的情况下，更多的收益可用于分配给股东，增加其财富，或留归企业以扩大经营。

2. 债券筹资的缺点

(1)筹资风险高。债券有固定的到期日，并定期支付利息。利用债券筹资，要承担还本、付息的义务。在企业经营不景气时，向债券持有人还本、付息，会给企业带来更大的困难，甚至导致企业破产。

(2)限制条件多。发行债券的契约书中往往有一些限制条款。这种限制比短期债务严格得多，可能会影响到企业的正常发展和以后的筹资能力。

(3)筹资额有限。利用债券筹资有一定的限度，当公司的负债比例超过一定程度后，债券筹资的成本要迅速上升，有时甚至会发行不出去。

三、融资租赁

融资租赁是指出租人根据承租人对租赁物件的特定要求和对供货人的选择，出资向供货人购买租赁物件，并租给承租人使用，承租人则分期向出租人支付租金，在租赁期内租赁物件的所有权属于出租人所有，承租人拥有租赁物件的使用权。租期届满，租金支付完毕并且承租人根据融资租赁合同的规定履行完全部义务后，对租赁物的归属没有约定的或者约定不明的，可以协议补充；不能达成补充协议的，按照合同有关条款或者交易习惯确定，仍然不能确定的，租赁物件所有权归出租人所有。

融资租赁是集融资与融物、贸易与技术更新于一体的新型金融产业。由于其融资与融物相结合的特点，出现问题时租赁公司可以回收、处理租赁物，因而在办理融资时对企业资信和担保的要求不高，所以非常适合中小企业融资。

(一)融资租赁包的形式

融资租赁包括售后租回、直接租赁和杠杆租赁三种形式。

1. 售后租回。售后租回，即根据协议，企业将某资产卖给出租人，再将其租回使用。

2. 直接租赁。直接租赁，即承租人直接向出租人租入所需要的资产，并付出租金。

3. 杠杆租赁。杠杆租赁涉及承租人、出租人和资金出借者三方当事人。从承租人的角度来看，这种租赁与其他租赁形式并无区别，同样是按合同的规定，在基本租赁期内定期支付定额租金，取得资产的使用权。但对出租人却不同，出租人只出购买资产所需的部分资金作为自己的投资；另外以该资产作为担保向资金出借者借入其余资金。因此，它既是出租人又是贷款人，同时拥有对资产的所有权，既收取租金又要偿付债务。如果出租人不能按期偿还借款，资产的所有权就要转归资金的出借者。

(二)融资租赁的程序

融资租赁的程序是：

(1)选择租赁公司；

(2)办理租赁委托；

(3)签订购货协议；

(4)签订租赁合同；

(5)办理验货与投保；

(6)支付租金;

(7)处理租赁期满的设备。

(三)融资租赁与经营租赁的区别

融资租赁与经营租赁(也称营业租赁、短期租赁)的区别。融资租赁和经营租赁一个本质的区别就是:

1. 租赁程序不同。经营租赁出租的设备由租赁公司根据市场需要选定,然后再寻找承租企业,而融资租赁出租的设备由承租企业提出要求购买或由承租企业直接从制造商或销售商那里选定。

2. 租赁期限不同。经营租赁期较短,短于资产有效使用期,而融资租赁的租赁期较长,接近于资产的有效使用期。

3. 设备维修、保养的责任方不同:经营租赁由租赁公司负责,而融资租赁有承租方负责。

4. 租赁期满后设备处置方法不同:经营租赁期满后,承租资产由租赁公司收回,而融资租赁期满后,企业可以很少的"名义货价"(相当于设备残值的市场售价)留购。

5. 租赁的实质不同。经营租赁实质上并没有转移与资产所有权有关的全部风险和报酬,而融资租赁的实质是将与资产所有权有关的全部风险和报酬转移给了承租人。

(四)融资租赁租金的计算

1. 融资租赁租金的构成

融资租赁租金包括设备价款和租息两部分,租息又可分为租赁公司的融资成本、租赁手续费等。

2. 融资租赁租金的支付形式

租金通常采用分次支付的方式,具体类型有:

(1)按支付间隔期的长短,可以分为年付、半年付、季付和月付等方式。

(2)按支付时期先后,可以分为先付租金和后付租金两种。

(3)按每期支付金额,可以分为等额支付和不等额支付两种。

3. 融资租赁租金的计算方法

(1)后付租金的计算。根据年资本回收额的计算公式,可得出后付租金方式下每年年末支付租金数额的计算公式:

$$年租金(A)=\frac{P}{(P/A,\ i,\ n)}$$

【例3-14】某企业采用融资租赁方式于2007年1月1日从某租赁公司租入一台设备,设备价款为40000元,租期为8年,到期后设备归企业所有,为了保证租赁公司完全弥补融资成本、相关的手续费并有一定盈利,双方商定采用18%的折现率,试计算该企业每年年末应支付的等额租金。

$$年租金(A)=\frac{40\,000}{(P/A,\ 18\%,\ 8)}=\frac{40\,000}{4.0776}\approx 9\,809.69(元)$$

(2)先付租金的计算。根据即付年金的现值公式,可得出先付等额租金的计算公式:

$$年租金(A)=\frac{P}{(P/A,\ i,\ n-1)+1}$$

【例3-15】假如上例采用先付等额租金方式,则每年年初支付的租金额可计算如下:

$$年租金(A)=\frac{40\ 000}{(P/A,18\%,7)+1}=\frac{40\ 000}{3.8115+1}\approx 8\ 313.42(元)$$

（五）融资租赁筹资的优缺点

1. 融资租赁筹资的优点

(1)筹资速度款。租赁往往比借款购置设备更迅速、更灵活，因为租赁是筹资与设备购置同时进行，可以缩短设备的购进、安装时间，使企业尽快形成生产能力，有利于企业尽快占领市场，打开销路。

(2)限制条款少。如前所述，债券和长期借款都定有相当多的限制条款，虽然类似的限制在租赁公司中也有，但一般比较少。

(3)设备淘汰风险少。当今，科学技术迅速发展，固定资产更新周期日趋缩短。企业设备陈旧过时的风险很大，利用租赁融资可减少这一风险。这是因为融资租赁的期限一般为资产使用年限的一定比例，不会像自己购买设备那样整个期间都要承担风险，且多数租赁协议都规定由出租人承担设备陈旧过时的风险。

(4)财务风险小。租金在整个租期内分摊，不用到期归还大量本金。许多借款都在到期日一次偿还本金，这会给财务基础较弱的公司造成相当大的困难，有时会造成不能偿付的风险。而租赁则把这种风险在整个租期内分摊，可适当减少不能偿付的风险。

(5)税收负担轻。租金可在税前扣除，具有抵免所得税的效用。

2. 融资租赁筹资的缺点

融资租赁筹资的最主要缺点就是租金成本较高。一般来说，其租金要比举借银行借款或发行债券所负担的利息高得多。在企业财务困难时，固定的租金也会构成一项比较沉重的负担。

任务五　混合筹资

混合性资金，是指既具有某些股权性资金的特征又具有某些债权性资金的特征的资金形式，企业常见的混合性资金包括可转换债券和认股权证。

一、发行可转换债券

（一）可转换债券的性质

可转换债券的持有人在一定时期内，可以按规定的价格或比例，自由地选择转换为普通股债券，发行可转换债券筹得的资金具有债权性资金和权益性资金的双重性质。

（二）可转换债券筹资的优缺点

1. 可转换债券筹资的优点

(1)可节约利息支出，由于可转换债券赋予持有者一种特殊的选择权，既按事先约定在一定时间内将其转换为公司股票的选择权，因此，其利率低于普通债券，减少了利息支出。

(2)有利于稳定股票市价，可转换债券的转换价格通常高于公司当前股价，转换期限较长，有利于稳定股票市价。

(3)增强筹资灵活性，可转换债券转换为公司股票前是发行公司的一种债务资本，可以通过提高转换价格，降低转换比例等方法促使持有者将持有的债券转换为公司股票，既转换为权益资本。在可转换债券转换为股票的过程中，不会受其他债权人的反对。

2. 可转换债券筹资的缺点

(1)增强了对管理层的压力，发行可转换债券后，若股价低迷或发行公司业绩欠佳，股价没有按预期的水平上升时，持有者不愿将可转换债券转换为股票，发行公司也将面临兑付债券资本金的压力

(2)存在回购风险。发行可转换债券后，公司股票价格在一定时期内连续低于转换价格达到某一幅度时，债券持有人可以按事先约定的价格将债券出售给发行公司，从而增加了公司的财务风险。

(3)股价大幅度上扬时，存在减少筹资数量的风险，如果转换时，股票的价格大幅度上扬，公司只能以固定的转换价格将可转换债券转换为股票，从而减少了筹资数量。

二、发行认股权证

(一)发行认股权证筹资的特征

用认股权证购买发行公司的股票，其价格一般低于市场价格，因此，股份公司发行认股权证可增加其所发行股票对投资者的吸引力，发行依附于公司债券，优先股或短期票据的认股权证，可起到明显的促销作用。

(二)认股证的种类

1. 按允许购买的期限分类，可将认股权证分为长期认股权证与短期认股权证

短期认股权证的认股期限一般在 90 天以内，长期认股权证认股期限通常在 90 天以上，更有长达数年或永久。

2. 按认股权证的发行方式分类，可将认股权证分为单独发行认股权证与附带发行认股权证。依附于债券、优先股、普通股或短期票据发行的认股权证，为附带发行认股权证，单独发行认股权证是指不依附于公司债券、优先股、普通股或短期票据而单独发行的认股权证。认股权证的发行，最常用的方式是认股权证在发行债券或优先股之后发行，这是将认股权证随同债券或优先股一同寄往认购者，在无纸化交易制度下，认股权证随同债券或优先股一并由中央登记结算公司划入投资者账户。

3. 按认股权证认购数量的约定方式，可将认股权证分为备兑认股权证与配股权证

备兑认股权证是每份备兑证按一定比例含有几家公司的若干股股票，配股权证是确定老股东配股权的证书，它按照股东持股比例定向派发，赋予其以优惠价格认购公司一定份数的新股。

(三)认股权证筹资的优缺点

1. 认股权证筹资的优点

(1)为公司筹集额外的资金，认股权证不论是单独发行还是附带发行，大多都为发行公司筹得一笔额外资金。

(2)促进其他筹资方式的运用，单独发行的认股权证有利于将来发售股票，附带发行的认股权证可以促进其所依附证券的发行效率。而且由于认股权证具有价值，附认股权证的债券票面利率和优先股股利率通常较低。

2. 认股权证筹资的缺点

(1)稀释普通股收益。当认股权证执行时，提供给投资者的股票是新发行的股票，而并非二级市场的股票。这样，当认股权证行使时，普通股股数增多,每股收益下降。

(2)容易分散企业的控股权，由与认股权证通常随债券一起发售，以吸引投资者，当认股权证行使时，企业的股权结构会发生改变，稀释了原有股东的控股权。

三、短期筹资与长期筹资的组合策略

根据收益和风险之间的同向变动关系，通常把长期资金与短期资金的组合策略分为三类:

1. 平稳性(配合型或称中庸型)组合策略

平稳型组合策略是指企业的负债结构与企业资产的寿命周期相对应的组合策略。平稳型组合策略特点是:对于临时性流动资产，运用临时性负债满足其资金需要;对于永久性流动资产和长期资产(以下统称为永久性资产)，则运用长期负债、自发性负债和权益资本来满足其资金需要。

这种政策下，要求企业的临时性负债融资计划比较严密，实现资金的占用时间与负债的偿还时间配合。在经营性淡季和低谷阶段，企业除了自发性负债外没有其他流动负债;只有在对临时性流动资产的需要达到高峰时，企业才举借各种临时性债务。因此，平稳型组合策略是一种理想的、对企业有着较高资金使用要求的匹配策略。

2. 积极型或称激进型组合策略

积极型组合策略的特点是:临时性负债不但融通临时性流动资产的资金需要，还解决部分永久性资产的资金需要。

这种政策下，由于临时性负债(如短期借款)的资金成本一般低于长期负债和权益资本的资金成本，而激进型融资政策下临时性负债所占比例较大，所以，该政策下企业的资金成本较低。但另一方面，为了满足永久性资产的长期资金需要，企业必然要在临时性负债到期后重新举债或申请债务延期，使企业更为经常地举债或还债，从而加大了筹资的困难和风险，所以激进型融资政策是一种收益性和风险性都较高的组合策略。

3. 保守型(或称稳健型)组合策略。保守型组合策略的特点是:临时性负债只融通部分临时性流动资产的资金需要，另一部分临时性流动资产和永久性流动资产，则由长期负债、自发性负债和权益资本加以解决。

与平稳型组合策略相比，在保守型组合策略下，临时性负债在企业的全部资金来源中所占比例较小，企业保留较多营运资金，可降低企业无法偿还到期债务的风险，同时蒙受短期利率变动损失的风险也较低。但降低风险的同时也降低了企业的收益，因为长期负债和权益资本在企业的资金来源中比重较高，并且两种的资本成本通常会高于临时性流动负债的资本成本，而且在生产经营淡季，企业仍要负担长期债务的利息。即使将过剩的长期资金投资于短期有价证券其投资收益一般也会低于长期负债的利息，从而降低了企业整体的收益率。所以，保守型融资政策是一种风险低，收益也低的组合策略。

【课后专业测评】

一、单项选择题

1.(　　)是指某一企业拟收购其他企业进行结构调整和资产重组时，以被收购企业资产和将来的收益能力做抵押，从银行筹集部分资金用于收购行为的一种筹资活动。

A. 杠杆租赁　　B. 售后租回

C. 直接租赁　　D. 杠杆收购筹资

2. 下列各项中(　　)属于可转换债券的缺点。

A. 不利于稳定股价　　B. 存在回售风险

C. 不具有灵活性　　D. 与普通债券相比增加了企业的利息负担

3. 补偿性余额的约束使借款企业所受的影响包括(　　)。

A. 增加了可用资金　　B. 提高了筹资成本

C. 减少了应付利息　　D. 增加了应付利息

4. 股票发行价格的计算方法中不包括(　　)。

A. 加权综合法　　B. 市盈率法

C. 竞价确定法　　D. 现金流量折现法

5. 认股权证的特点不包括(　　)。

A. 持有人在认股之前拥有股权　　B. 对于公司新债券的发行具有促销作用

C. 用其购买普通股，价格一般低于市价　　D. 持有人在认股之前拥有股票认购权

6. 优先股股东的权利不包括(　　)。

A. 优先分配剩余财产权　　B. 优先分配股利权

C. 优先认股权　　D. 部分管理权

7. 债券偿还时间按其实际发生与规定的到期日之间的关系，分为到期偿还、提前偿还与滞后偿还三类。滞后偿还包括(　　)。

A. 分批偿还和一次偿还　　B. 强制性偿还和通知偿还

C. 强制性偿还和选择性偿还　　D. 转期和转换

8. 某企业按“1/20, n/55”的条件购进商品一批，若该企业放弃现金折扣，而在信用期满时付款，则放弃现金折扣的成本为(　　)。

A. 11.22%　　B. 10.39%　　C. 9.31%　　D. 12.33%

9. 相对于股票筹资而言，不属于银行借款筹资的优点的是(　　)。

A. 筹资速度快　　B. 筹资成本低　　C. 借款弹性好　　D. 财务风险小

10. 某公司拟发行10年期债券进行筹资，债券面值为1 000元，票面利率为10%，每年付息一次，到期还本，当时市场利率为12%，那么，该公司债券发行价格应为(　　)元。

A. 887.02　　B. 1 000　　C. 952.31　　D. 999.34

11. 下列各项目中，(　　)不能被视为“自然融资”。

A. 预付账款　　B. 应付票据　　C. 应交税金　　D. 应付工资

12. 下列优先股中，(　　)对股份公司是有利的。

A. 累积优先股　　B. 可赎回优先股　　C. 参与优先股　　D. 可转换优先股

13. 企业按照年利率6%向银行借款50万元，银行要求企业保留10%的补偿性余额，则企业该项借款的年实际利率是(　　)。

A. 6% B. 7.58% C. 6.67% D. 8%

14. 新设立的股份有限公司申请公开发行股票时，发起人认购的股本数额应不少于公司拟发行股本总额的(　　)。

A. 15% B. 25% C. 35% D. 45%

15. 筹资按照资金的取得方式不同可以分为(　　)。

A. 权益筹资和负债筹资　B. 直接筹资和间接筹资

C. 内源筹资和外源筹资　D. 表内筹资和表外筹资

16. 根据资金变动与产销量之间的依存关系预测未来资金需要量的方法是(　　)。

A. 比率预测法　B. 定性预测法

C. 资金习性预测法　D. 高低点法

17. 企业采用(　　)的方式筹集资金，能够降低财务风险，但是往往资金成本较高。

A. 发行债券　B. 发行股票

C. 从银行借款　D. 利用商业信用

18. (　　)可以为企业筹集额外资金，并可以促进其他筹资方式的运用。

A. 优先股　B. 债券　C. 认股权证　D. 可转换债券

二、多项选择题

1. 按股票发行时间的先后，可将股票分为(　　)。

A. 普通股　B. 优先股　C. 始发股　D. 新发股

2. 下列各项中(　　)属于企业发行优先股的动机。

A. 防止股权分化　B. 维持举债能力

C. 改善资本结构　D. 促进其他筹资方式的运用

3. 下列各项中(　　)属于股票的特点。

A. 法定性　B. 风险性　C. 价格波动性　D. 参与性

4. 按照认股权证的发行方式不同，分为(　　)。

A. 长期认股权证　B. 短期认股权证

C. 单独发行认股权证　D. 附带发行认股权证

5. 公司债券与股票的区别表现在(　　)。

A. 债券是固定收益证券，股票多为变动收益证券

B. 债券到期必须还本付息，股票一般不退还股本

C. 债券在剩余财产分配中优于股票

D. 债券的投资风险较大，股票的投资风险较小

6. 杠杆收购筹资的特点包括(　　)。

A. 财务杠杆比率高　B. 银行贷款的安全性保障程度高

C. 有助于企业的优胜劣汰　D. 没有筹资风险

7. 企业筹资的动机包括(　　)。

A. 设立筹资　B. 扩张筹资　C. 偿债筹资　D. 混合筹资

8. 可转换债券的基本要素包括(　　)。

A. 基准股票　B. 转换价格　C. 市场利率　D. 转换比率

9. 商业信用的形式主要包括(　　)。

A. 预收货款　　B. 商业汇票　　C. 赊购商品　　D. 融资租赁

10. 普通股股东具有的权利包括(　　)。

A. 查账权　　B. 分享盈余权　　C. 剩余财产要求权　　D. 优先认股权

三、判断题

1. 按照所筹资金使用期限的长短，可以将筹资分为权益筹资和负债筹资。(　　)

2. 普通股具有双重性质，它既属于自有资金又兼有债券性质。(　　)

3. A股是指以人民币标明票面金额，以外币认购和交易的股票。(　　)

4. 企业发行信用债券有许多限制条件，其中最重要的一条即禁止企业将其财产抵押给其他债权人。(　　)

5. 融资租赁租金的构成项目中包括设备的维修费用。(　　)

6. 股票价格有广义和狭义之分。狭义的股票价格就是股票发行价格。广义的股票价格则包括股票的发行价格和交易价格两种形式。(　　)

7. 债券的付息主要表现在利息率的确定、付息频率和付息方式三个方面。(　　)

8. 可转换债券的持有人在转换之前既不拥有债权也不拥有股权，在转换之后拥有企业的股权。(　　)

9. 在售后租回方式中，出租人既出租某项资产，又以该项资产为担保借入资金。(　　)

10. 如果公司不按规定公开其财务状况，应暂停其股票上市。(　　)

四、计算分析

1. 某企业与银行签定周转信贷协定，确定的周转信贷额为500万元，承诺费率为0.5%，年内该企业使用的借款数额为300万元，平均使用9个月，计算该企业应向银行支付承诺费的数额。

2. 某公司拟发行5年期债券进行筹资，债券票面金额为1 000元，票面利率为12%，当时市场利率为12%，计算以下两种情况下该公司债券发行价格应为多少。

(1)单利计息，到期一次还本付息；

(2)每年复利一次，到期一次还本付息。

3. 某公司发行面值为1 000元的债券，票面利率为8%，债券发行期限为5年。试分别计算市场利率为6%，8%，10%时的债券发行价格。假设发行时的实际利率为10%，若某投资者购买该债券后持有至到期日，则到期收益率为多少？

项目四　资金成本和资本结构管理

【知识要点】

1. 理解资本成本含义、意义、计算方法；
2. 明确经营杠杆、财务杠杆和复合杠杆的基本原理；
3. 熟悉资本结构的基本原理。

【能力目标】

1. 能够熟练计算各种筹资方式的资本成本，能够进行合理筹资决策；
2. 能够掌握加权平均资本成本的计算方法；
3. 能够掌握经营杠杆、财务杠杆和复合杠杆的计量方法与决策；
4. 能够掌握最佳资本结构的确定方法。

【案例导入】

光明公司相关资料如下：

资料一： 光明公司 2013 年度产品销售量为 10 000 万件，产品单价为 100 元，单位变动成本为 40 元，固定成本总额为 100 000 万元，所得税率为 25% 。2013 年度利息费用 50 000 万元，留存收益 162 000 万元。公司流动资产及流动负债随销售额同比率增减。2013 年 12 月 31 日资产负债表（简表）如下表 4－1 所示：

表 4－1　　资产负债表　　单位:万元

库存现金	230 000	应付账款	130 000
应收账款	300 000	应付债券	500 000(年利率 10%)
存货	400 000	股本(面值 10 元)	200 000
固定资产	300 000	资本公积	200 000
		留存收益	200 000
资产合计	1230 000	负债和所有者权益合计	1 230 000

资料二:光明公司 2014 年度相关预测数据为:销售量增长到 12 000 万件，产品单价、单位变动成本、固定成本总额、销售净利率、股利支付率都保持 2013 年水平不变。由于原有生产能力已经饱和，需要新增一台价值 154 400 万元的生产设备。

资料三:如果光明公司 2014 年需要从外部筹集资金，有两个方案可供选择(不考虑筹资费用):方案 1:以每股发行价 20 元发行新股。股利固定增长率为 1%。方案 2:按面值发行债券，债券利率为 12%.

【思考题】

1. 根据资料一，如何计算光明企业的下列指标:

(1)2013 年的边际贡献;(2)2013 年的息税前利润;(3)2013 年的销售净利率;(4)2013 年的股利支付率;(5)2013 年每股股利;(6)2014 年的经营杠杆系数。

2. 怎样计算光明企业 2014 年下列指标或数据:

(1)息税前利润增长率;(2)需要筹集的外部资金。

3. 根据资料三，及以上两问的计算结果，完成下列任务:

(1)计算方案 1 中需要增发的普通股股数;

(2)计算每股收益无差别点的息税前利润;

(3)如何利用每股收益无差别点法作出最优筹资方案决策，并说明理由。

任务一　资金成本的认知

资金是企业生存和发展的必要条件，企业的筹资管理，不仅要合理选择筹资方式，而且要科学安排资本结构。资本结构是企业筹资管理的基本目标，资本成本是衡量资本结构优化程度的标准，也是对投资获得经济效益的最低要求。因此，熟练掌握各种筹资方式的资本成本的计算、加权平均资本成本的计算，并据以进行筹资决策是财务管理人员必备的基本技能。

一、资本成本的含义

(一)资本成本

资本成本，是企业为筹措并使用资金而付出的代价(或支付的费用)，具体包括筹资费用与用资费用两部分。

筹资费用是指企业在筹集资金过程中为获取资金而付出的代价，筹资费用通常在资金筹资时一次性发生，而在用资过程中不再发生。如：向银行支付的借款手续费或发行股票、债券的发行费等。

用资费用是指企业在资金使用过程中而支付的费用，即资金的使用费用。如：借款、债券利息或股票股息等，这是资本成本的主要内容。

(二)资本成本的表示方式

资本成本的表示方式可分两种：绝对数表示和相对数表示。在财务管理中一般用相对数表示，即表示为用资费用与筹资净额的比率。

资本成本计算的一般模式：

$$资本成本率=\frac{年用资费用}{筹资总额-筹资费用}\times 100\%$$

$$=\frac{年用资费用}{筹资总额\times(1-筹资费率)}\times 100\%$$

(三)资本成本的意义

1. 资本成本是筹资决策的依据；
2. 资本成本是投资决策的依据；
3. 平均资本成本是衡量资本结构是否合理的依据；
4. 资本成本是评价企业整体业绩的重要依据。

二、个别资本成本的计算

个别资本成本是指单一(或某种)融资方式的资金成本，包括银行长期借款资本成本、债券资本成本、普通股资本成本、留存收益资本成本等，其中前两种是债务筹资的资本成本，后两种是权益筹资的资本成本。

(一)银行长期借款资本成本

银行长期借款的资本成本包括借款利息和借款手续费用，利息费用在税前支付，具有减税作用，减税额为“利息额 × 所得税税率”。所以银行借款实际负担的利息额为“利息额 × (1 - 所得税税率)”。

银行长期借款资本成本的计算公式为：

$$银行长期借款资本成本率=\frac{年利率\times(1-所得税税率)}{1-筹资费率}$$

【案例4-1】光明公司取得五年期借款1 000万元，年利率10%，每年末付息一次，到期一次还本。已知企业所得税税率为25%，筹资费用率为0.5%，则该项银行借款的资本成本率为：

$$银行长期借款资本成本率=\frac{10\%\times(1-25\%)}{1-0.5\%}\times 100\%=7.54\%$$

(二)债券资本成本

债券资本成本的计算基本与银行借款资本成本一致，其计算公式为：

$$债券资本成本率=\frac{债券年利息\times(1-所得税税率)}{筹资总额\times(1-筹资费率)}\times 100\%$$

其中：债券年利息 = 债券面值 × 年利率

$$\text{筹资总额} = \text{债券发行价格} \times \text{发行数量}$$

【案例4－2】光明公司发行5年期的债券，票面面值为100万元，票面年利率为10%，每年付一次利息，到期还本。发行价为150万元，发行费用率为5%，所得税税率为25%，则该笔债券资本成本率为：

$$\text{债券资本成本率} = \frac{100 \times 10\% \times (1-25\%)}{150 \times (1-5\%)} \times 100\% = 5.26\%$$

(三)普通股资本成本

1. 固定股利增长率模型法

如果公司采用固定的股利增长率政策，固定股利增长率为已知数，则其资本成本率计算公式为：

$$\text{普通股资本成本率} = \frac{\text{预计第一年普通股股利}}{\text{普通股发行价格} \times (1-\text{筹资费用率})} \times 100\% + \text{股利年增长率}$$

【案例4－3】光明公司准备发行普通股，面值发行，发行价格为5000万元，预计第一年年末支付10%的股利，筹资费用率为2%，预计未来股利增长率为4%，其资本成本率应为：

$$\text{普通股资本成本率} = \frac{5\,000 \times 10\%}{5\,000 \times (1-2\%)} \times 100\% + 4\% = 14.2\%$$

2. 资本资产定价模型法

假定无风险利率为Rf，市场平均报酬率为Rm，某股票系统风险系数为β，则普通股资本成本率为：

$$K = Rf + \beta \times (Rm - Rf)$$

(四)留存收益资本成本

留存收益是企业税后净利润形成的，是一种所有者权益，属于普通股股东所有，其成本应与普通股相同，只是没有筹资费用。其计算公式为：

$$\text{留存收益资本成本率} = \frac{\text{普通股股利}}{\text{留存收益总额}} \times 100\% + \text{股利年增长率}$$

【案例4－4】依前例，光明公司留存收益资金为850万元，普通股股利率10%。其留存收益资本成本率为：

$$\text{留存收益资本成本率} = \frac{850 \times 10\%}{850} \times 100\% + 4\% = 14\%$$

【思考】通过以上各类资本成本的计算，哪种筹资方式的风险最大，其资本成本最高？

【练一练】甲企业发行普通股筹资，股票面值1 000万元，实际发行价格为1 500万元，筹资费用率为5%，预计第一年年末股利率为10%，预计股利每年增长3%。要求：计算普通股的资本成本。

三、加权平均资本成本

加权平均资本成本是以各种资金所占的比重为权数，对各种资本成本进行加权平均计算出来的总资本成本率。其计算公式为：

$$Kw = \sum_{j=1}^{n} KjWj$$

式中：Kw 为加权平均资本成本，Kj 为第 j 种个别资金的个别资本成本，Wj 为第 j 种个别资本在全部资本中的比重。

【案例4－6】光明公司采用多种筹资方式，共筹资7 000万元，有关资料见表4－2。计算其综合资本成本

表4－2　　　　加权平均资本成本计算表

筹资方式	筹资总额	所占比重(%)	资本成本率(%)
银行借款	1 000	14.29	7.54
长期债券	150	2.14	5.26
普通股	5 000	71.43	14.20
留存收益	850	12.14	14
合计	7 000	100	

加权平均资本成本率＝14.29%×7.54%＋2.14%×5.26%＋71.43%×14.20%＋12.14%×14%＝13.03%

【练一练】宏达公司打算采取向银行借款、发行债券和发行股票三种方式筹集资金，其资本成本已分别确定，有关资料如表4－3。

表4－3

筹资方式	资金来源结构(%)				资本成本率(%)
	A	B	C	D	
银行借款	20	30	45	50	8
长期债券	30	40	25	20	8.5
普通股	50	30	30	30	10

根据上述资料分析，确定企业应从四个备选方案中选择哪种筹集方案。

【拓展知识】

边际资本成本

边际资本成本是指企业追加筹资时，资金增加一个单位而增加的成本。边际资本成本是企业追加筹资的决策依据。

实际工作中，企业无法以某一个固定的资本成本来筹措无限的资金，当企业筹集的资金超过一定限度时，原来的资本成本就会增加。确定不同追加筹资总额范围的关键是确定筹资突破点。其计算公式为：

$$筹资突破点=\frac{某种筹资方式的筹资限额}{该种方式追加的资金占全部追加的比重}$$

任务二　杠杆原理

财务管理中存在着类似于物理学中的杠杆效应，杠杆效应具有双面性，既可产生杠杆利益，也可能带来杠杆风险。合理利用杠杆原理，有助于企业规避风险，提高资金营运效率。

一、经营风险和财务风险

(一)经营风险

经营风险指企业因经营上的原因而导致利润变动的风险。影响企业经营风险的因素很多，主要有：

1. 产品需求

市场对企业产品的需求越稳定，经营风险就越小；反之，经营风险则越大。

2. 产品售价

产品售价变动不大，经营风险则小；否则经营风险便大。

3. 产品成本

产品成本是收入的抵减，成本不稳定，会导致利润不稳定，因此产品成本变动大的，经营风险就大；反之，经营风险就小。

4. 调整价格的能力

当产品成本变动时，若企业具有较强的调整价格的能力，经营风险就小；反之，经营风险则大。

5. 固定成本的比重

在企业全部成本中，固定成本所占比重较大时，单位产品分摊的固定成本额就多，若产品量发生变动，单位产品分摊的固定成本会随之变动，最后导致利润更大幅度的变动，经营风险就大；反之，经营风险就小。

(二)财务风险

一般地讲，企业在经营中总会发生借入资金。企业负债经营，不论利润多少，债务利息是不变的。于是，当利润增大时，每1元利润所负担的利息就会相对地减少，从而使投资者收益有更大幅度的提高。这种债务对投资者收益的影响称做财务杠杆。

财务风险是指全部资本中债务资本比率的变化带来的风险。当债务资本比率较高时，投资者将负担较多的债务成本，并经受较多的负债作用所引起的收益变动的冲击，从而加大财务风险；反之，当债务资本比率较低时，财务风险就小。

二、杠杆原理的相关概念

财务管理中的杠杆效应，表现为由于特定费用(如固定生产成本或固定的财务费用)的存在，而导致当某一财务变量以较少的幅度变动时，另一相关变量会以较大幅度变动。

财务管理中的杠杆效应形式有三种：经营杠杆、财务杠杆和复合杠杆。

(一)成本习性

成本习性是指成本总额与业务量之间在数量上的依存关系。成本按习性分类可分成固定成本、变动成本和混合成本。

固定成本是指其总额在一定时期和一定业务量范围内不随业务量的变化而发生变动的那部分成本，如直线法计提的折旧费、管理人员工资等。

变动成本是指其总额在一定时期和一定业务量范围内随业务量成正比例变动的那部分成本。如直接材料、直接人工等。

混合成本是随业务量的变动而变动，但不成正比例变动的成本，它又可以分解成固定部分和变动部分。

因此，总成本习性模型为：$y = a + bx$

式中：y 为总成本；a 为固定成本；b 为单位变动成本；x 为相关业务量。

（二）边际贡献与息税前利润

1. 边际贡献是指销售收入减去变动成本后的余额。其计算公式为：

$$M = px - bx = (p - b)x = mx$$

式中：M 为边际贡献总额；p 为单价；b 为单位变动成本；m 为单位边际贡献；x 为相关业务量。

2. 息税前利润（简称 $EBIT$）是指支付利息和缴纳所得税前的利润。其计算公式为：

$$EBIT = px - bx - a = (p - b)x - a = M - a$$

或者：$EBIT$ = 利润总额 + 利息费用

三、经营杠杆

（一）经营杠杆效应

经营杠杆效应，是指由于固定成本的存在，使得息税前利润变动率大于业务量变动率的现象。经营杠杆效应的大小可以用经营杠杆系数（简称 DOL）来表示，它是企业息税前利润的变动率与产销量变动率的比率。计算公式如下：

公式一（定义公式，必须已知变动前后的两期资料）：

$$经营杠杆系数(DOL) = \frac{\Delta EBIT/EBIT}{\Delta(px)/px} = \frac{\Delta EBIT/EBIT}{\Delta x/x}$$

式中：$\Delta EBIT$ – 息税前利润的变动额；

Δx – 产销量的变动数；

$EBIT$ – 基期息税前利润；

X – 基期产销量。

公式二（简化公式）：

$$DOL = \frac{M}{EBIT} = \frac{M}{M - F} = \frac{S - VC}{S - VC - F}$$

S – 销售额；

VC – 变动成本总额；

F – 固定成本总额；

M – 边际贡献；

$EBIT$— 基期息税前盈余（利润）。

【案例 4 – 7】光明公司 2014 年产品销售量为 10 000 件，单位售价为 50 元，单位变动成本为35元，固定成本为100 000元，息税前利润为30 000元，预计2015年度的销售量为13 000件，固定成本保持不变，具体见表4－4。要求用两种方法分别计算经营杠杆系数。

表4－4　　经营杠杆系数计算分析表　　单位：元

项目	基期（2014年度）	报告期（2015年度）
销售收入（px）	500 000	650 000
减：变动成本（bx）	350 000	455 000
边际贡献（M）	150 000	195 000
减：固定成本（F）	100 000	100 000
息税前利润（EBIT）	50 000	95 000

解：

方法一：根据定义公式可得：

$$息税前利润变动率=\frac{95\ 000-50\ 000}{50\ 000}\times 100\%=90\%$$

$$销售收入（销售量）变动率=\frac{650\ 000-500\ 000}{500\ 000}\times 100\%=30\%$$

$$经营杠杆系数\ DOL=\frac{90\%}{30\%}=3$$

方法二：根据简化公式可得：

$$DOL=\frac{基期M}{基期(M-F)}=\frac{150\ 000}{150\ 000-100\ 000}=3$$

从以上计算结果可知，销售收入每增长1%，其息税前利润将增长1%×3＝3%。该企业2015年度销售收入增长30%，则其息税前利润将增长90%。

（二）经营杠杆与经营风险

经营风险是指企业由于生产经营上的原因而导致的息税前利润波动的风险。引起企业经营风险的主要原因包括市场需求、产品售价、产品成本等因素。一般来说，在其他条件相同的情况下，经营性固定成本越大，经营杠杆系数越高，息税前利润变动越激烈，经营风险就越高。如果经营性固定成本为零，则经营杠杆系数为1，息税前利润变动率将等于产销量变动率，企业就没有经营风险。

【思考】影响经营杠杆系数的因素包括哪些？

【练一练】上例中若光明公司的固定成本为120 000元，其他条件均不变，试比较经营杠杆系数 *DOL* 发生了怎样的变化。

四、财务杠杆

（一）财务杠杆效应

财务杠杆效应是指资本结构中债务的运用对普通股每股收益的影响能力，是由于固定性财务费用的存在，而导致普通股股东权益变动大于息税前利润变动的杠杆效应。财务杠杆效应的大小用财务杠杆系数（简称 *DFL*）来度量，它是普通股每股收益（简称 *EPS*）的变动率与息税前利润（*EBIT*）变动率的比率。计算公式如下：

公式一（定义公式，必须已知变动前后两期的资料）：

$$财务杠杆系数(DFL)=\frac{\Delta EPS/EPS}{\Delta EBIT/EBIT}$$

式中：ΔEPS 为普通股每股收益的变动额；EPS 为基期每股收益。

公式二（简化公式）：

$$DFL=\frac{EBIT}{EBIT-I}$$

式中：I 为债务利息；

下面仍以光明公司为例说明财务杠杆系数的计算方法。

【案例4－8】接【案例4－7】，光明公司计划年度预测需要资金300 000元. 现有两种融资方案可供选择，方案甲：30 000股普通股，每股面值10元；方案乙：30%采用负债筹资，利率8%，70%采用权益筹资，每股面值为10元。若2013年度息税前利润为50 000元，所得税税率25%，预计2014年度息税前利润同比增长20%，具体分析数据见表4－5。试计算财务杠杆系数（DFL）。

表4－5　财务杠杆系数计算分析表　单位：元

时间	项目	甲方案	乙方案
2013年度	发行普通股股数（股）	30 000	21 000
	普通股股本（每股面值10元）	300 000	210 000
	债务（利率8%）	0	90 000
	资金总额	300 000	300 000
	息税前利润	50 000	50 000
	减：债务利息	0	7 200
	税前利润	50 000	42 800
	减：所得税	12 500	10 700
	税后净利	37 500	32 100
	每股收益（元/股）	1.25	1.529
2014年度	息税前利润增长率	20%	20%
	增长后的息税前利润	60 000	60 000
	减：债务利息	0	72 00
	税前利润	60 000	52 800
	减：所得税	15 000	13 200
	税后净利	45 000	39 600
	每股收益（元/股）	1.5	1.886
	每股收益增长额	0.25	0.357
	普通股每股收益增长率（%）	20%	23.35

解：

方法一：根据定义公式 $DFL = \dfrac{\Delta EPS/EPS}{\Delta EBIT/EBIT}$ 可得：

甲方案：$DFL = \dfrac{20\%}{20\%} = 1$

乙方案：$DFL = \dfrac{23.35\%}{20\%} \approx 1.17$

方法二：根据简化公式 $DFL = \dfrac{EBIT}{EBIT - I}$ 可得：

甲方案：$DFL = \dfrac{50\ 000}{50\ 000 - 0} = 1$

乙方案：$DFL = \dfrac{50\ 000}{50\ 000 - 7\ 200} \approx 1.17$

本案例显示了在两种筹资方式下的财务杠杆对每股收益的影响。案例中两种方案的资金总额均相同，基期息税前利润相等，报告期息税前利润增长幅度也相同，只是各种来源的资金占资金总额的比重不同。甲方案筹资方式是权益性筹资，当息税前利润增长20%时，其每股收益也增长20%，其财务杠杆系数等于1；乙方案筹资方式是负债性筹资，当息税前利润增长20%时，其每股收益增长幅度为26.41%，超过了息税前利润增长的幅度。

（二）财务杠杆与财务风险

财务风险是指企业由于筹资原因产生的资本负担而导致的普通股每股收益波动的风险。引起财务风险的主要原因是息税前利润的不利变化和资本负担的固定成本。由于财务杠杆的作用，当企业息税前利润下降时，企业仍需支付固定的资本成本，导致普通股每股收益以更快的速度下降。因此，在资金总额、息税前利润相同的情况下，负债比率越高，财务杠杆系数越大，普通股每股收益波动幅度越大，财务风险就越大；反之，负债比率越低，财务杠杆系数越小，普通股每股收益波动幅度越小，财务风险就越小；如果负债比率为零，则财务杠杆系数为1，息税前利润变动率将等于普通股每股收益变动率，企业就没有财务风险。

现实工作中，企业的财务决策者在确定企业负债的水平时，必须认识到负债可能带来的财务杠杆收益和相应的财务风险，从而在利益与风险之间做出合理的决策。

【思考】影响财务杠杆系数的因素包括哪些？

【练一练】如果上例中还有丙方案，40%采用负债融资，其他条件均不变，试比较财务杠杆系数发生了怎样的变化。

五、复合杠杆与复合风险

（一）复合杠杆效应

复合杠杆又称总杠杆，是由经营杠杆和财务杠杆共同作用形成的总杠杆。复合杠杆效应是由于固定成本和固定财务费用的共同存在而导致的每股收益变动率大于产销业务量变动率的杠杆效应。复合杠杆效益的大小用复合杠杆系数（简称 *DCL*）来衡量，它是经营杠杆与财务杠杆的乘积，是指每股收益变动率与产销业务量变动率的比率。其计算公式有两个：

公式一（定义公式，必须已知变动前后两期的资料）：

$$DCL = \frac{\Delta EPS/EPS}{\Delta(px)/px} = \frac{\Delta EPS/EPS}{\Delta x/x}$$

公式二(简化公式):

$$DCL = \frac{M}{EBIT - I}$$

公式三: $DCL = DOL \times DFL$

【案例4-9】仍以光明公司为例，假设其成本结构及成本行为不变，企业选择融资方案乙，即30%采用债务融资。根据表4-4及表4-5所示资料，得出分析数据如表4-6所示，试计算复合杠杆系数(DCL)。

表4-6　复合杠杆系数计算分析表　单位:元

项目	基期损益数据	预期损益数据	增减百分比(%)
销售收入	500 000	650 000	30
减:变动成本	350 000	455 000	
边际贡献	150 000	195 000	
减:固定成本	100 000	100 000	
息税前利润	50 000	95 000	90
减:利息费用	7 200	7 200	
税前利润	42 800	87 800	
减:所得税	10 700	21 950	
税后净利	32 100	65 850	
普通股数量(股)	21 000	21 000	
每股收益(EPS)	1.529	3.136	105

方法一:根据定义公式

$$DCL = \frac{105\%}{30\%} = 3.5$$

方法二:根据简化公式

$$DCL = \frac{150\ 000}{50\ 000 - 7\ 200} = 3.5$$

或　$$DCL = DOL \times DFL = 3 \times 1.17 = 3.5$$

(二)复合杠杆与复合风险

复合风险是由于复合杠杆作用使每股收益大幅度波动而造成的风险。复合杠杆系数反映了经营杠杆和财务杠杆之间的关系，用以评价企业的总体风险，在复合杠杆系数一定的情况下，经营杠杆系数与财务杠杆系数此消彼长。企业复合杠杆系数越大，复合风险越大;复合杠杆系数越小，复合风险越小。

【思考】为什么说在一般情况下，企业要将复合杠杆系数控制在一定范围内，使得企业在经营杠杆系数较高时，只能在较低的程度上使用财务杠杆？而在经营杠杆系数较低时，只能在较高的程度上使用财务杠杆。

任务三　资本结构

资本结构及其管理是企业筹资管理的核心问题，资本结构是否合理会影响企业资金成本的高低、财务风险的大小以及投资者的利益，科学合理的资本结构有助于提升企业的价值。

一、资本结构的含义

资本结构是指企业资本总额中各种筹资方式的资金构成及其比例关系，它是企业筹资决策中的关键问题。企业在进行筹资决策时，要综合考虑有关因素的影响，运用适当的方法确定最佳资本结构，并在以后追加筹资中继续保持该资本结构。如果企业现有资本结构不合理，应通过筹资活动优化调整，使其趋于科学合理。

资本结构有广义和狭义之分。广义的资本结构是指包括全部债务与股东权益的构成比率；狭义的资本结构是指只包括长期债务与股东权益的构成比率。本教材所指的资本结构仅指狭义的资本结构。

企业的资本结构是由企业采用的各种筹资方式筹集资金而形成的，各种筹集方式的不同组合决定企业的资本结构及其变化。企业的筹资方式主要分为债务资本和权益资本两大类，企业利用债务资本进行举债经营具有双重作用，既可以发挥财务杠杆作用，也可能带来财务风险。因此企业必须权衡财务风险和资本成本的关系，确定最佳的资本结构。所谓最优的资本结构，是指在一定条件下使企业平均资本成本率最低、企业价值最大的资本结构。

影响资本结构的因素主要有：企业的财务状况；企业资产结构；企业投资人和管理当局的态度；企业信用等级与债权人的态度；行业特征和企业发展周期；税务政策和货币政策等。

二、最佳资本结构的确定

最佳资本结构的确定，是企业权衡负债筹资的低资本成本和高财务风险的关系，从而确定最优的资本结构。

（一）每股收益无差别点分析法

每股收益无差别点分析法，是利用每股收益无差别点来进行资本结构决策的方法。每股收益无差别点，是指不同筹资方式下普通股每股收益都相等时的息税前利润点，该点是两种资本结构优劣的分界点。其计算公式如下：

$$\frac{(\overline{EBIT}-I_1)(1-T)}{N_1}=\frac{(\overline{EBIT}-I_2)(1-T)}{N_2}$$

式中：$\overline{EBIT}$—— 每股收益无差别点处的息税前利润；

I_n—— 两种筹资方式下的年利息；

N_n—— 两种筹资方式下的流通在外的普通股股数；

T——所得税税率。

每股收益无差别点分析法决策依据：进行每股收益分析时，当预计息税前利润大于每股无差别点息税前利润时，运用负债筹资可获得较高的每股收益；反之，运用权益筹资可获得较高的每股收益。

该方法只考虑了资本结构对每股收益的影响，并假定每股收益最大，股票价格也最高。

但把资本结构对风险的影响置于视野之外，是不够全面的。该种方法的原理比较容易理解，测算过程也较为简单。它以普通股每股收益最高为决策标准，可用于资本规模不大、资本结构不太复杂的股份有限公司。

【案例4－10】光明公司目前资金总额4 000万元，因扩大生产规模需要追加筹集资金1 000万元。有两种筹资方案：甲方案采用发行股票的方式筹集，每股发行价为25元，每股溢价15元；乙方案采用发行债券方式筹集。根据财务人员分析，追加筹资后息税前利润可望达到600万元。公司原资本结构和新资本结构情况见表4－7和表4－8。要求根据资本结构变化情况运用每股收益无差别点分析法确定最优的资本结构。

表4－7　资本结构变化情况表　单位：万元

筹资方式	原资本结构	追加筹资后资本结构	
		发行普通股（甲）	发行债券（乙）
企业债券（利率8%）	1 000	1 000	2 000
普通股（面值10元）	800	1 200	800
资本公积	1 200	1 800	1 200
留存收益	1 000	1 000	1 000
资金总额	4 000	5 000	5 000
普通股股数	80	120	80

表4－8　追加筹资后的每股收益　单位；万元

项目	发行普通股（甲）	发行债券（乙）
预计息税前利润	600	600
减；利息	80	160
税前利润	520	440
减；所得税（25%）	130	110
净利润	390	330
普通股股数（万股）	120	80
每股收益（元）	3.25	4.125

解：根据公司的上述数据，代入无差别点公式：

$$\frac{(\overline{EBIT}-80)\times(1-25\%)}{120}=\frac{(\overline{EBIT}-160)\times(1-25\%)}{80}$$

求得：$\overline{EBIT}=320$（万元） $EPS=1.5$（元／股）

从计算结果得知，追加筹资后预计息税前利润600万元大于无差别点息税前利润320万元，因此，选择乙方案筹资有利，能获得每股收益4.125元/股。

上述每股收益无差别点分析可用图解法描绘，如图4－1所示：

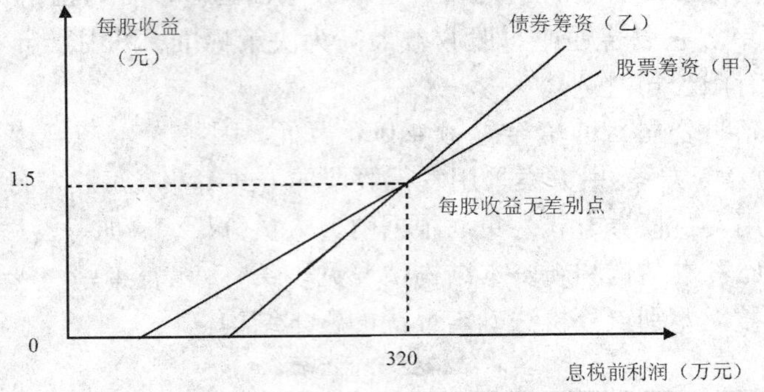

图 4 - 1

(二)比较资本成本法

比较资本成本法是计算不同筹资组合方案的加权平均资本成本，选择加权平均资本成本最低的方案。它侧重于从资本投入的角度对筹资方案和资本结构进行优化分析。

该种方法的基本思路是:决策前先拟订若干个备选方案，分别计算各方案的加权平均资金成本，并根据加权平均资金成本的高低来确定资本结构。该种方法通俗易懂，是确定资本结构的一种常用方法，一般适用于资本规模较小，资本结构较为简单的非股份制企业。

【案例 4 - 11】光明公司需要筹资 1 000 万元，可采用以下两种方式筹集，其个别资金成本已分别确定，有甲、乙两个筹资方案可供选择，有关资料见表 4 - 9。

表 4 - 9　　资本成本与资本结构数据表

资本来源	甲方案		乙方案	
	筹资额(万元)	资本成本率(%)	资金额(万元)	资本成本年率(%)
长期借款	100	6	150	7
长期债券	300	9	200	8
普通股	600	15	650	17
合计	1 000		1 000	

要求分别测算两个筹资方案的加权平均资本成本率，并比较其高低，从而确定最佳筹资方案亦即最佳资本结构。

解:甲方案:

$$加权平均资本成本率 = 6\% \times \frac{100}{1\ 000} + 9\% \times \frac{300}{1\ 000} + 15\% \times \frac{600}{1\ 000} = 12.3\%$$

乙方案:

$$加权平均资本成本率 = 7\% \times \frac{150}{1\ 000} + 8\% \times \frac{200}{1\ 000} + 17\% \times \frac{650}{1\ 000} = 13.7\%$$

从以上两个方案的计算结果比较，甲方案加权平均资本成本较低，在其他有关因素相同的条件下，应选择甲方案。

【练一练】某公司原有的资本结构见表 4 - 10。

表 4－10　　原有资本结构表

资本来源	资本额(万元)	资本成本率(%)
长期借款	400	6
公司债券	500	8
普通股	600	15
合计	1 500	

该公司扩大经营规模准备筹资 500 万元，有两种追加筹资方案可供选择：

甲方案：发行债券 200 万元，资本成本率 9%；发行普通股 300 万元，资本成本率 17%。乙方案：长期借款 300 万元，资本成本率 7%；发行普通股 200 万元，资本成本 16%。试分析评价甲、乙两个方案的优劣。

【课后专业测评】

一、单项选择题

1. 下列关于综合资金成本的说法不正确的是(　　)。

A. 包括加权平均资金成本和边际资金成本

B. 边际资金成本采用加权平均法计算，其权数为账面价值权数

C. 当企业拟筹资进行某项目投资时，应以边际资金成本作为评价该投资项目可行性的经济指标

D. 边际资金成本，是指资金每增加一个单位而增加的成本

2. 最佳资本结构是指企业在一定时期最适宜其有关条件下的(　　)。

A. 企业利润最大的资本结构

B. 加权平均资金成本最低，企业价值最大的资本结构

C. 风险最低的目标资本结构

D. 企业目标资本结构

3. 下列关于经营杠杆的说法不正确的是(　　)。

A. 经营杠杆，是指由于固定成本的存在而导致税前利润变动率大于产销量变动率的杠杆效应

B. 经营杠杆本身并不是利润不稳定的根源，但是经营杠杆扩大了市场和生产等不确定因素对利润变动的影响

C. 在其他因素一定的情况下，固定成本越高，经营杠杆系数越大

D. 按照简化公式计算经营杠杆系数时，本期边际贡献的大小并不影响本期的经营杠杆系数

4. 某公司本年的销售收入为 2 000 万元，变动成本率为 40%，固定成本为 200 万元，那么如果明年变动成本率和固定成本不变，销售收入增长到 2 200 万元，息税前利润将会增长(　　)。

A. 12%　　B. 20%　　C. 10%　　D. 25.5%

5. A 公司的资产负债率为 40%，据此可以看出 A 公司(　　)。

A. 只存在财务风险　　B. 经营风险大于财务风险

C. 只存在经营风险　　D. 同时存在经营风险和财务风险

6. 某企业的资本结构中，产权比率为2/3，债务税前资金成本为14%。目前市场上的无风险报酬率为8%，市场上所有股票的平均收益率为16%，公司股票的β系数为1.2，所得税税率为30%，则加权平均资金成本为(　　)。

A. 14.48%　　B. 16%　　C. 18　　D. 12%

二、多项选择题

1. 下列关于成本习性的说法正确的有(　　)。

A. 总成本按习性最终可分解为固定成本和变动成本两部分

B. 固定成本总额固定不变

C. 成本习性，是指成本总额与业务量之间在数量上的依存关系

D. 混合成本按其与业务量的关系又可分为半变动成本和半固定成本

2. 下列各因素中，其不确定性影响经营风险的有(　　)。

A. 市场需求　　B. 负债　　C. 销售价格　　D. 对价格的调整能力

3. 吸收一定比例的负债资金，可能产生的结果有(　　)。

A. 降低企业资金成本　　B. 加大企业复合风险

C. 加大企业财务风险　　D. 提高每股收益

4. 下列各项中，影响资本结构的有(　　)。

A. 企业财务状况　　B. 企业产品销售情况

C. 所得税税率的高低　　D. 利率水平的变动趋势

5. 如果甲企业经营杠杆系数为1.5，复合杠杆系数为3，则下列说法正确的有(　　)。

A. 如果销售量增加10%，息税前利润将增加15%

B. 如果息税前利润增加20%，每股利润将增加40%

C. 如果销售量增加10%，每股收益将增加30%

D. 如果每股收益增加30%，销售量需要增加5%

6. 下列关于财务风险的说法正确的有(　　)。

A. 亦称筹资风险

B. 是指企业在经营活动过程中与筹资有关的风险

C. 如果企业固定财务费用为零，则没有财务风险，财务杠杆系数为0

D. 在其他因素一定的情况下，固定财务费用越高，财务杠杆系数越大

三、计算题

1. 企业计划筹集资金100万元，所得税率为25%，有关资料如下：

(1)向银行借款10万元，借款年利率7%，手续费2%。

(2)按溢价发行债券，债券面值14万元，溢价发行价格为15万元，票面利率9%，期限为5年，每年支付一次利息，其筹资费率为3%。

(3)发行普通股40万元，每股10元，预计第一年每股股利1.2元，未来股利年增长率为8%，筹资费用率为6%。

(4)其余所需资金通过留存收益取得。

要求：(1)计算个别资金成本。

(2)计算该企业加权平均资金成本。

2. 胜达公司只生产和销售甲产品，其总成本习性模型为$y=1\,000\,000+4x$。假定该公司

2009年度产品销售量为100万件，每件售价为6元，每股收益为1.2元；按市场预测2010年产品的销售数量将增长10%，固定生产经营成本和单位边际贡献不变，不增发新股，所得税税率不变。要求：

(1)计算2009年的边际贡献总额；

(2)计算2010年预计的边际贡献总额；

(3)计算2010年的经营杠杆系数；

(4)计算2010年息税前利润增长率；

(5)假定公司2009年利息费用20万元，预计2008年不变，且无融资租赁租金和优先股，计算2010年财务杠杆系数和复合杠杆系数以及每股收益。

3. 某公司目前拥有资金400万元，其中，普通股25万股，每股价格10元，每股股利2元；债券150万元，年利率8%；目前的税后利润为75万元，所得税税率25%。该公司准备新开发一投资项目，项目所需资金为500万元，预计项目投产后可使企业的年息税前利润增加50万元；投资所需资金有下列两种方案可供选择：

(1)发行债券500万元，年利率10%。

(2)发行普通股股票500万元，每股发行价格20元。

要求：

(1)计算两种筹资方案的每股利润无差别点。

(2)计算两种筹资方案的财务杠杆系数与每股利润；

(3)若不考虑风险因素，确定该公司最佳的筹资方案。

四、案例分析

明宇公司2009年度的有关信息如下：销售收入为1 000万元，利息费用61万元，实现净利润100万元，2009年加权平均发行在外普通股股数为200万股，不存在优先股。

2010年公司为了使销售收入达到1 500万元，需要增加资金300万元。现有有两种筹集方案可供选择：

方案1：通过增加借款取得，利息率为8%；

方案2：通过增发普通股股票取得，预计发行价格为10元/股。

假设固定生产经营成本可以维持在2009年114万元/年的水平，变动成本率也可以维持2009年的水平，该公司所得税率为20%，不考虑筹资费用。

要求：

(1)计算2009年的息税前利润；

(2)计算变动成本率(即变动成本/销售收入)；

(3)计算(方案2)中增发的股数；

(4)计算(方案1)中增加的利息；

(5)计算两种筹资方案每股收益无差别点的销售额和息税前利润；

(6)计算两个方案筹资后的复合杠杆系数，并说明两个方案筹资后的复合风险的大小；

(7)如果决策者是风险中立者，会选择哪个筹资方案？

(8)如果息税前利润在每股收益无差别点上增长15%，根据杠杆系数计算方案1的每股收益增长率。

项目五　流动资产管理

【知识要点】

1. 明确企业持有现金的原因和成本，应收账款的功能、成本和管理目标；
2. 企业信用政策；
3. 存货的功能、成本和管理目标；
4. 掌握最佳现金持有量的计算，企业信用政策决策方法；
5. 应收账款、存货管理指标的计算。

【能力目标】

1. 能熟练运用计算的最佳现金持有量指标；
2. 企业信用政策决策方法；
3. 运用应收账款、存货管理指标；
4. 解决企业在涉及营运资本的管理方面的实际问题。

【案例导入】

光明药业股份公司应收账款管理

光明药业股份公司年销售收入为1.2亿元，经济效益综合指标居本省同行业第一位，跻身全国中成药工业重点企业50强。由于管理有方，该公司应收账款的回笼率节节高升，2011年为66%，2012年达到80%，2013年为95%，2014年则高达99%，在完成了当年的资金回笼任务基础上，还收回了过去遗留的账款200多万元。该公司经过多年的实践和探索，建立了一套切合该企业实际的应收账款核算办法和管理制度。

【思考题】

你认为应收账款该如何管理，其关键点是什么？

任务一　营运资金的认知

营运资金又称营运资本，这里要明确营运资金的含义、特点及营运资金周转。营运资金管理的目的就是要加速营运资金周转，提高资金的利用效果。

一、营运资金的含义

营运资金，又称营运资本，是指流动资产减去流动负债后的余额，是一个企业维持日常经营活动所需的资金。这里所说的流动资产是指可以在一年或超过一年的一个营业周期内变现或耗用的资产，主要有货币资金、交易性金融资产、应收账款、存货等。这里所说的流动负债是指在一年或超过一年的一个营业周期内必须清偿的债务，主要有短期借款、应付账款、应付职工薪酬、应交税费、其他应付款等。用公式表示为：

$$营运资金 = 流动资产 - 流动负债$$

使用“营运资金”这一概念，是因为在企业的流动资产中，来源于流动负债的部分由于面临债权人的短期索求权，而无法供企业在较长期限内自由使用。只有扣除流动负债之后的剩余流动资产，即营运资金，才能为企业提供一个宽裕的自由使用期间。

从有效管理的角度出发，企业应以一定量的营运资金为基础从事生产经营活动。在一定的条件下，企业的流动资产可以迅速转化为现金，用于偿还到期债务。所以相对来说，持有流动资产越多，企业的偿债能力就越强。

企业持有一定数量的营运资金的另一个原因是现金流入量与流出量的非同步性和不确定性。如企业一般支付材料款项在前，产品销售在后（即取得现金在后）；未来经营活动的不确定性，使现金的流入流出难以准确预测。在实际中，大多数企业的现金流入与流出无法在时间上相互匹配，因此，保持一定数量的营运资金，以备偿付到期负债和当期费用具有重要意义。

再有，企业营运资金的多少，还可用以衡量企业财务风险的大小。一般情况下，营运资金越多，企业违约风险就越小，举债融资能力就越强。因此，许多贷款契约中都会要求借款企业保持一定数量的营运资金，或保持较高的流动比率，其目的就是要求企业具有较好的偿债能力。

【案例 5－1】以表 5－1 为例，计算该企业 2013 年的营运资金。

表 5－1　资产负债表

编制单位：光明公司　　2013 年 12 月 31 日　　**单位：万元**

资　产	期末余额	年初余额	负债和所有者权益（或股东权益）	期末余额	年初余额
流动资产：			流动负债：		
货币资金	410	220	短期借款	300	210
交易性金融资产	30	15	交易性金融负债		
应收票据			应付票据		
应收账款	1 600	1 500	应付账款	1 800	1 900

续表

预付款项	280	230	预收款项	410	320
应收利息			应付职工薪酬		
应收股利			应交税费		
其他应收款			应付利息		
存货	2 100	2 000	应付股利		
一年内到期的非流动资产			其他应付款	100	100
其他流动资产			一年内到期的非流动负债		
流动资产合计	4 420	3 965	其他流动负债		
非流动资产:			流动负债合计	2 610	2 530
可供出售金融资产			非流动负债:		
持有至到期投资			长期借款	1 200	1 300
长期应收款			应付债券		
长期股权投资	500	500	长期应付款		
投资性房地产			专项应付款		
固定资产	2 600	2 500	预计负债		
在建工程			递延所得税负债		
工程物资			其他非流动负债		
固定资产清理			非流动负债合计		
生产性生物资产			负债合计	3 810	3 830
油气资产			所有者权益(或股东权益):		
无形资产	650	550	实收资本(或股本)	3 100	2 800
开发支出			资本公积		
商誉			减:库存股		
长期待摊费用			盈余公积	500	400
递延所得税资产			未分配利润	760	485
其他非流动资产			所有者权益(或股东权益)合计	4 360	3 685
非流动资产合计	3 750	3 550			
资产总计	8 170	7 515	负债和所有者权益(或股东权益)总计	8 170	7 515

计算:营运资金 = 流动资产 - 流动负债 = 4 420 - 2 610 = 1810 万元

【思考】一般情况下，企业的营运资金越多，企业的偿债能力就越强。此观点是否正确，请说明理由。

【练一练】以表 5 - 1 为例，计算该企业 2012 年的营运资金是多少?

二、营运资金的特点

营运资金的特点体现在流动资产和流动负债的特点上。

(一)流动资产的特点

流动资产投资，又称经营性投资，与非流动资产投资相比，具有如下特点：

1. 投资回收期短

投资于流动资产的资金一般在一年或一个营业周期内收回或耗费，对企业影响的时间比较短。

2. 流动性强

流动资产相对于非流动资产来说比较容易变现，如遇到意外情况，可迅速变卖流动资产，以获取现金。这对于财务上满足临时性资金需求具有重要意义。

3. 具有并存性

企业在生产循环周转过程中，资金的形态不断转换(即货币资金—实物资产—货币资金)，从供产销的某一瞬间看，各种不同形态的流动资产在空间上同时并存，在时间上依次相互转化。因此，合理地配置流动资产各项目的比例，是保证流动资产得以顺利周转的必要条件。

4. 具有波动性

流动资产易受到企业内外环境的影响，企业会随着供产销的变化，其资金占用会时高时低，影响企业正常的生产经营活动。季节性企业如此，非季节性企业也是如此。因此，企业其资金占用量即营运资金的波动往往很大，财务管理人员应能有效地预测和控制这种波动，以防止其影响企业正常的生产经营活动。

(二)流动负债的特点

流动负债筹资与长期负债筹资相比，具有如下特点：

1. 筹资速度快

长期借款的借贷时间长，贷方风险大，贷款人需要对企业的财务状况进行评估后方能作出决定。申请短期借款往往比申请长期借款更容易、更便捷，通常在较短时间内便可获得。因此，当企业急需资金时，往往首选寻求短期借款。

2. 弹性大

与长期债务相比，短期借款给债务人更大的灵活性。长期债务债权人为了保护自己的利益，往往要在债务契约中对债务人的行为加以种种限制，使债务人丧失某些经营决策权。而短期借款契约中的限制条款比较少，使企业有更大的行动自由。对于季节性企业，短期借款比长期借款具有更大的灵活性。

3. 成本低

在正常情况下，短期负债筹资所发生的利息支出低于长期负债筹资的利息支出。如应付账款(不存在现金折扣)、应交税费等没有利息支出。

4. 风险大

尽管短期债务的成本低于长期债务，但其风险却高于长期债务。主要表现在两个方面：一方面，长期债务的利息相对比较稳定，即在相当长一段时间内保持不变。而短期债务的借款利率则随市场利率的变化而变化，时高时低，使企业难以预测。另一方面，如果企业过多筹措短期债务，当债务到期时，企业如果不能在短期内筹措大量资金还债，这极易导致企业财务状况恶化，甚至会因无法及时还债而破产。

【思考】短期借款与长期借款的优缺点。

三、营运资金的周转

营运资金周转，是指企业的营运资金从现金投入生产经营开始，到最终转化为现金为止的过程。营运资金周转通常与现金周转密切相关，现金的周转过程主要包括以下三个方面：

1. 存贷周转期，是指将原材料转化成为产成品并出售所需的时间。

2. 应收账款周转期，是指将应收账款转换为现金所需要的时间。

3. 应付账款周转期，是指从收到尚未付款的材料开始到现金支出之间所用的时间。

现金循环周期的变化会直接影响所需营运资金的数额。一般来说，存货周转期和应收账款周转期越长，应付账款周转期越短，所需营运资金数额就越大；相反，存货周转期和应收账款周转期越短，应付账款周转期越长，所需营运资金数额就越小。此外，营运资金周转数额的多少还受到偿债风险、收益要求和成本约束等因素的制约。为此，为提高营运资金周转效率，企业的营运资金应维持在合适的水平上。这里所说的合适是指企业的营运资金既不过剩，也不是过多地依靠负债来支持企业的生产经营需求。

【思考】企业营运资金数量的多少与现金周转的关系？

任务二　现金管理

明确现金和有价证券管理的意义、现金的成本，在理解现金成本的基础上，掌握最佳现金持有量的确定方法，通过成本分析模式和存货模式合理确定最佳现金持有量，采取适当方法加快现金回收，延迟现金支出，在保证企业经营活动现金需要的同时，降低企业闲置的现金数量，提高资金收益率。并能灵活运用此方法解决具体问题，锻炼学生分析问题与解决问题的实践能力。

一、现金管理的目标

现金是指在生产过程中暂时停留在货币形态的资金，是企业中流动性最强的资产，是可以立即投入流动的交换媒介。属于现金内容的项目，包括企业的库存现金、银行存款、银行本票和银行汇票等。

有价证券是企业现金的一种转换形式，有价证券变现能力强，可以随时兑换成现金。企业常将多余的现金兑换为有价证券，需要现金时再出让有价证券换回现金。在这种情况下，有价证券就成了现金的替代品，获取收益是持有有价证券的原因。

(一)现金管理的目标

企业持有一定数量现金的原因，主要是满足交易性需要、预防性需要和投机性需要(即交易动机、预防动机、投机动机三方面动机)。

1. 交易性需要

交易性需要是指满足企业日常业务的现金支付需要。企业在正常生产经营秩序下，经常取得收入，也经常发生支出，两者不可能同步同量。企业为了组织日常生产经营活动，必须保持一定数额的现金余额，才能使企业业务活动正常地进行下去。一般来说，企业为满足交易性需要所持有的现金余额多少，主要取决于企业的销售水平。企业销售扩大，销售额增加，所需现金余额也随之增加。

2. 预防性需要

预防性需要是指置存现金以防发生意外的支出。即企业为应付紧急情况而需要保持的现金支付能力。由于市场行情的瞬息万变和其他各种不预测因素的存在，企业有时会出现料想不到的开支，企业通常难以对未来现金流入量和流出量作出准确的估计和预期。因此，在满足正常业务活动现金需要量的基础上，追加一定数量的现金以应付未来现金流入和流出的随机波动，是企业在确定必要现金持有量时应当考虑的因素。此外，预防性现金数量多少还与企业的融资能力有关。

3. 投机性需要

投机性需要是指置存现金用于不寻常的购买机会，比如，遇到有廉价原材料或其他资产供应的机会，便可用手头现金大量购入；再比如，在适当的机会购入价格有利的有价证券等。即企业为了抓住各种瞬息即逝的市场机会，获取较大的利益，而准备的现金金额。投机动机只是企业确定现金余额时所需考虑的次要因素之一，其持有量的大小往往与企业在金融市场上的投资机会及企业对待风险的态度有关。

总之，现金是变现能力最强的非盈利性资产。企业现金管理的目标，就是在现金的流动性与收益性之间进行权衡并作出抉择，以获取最大的长期利益。通过现金管理，使现金收支不但在数量上，而且在时间上相互衔接，对于保证企业日常经营活动的现金需要，降低企业闲置的现金数量，提高资金收益率具有重要意义。

【思考】企业现金管理的实质是什么？

（二）现金的成本

企业持有一定数量的现金满足了企业交易性需要、预防性需要和投机性需要。同时企业持有现金也要承担相应的成本，通常企业持有现金的成本由以下三个部分组成：

1. 持有成本

现金持有成本，是指企业因保留一定数额的现金，而增加的管理费及丧失的再投资收益。企业保留现金，对现金进行管理，会发生一定的管理费用，如管理人员工资及必要的安全措施费等。这部分费用具有固定成本的性质，它在一定范围内与现金持有量的多少关系不大，是与决策无关的成本。再投资收益是指企业不能同时用该现金进行有价证券投资所产生的机会成本，这种成本在数额上等同于资金成本。放弃的再投资收益机会成本属于变动成本，它与现金持有量成正比例关系。

2. 转换成本

转换成本，是指企业资金大量闲置时，用现金购入有价证券；企业在需要现金时，便可以转让有价证券换取现金，因此付出的交易费用，即现金同有价证券之间相互转换成本，如委托买卖佣金、委托手续费、证券过户费、实物交割手续费等。

3. 短缺成本

现金短缺成本，是指在现金持有量不足，而又无法及时通过有价证券变现加以补充而给企业造成的损失，即企业缺乏必要的现金，将不能应付业务开支，使企业蒙受损失，包括直接损失与间接损失。现金的短缺成本与现金持有量呈反方向变动关系。

【思考】企业缺乏必要的现金，将不能应付业务开支，使企业蒙受损失，包括直接损失与间接损失。你对间接损失是如何理解的?

二、现金收支管理

企业加强现金的日常管理，其目的在于保证现金的安全、完整，加速现金的周转，提高现金的使用效率，最大程度地发挥其效能。为达到这一目的，企业现金的日常管理应注意做好以下几方面工作:

1. 力争现金流入量流出量同步

如果企业能使它的现金流入与现金流出发生的时间趋于一致，就可以使其所持有的交易性现金余额降到最低水平。

2. 使用现金浮游量

从企业开出支票，收票人收到支票并存入银行，至银行将款项划出收款人账户，中间需要一段时间。现金在这段时间的占用称为现金结算浮游量。在这段时间里，尽管企业已开出了支票，却仍可动用在活期存款账户上的这笔资金。不过，一定要注意在使用现金浮游量时，一定要控制好使用时间，否则会发生银行存款的透支，有损企业的信誉。

3. 加速收款

这主要是指缩短应收账款的收账时间。发生应收款会增加企业资金的占用;但它又是必要的，因为它可以扩大销售，增加销售收入。问题在于如何既利用应收款吸引顾客，又缩短收款时间。这就要在两者之间找到适当的平衡点，并需要实施妥善的收账策略。

4. 推迟应付款的支付

是指企业在不影响自己信誉的前提下，尽可能地推迟应付款支付期，充分运用供货方所提供的信用优惠。如遇企业急需现金，甚至可以放弃供货方的折扣优惠，在信用期的最后一天支付款项。当然，这要权衡折扣优惠与急需现金之间的利弊得失而定。

【思考】企业在现金收支管理上，提倡早收晚付，你是怎样理解的?

三、最佳现金持有量

现金的管理除了做好日常收支，加速现金流转速度外，企业基于交易、预防、投机等动机的需要，必须保持一定数量的现金余额，这就需要控制好现金持有规模，确定最佳现金持有量的模式主要有:成本分析模式和存货模式。

(一)成本分析模式

成本分析模式是通过分析持有现金的成本，寻找持有成本最低的现金持有量。

1. 企业持有的现金将会发生的三种成本

(1)机会成本。现金作为企业的一项资金占用，是有代价的，这种代价就是它的机会成本。假定某企业的资本成本率为10%，年均持有60万元的现金，则该企业每年现金的机会成本为6万元(60×10%)。现金持有额越大，机会成本就越高。但企业为了生产经营，必需要拥有一定的现金，付出相应的机会成本代价也是必要的，但现金拥有量过多，机会成本代价过大，就不合算了。

(2)管理成本。企业拥有现金，会发生管理费用，如管理人员工资、安全措施费等。这些费用是现金的管理成本。管理成本是一种固定成本，与现金持有量之间无明显的比例关系。

(3)短缺成本。现金的短缺成本，是指因缺乏必要的现金，不能应付业务开支所需，而使企业蒙受损失或为此付出的代价。现金的短缺成本随现金持有量的增加而下降，随现金持有量的减少而上升。

企业最佳现金持有量就是上述三项成本之和最小的现金持有量。

2. 运用成本分析模式确定企业最佳现金持有量

成本分析模式是根据现金有关成本，分析预测其总成本最低时现金持有量的一种方法。运用成本分析模式确定现金最佳持有量，只考虑因持有一定量的现金而产生的机会成本及短缺成本，而不予考虑管理费用和转换成本，因为，管理费用具有固定性，与现金持有量不存在明显的线性关系。机会成本与现金持有量成正比例变动关系，用公式表示：机会成本 = 现金持有量 × 有价证券利率(或报酬率)；短缺成本与现金持有量负相关，现金持有量愈大，现金短缺成本愈小；反之，现金持有量愈小，现金短缺成本愈大。现金的成本同现金持有量之间的关系如图 5－1 所示。

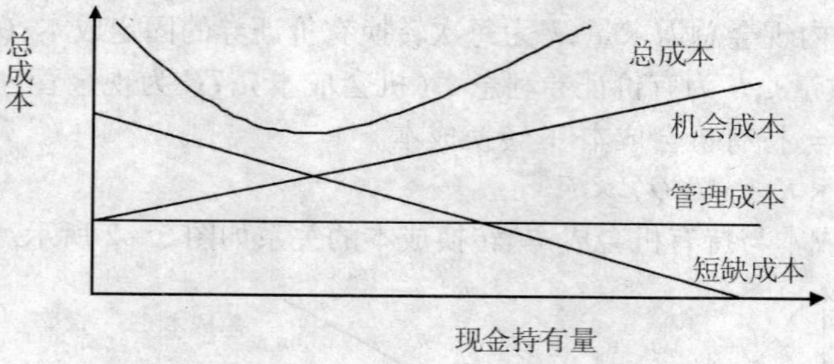

图 5－1

从图 5－1 可以看出，由于各项成本同现金持有量的变动关系不同，使得总成本曲线呈抛物线型，抛物线的最低点，即为成本最低点，该点所对应的现金持有量便是最佳现金持有量，此时总成本最低。

【例 5－2】假设某企业现有 A、B、C、D 四种现金持有方案，有关成本资料如表 5－2 所示。

表 5－2　现金持有量备选方案表　金额单位：元

项目	A	B	C	D
现金持有量	100 000	200 000	300 000	400 000
机会成本率	12%	12%	12%	12%
短缺成本	56 000	25 000	10 000	0

根据表 5－2，采用成本分析模式编制该企业最佳现金持有量测算表，如表 5－3 所示。

表 5－3　最佳现金持有量测算表　金额单位：元

方案及现金持有量	机会成本	短缺成本	相关总成本
A(100 000)	12 000	56 000	68 000
B(200 000)	24 000	25 000	49 000
C(300 000)	36 000	10 000	46 000
D(400 000)	48 000	0	48 000

通过分析比较上表 5－3 中各方案的总成本可知，C 方案的相关总成本最低，因此企业持

有 300 000 元的现金，为该企业现金最佳持有量。

【思考】企业采用成本分析模式确定现金最佳持有量为什么可以不考虑管理成本？

(二)存货模式

利用存货模式确定现金最佳持有量，着眼点也是与现金有关的成本最低，确定现金最佳持有量时，对短缺成本不予考虑，只对机会成本和固定性转换成本予以考虑。机会成本和固定性转换成本随着现金持有量的变动而呈现出相反的变动趋向，因而能够使现金管理的机会成本与固定性转换成本之和保持最低的现金持有量，即为最佳现金持有量。

运用存货模式确定现金最佳持有量时，是以下列假设为前提的：(1)企业所需要现金可通过证券变现取得，且证券变现的不确定性很小；(2)企业预算期内现金需要总量可以预测；(3)现金的支出比较稳定、波动较小，而且每当现金余额降至零时，均可通过证券变现得以补足；(4)证券的利率或报酬率以及每次固定性交易费用可以获悉。如果这些条件基本能得到满足，企业便可以利用存货模式来确定现金最佳持有量。

设：T为一个周期内现金总需求量；F为每次转换有价证券的固定成本；Q为最佳现金持有量(每次证券变现的数量)；K为有价证券利息率(机会成本)；TC为现金管理相关总成本。则：

现金管理相关总成本 = 持有机会成本 + 转换成本

即：$TC = (Q/2) \times K + (T/Q) \times F$

现金管理相关总成本与持有机会成本、转换成本的关系如图 5－2 所示。

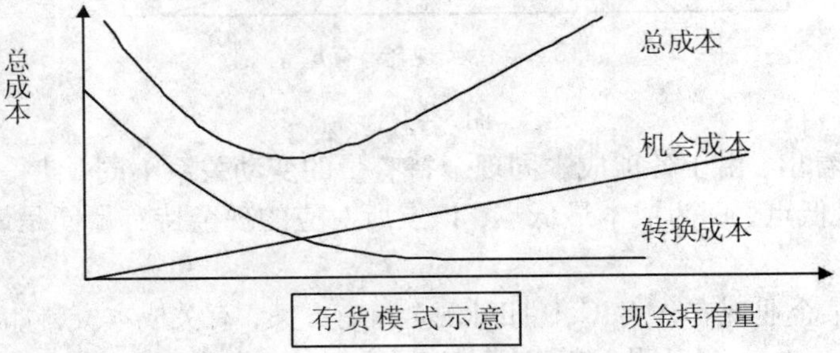

图 5－2

从图 5－2 可以看出，现金管理的相关总成本与现金持有量呈凹形曲线关系。持有现金的机会成本与证券变现的交易成本相等时，现金管理的相关总成本最低，此时的现金持有量为最佳现金持有量，即：

最佳现金持有量 $Q = \sqrt{2T \times F/K}$

最低现金管理相关总成本 $TC = \sqrt{2 \times T \times F \times K}$

【例 5－3】某企业现金收支状况比较稳定，预计全年(按 360 天计算)需要现金 200 万元，现金与有价证券的转换成本为每次 4 000 元，有价证券的年利率为 10%，则：

最佳现金持有量 $(Q) = \sqrt{2T \times F/K} = \sqrt{2 \times 2\,000\,000 \times 4\,000/10\%}$

$= 400\,000$ 元

最低现金管理相关总成本$(TC) = \sqrt{2TFK} = \sqrt{2 \times 2\,000\,000 \times 4\,000/10\%}$

$= 40\,000$(元)

转换成本$(2000\,000 \div 400\,000) \times 4\,000 = 20\,000$(元)

持有机会成本 =（400 000 ÷ 2）× 10% = 20 000（元）

有价证券交易次数 = 2 000 000 ÷ 400 000 = 5（次）

有价证券交易间隔期 = 360 ÷ 5 = 72（天）

【练一练】

光明公司现金收支状况稳定，预计全年（按 360 天计算）的现金需要量 4 000 000 元，平时当手头宽裕时，公司会将其用于购买股票等有价证券进行投资，需要现金时，将有价证券兑换成现金，现金与有价证券的转换成本为每次 400 元，有价证券的年利率为 8%。你能结合光明公司全年的现金需要量等相关条件，确定共最佳现金持有量吗？该公司在一年内有价证券交易次数为多少？持有现金的最低成本是多少？有价证券交易间隔期应多长？

任务三　应收账款的管理

明确应收账款管理的目标，发生应收账款的原因，确定适合企业应收账款管理的信用政策，在成本与收益比较原则的基础上，作出信用标准、信用条件和收账政策的具体决策方案，并通过采取应收账款的管理措施降低坏账损失风险，使企业提高应收账款管理水平。

一、应收账款管理的目标

这里所说的应收账款是指因对外赊销产品、材料、供应劳务及其他原因，应向购货单位或接受劳务的单位及其他单位收取的款项，包括应收销售款、其他应收款、应收票据等。

企业发生应收账款的原因，主要有以下两种：

（一）商业竞争

这是发生应收账款的主要原因。在市场经济的条件下，存在着激烈的商业竞争。竞争的作用迫使企业以各种手段扩大销售，占领市场。除了依靠产品质量、价格、售后服务、广告等方面外，采用赊销方式也是扩大销售的手段之一。对于同等的产品价格、类似的质量标准、一样的售后服务，实行赊销方式的产品或商品的销售额，将大于实行现金销售方式的产品或商品的销售额。企业出于扩大销售、占领市场的竞争需要，就不得不以赊销方式或其他优惠方式招揽顾客，于是就会产生应收账款。由竞争引起的应收账款，是一种商业信用。

（二）销售和收款存在时间差

销售商品成交的时间和收到货款的时间经常不一致，这也导致了应收账款，但时间差会很短。在现实生活中，现金销售方式是很普遍的，特别是零售企业更常见。不过就一般批发和大量生产企业来讲，发货的时间和收到货款的时间往往不同。这是由于货款结算需要时间的缘故。结算手段越是落后，结算所需的时间就越长，随着科技的发展，结算所需的时间将相对减少，对此应收账款形成的时间差，销售企业只能承认这种现实并承担由此引起资金垫支。由于这种原因形成销售和收款的时间差，而造成的应收账款，不属于商业信用，这里不再对它进行深入讨论，而只论述属于商业信用的应收账款的管理。

既然企业发生应收账款的主要目的是扩大销售，占领市场，增强竞争力，获取利润，那么其管理的目标就是求得利润。企业采取赊销方式促进销售、减少存货、占领市场，会因销售增加而产生一定的收益。但同时也会增加资金占用(即形成应收账款),应收账款是企业的一项资金投放,是为了扩大销售和盈利而进行的投资。而投资肯定要发生成本,会因持有应收账款而付出一定的代价,主要包括机会成本、管理成本、坏账成本。因此,应收账款的管理就需要在应收账款信用政策所增加的盈利和成本之间作出权衡。只有当应收账款所增加的盈利超过所增加的成本时,才应当实施应收账款赊销;如果应收账款赊销有着良好的盈利前景,就应当放宽信用条件增加赊销量。

【思考】请你举一些商业竞争促销手段。

二、信用政策的确定

应收账款管理的效果好坏,依赖于企业信用政策的制定。信用政策包括:信用期间、信用标准和现金折扣政策。

(一)信用期间

信用期间是指企业允许顾客从购货到付款之间的时间,或者说是企业给予顾客的付款期间。例如,若某企业允许顾客在购货后的60天内付款,则信用期为60天。信用期过短,不足以吸引顾客,达不到企业扩大销售的目的;信用期过长,对销售额增加固然有利,但只顾及销售增长而盲目放宽信用期,就会占用大量的资金,并使坏账损失增加,就有可能使所得的收益被增长的费用抵消,甚至造成利润减少。因此,企业必须慎重研究,确定出恰当的信用期。

确定信用期时,主要是分析改变现行信用期对收入和成本的影响。延长信用期,会使销售额增加,产生有利影响;与此同时,应收账款、收账费用和坏账损失也会增加,会产生不利影响。只有当前者大于后者时,才可以延长信用期,否则不宜延长。考虑缩短信用期时,也是如此。

【例5-4】某公司现在采用30天按发票金额付款的信用政策,拟将信用期放宽至60天,仍按发票金额付款即不给予商业折扣,该公司投资的最低报酬率为15%,其他有关的数据见表5-4。

表5-4

项目 \ 信用期	30天	60天
销售量	1 000 000	1 100 000
销售额(单价10元)	10 000 000	11 000 000
销售成本		
变动成本(每件8元)	8 000 000	8 800 000
固定成本	500 000	500 000
毛利	1 500 000	1 700 000
收账费用	50 000	70 000
坏账损失	50 000	100 000

分析:先计算放宽信用期得到的收益,然后计算增加的成本,最后根据两者比较的结果

作出判断。

(1)收益的增加

收益的增加 = 销售量的增加 × 单位边际贡献

= (1 100 000 - 1 000 000) × (10 - 8) = 200 000(元)

(2)应收账款占用资金的应计利息增加

应收账款应计利息 = 应收账款占用资金 × 资本成本率

应收账款占用资金 = 应收账款平均余额 × 变动成本率

应收账款平均余额 = 日销售额 × 平均收现期

30 天信用期应计利息 = 10 000 000/360 × 30 × 8/10 × 15% = 100 000(元)

60 天信用期应计利息 = 11 000 000/360 × 60 × 8/10 × 15% = 220 000(元)

应计利息增加 = 220 000 - 100 000 = 120 000(元)

(3)收账费用和坏账损失增加

收账费用增加 = 70 000 - 50 000 = 20 000(元)

坏账损失增加 = 100 000 - 50 000 = 50 000(元)

(4)改变信用期的税前损益

收益增加 - 成本费用增加 = 200 000 - (120 000 + 20 000 + 50 000) = 10 000(元)

由于收益的增加大于成本增加，故应采用 60 天的信用期。

上述信用期分析的方法是比较简略的，如有必要，也可以进行更细致的分析，如进一步考虑销货增加引起存货增加而多占用的资金，等等。

【思考】确定信用期长短时应考虑的主要因素有那些？

【任务实施】将同学分组，以组为单位确定该企业是否放宽信用期，信用期多少天适当。

某公司现在采用 30 天按发票金额付款的信用政策，拟将信用期放宽至 60 天和 90 天，仍按发票金额付款即不给予商业折扣，该公司投资的最低报酬率为 15%，其他有关的数据见表 5 - 5。

表 5 - 5

项目 \ 信用期	30 天	60 天	90 天
销售量	100 000	110 000	120 000
销售额(单价 10 元)			
销售成本			
变动成本(每件 9 元)			
固定成本	50 000	50 000	50 000
毛利			
收账费用	2 000	5 000	10 000
坏账损失	1 000	5 000	15 000

(二)信用标准

信用标准，是指顾客为获得企业的交易信用，所应具备的条件。如果顾客达不到企业制定的信用标准，便不能享受企业的信用或只能享受较低的信用优惠。

企业在判断某一顾客享受企业交易信用所具备的条件，是否达到信用标准时，往往先要评估它赖账的可能性。一般通过"五C"系统来进行。所谓"五C"系统，是评估顾客信用品质的五个方面，即品质、能力、资本、抵押和条件。

1. 品质

品质是指顾客的信誉，即履行偿债义务的可能性。企业通过了解顾客过去的付款记录，看其是否有按期如数付款的一贯做法，及与其他供货企业的关系是否良好。这是评价顾客信用的首要因素。

2. 能力

能力是指顾客偿还债务的能力，即其流动资产的数量和质量以及与流动负债的比例。一般顾客的流动资产越多，其转换为现金支付款项的能力就会越强。同时，还应注意顾客流动资产的质量、构成，看其存货是否过多、过时或质量下降，影响其变现能力和支付能力等情况。

3. 资本

资本是指顾客的财务实力和财务状况，顾客的财务实力越强，财务状况越好，表明顾客可能偿还债务的背景就越好。

4. 抵押

抵押是指顾客拒付款项或无力支付款项时能被用作抵押的资产。这对于不知底细或信用状况有争议的顾客尤为重要。如果这些顾客能够提供足够的抵押资产，就可以考虑向他们提供相应的交易信用。

5. 条件

条件是指可能影响顾客付款能力的经济环境。比如，顾客万一出现经济不景气，会对顾客的付款产生什么影响，顾客会如何做等等，这一点可以通过了解顾客在过去困难时期的付款历史来判断。

(三)现金折扣政策

现金折扣是指企业在赊销方式下，为了及早收回货款，在即定价格的基础上再给予的优惠。向顾客提供这种价格上的优惠，主要目的在于吸引顾客为享受优惠而提前付款，缩短企业的平均收款期。另外，现金折扣也能招揽一些视现金折扣为减价出售的顾客前来购货，借此扩大销售量。

现金折扣通常采用，如5/10、3/20、N/30这样一些符号表示。这三种符号的含义为:5/10表示10天内付款，可享受5%的价格优惠，如原价为10 000元，10天内付款，只需支付9 500元;3/20表示20天内付款，可享受3%的价格优惠，若原价为10 000元，20天内付款，需支付9 700元;N/30表示付款的最后期限为30天，此时付款无优惠，需全额支付。

企业采用什么程度的现金折扣，要与信用期间结合起来考虑。不论是信用期间还是现金折扣，都可能给企业带来收益，但也会增加成本。当企业给予顾客某种现金折扣时，应当考虑折扣所能带来的收益与成本孰高孰低，权衡利弊，抉择决断。因为，现金折扣是与信用期间结合使用的，所以确定折扣程度的方法与程序实际上与前述确定信用期间的方法与程序基本一致。

【例5-5】某公司现在采用30天按发票金额付款的信用政策，拟将信用期放宽至60天，假定该公司在放宽信用期的同时，为了吸引顾客尽早付款，提出了2/30，N/60的现金折扣条件，估计会有一半的顾客(按60天信用期所能实现的销售量计算)将享受现金折扣优惠。该公司投资的最低报酬率为15%，其他有关的数据见表5-6。

表5-6

项目 \ 信用期	30天	60天
销售量	1 000 000	1 100 000
销售额(单价10元)	10 000 000	11 000 000
销售成本		
变动成本(每件8元)	8 000 000	8 800 000
固定成本	500 000	500 000
毛利	1 500 000	1 700 000
收账费用	50 000	70 000
坏账损失	50 000	100 000

1. 收益的增加

收益的增加=销售量的增加×单位边际贡献

=(1 100 000-100 000)×(10-8)=200 000(元)

2. 应收账款占用资金的应计利息增加

30天信用期应计利息=10 000 000/360×30×8/10×15%=100 000(元)

提供现金折扣的应计利息=(11 000 000×50%/360×60×8/10×15%)+(11 000 000×50%/360×30×8/10×15%)=110 000+55 000=165 000(元)

应计利息增加=165 000-100 000=65 000(元)

3. 收账费用和坏账损失增加

收账费用增加=70 000-50 000=20 000(元)

坏账损失增加=100 000-50 000=50 000(元)

4. 估计现金折扣成本的变化

现金折扣成本增加=新的销售水平×新的现金折扣率×享受现金折扣的顾客比例-旧的销售水平×旧的现金折扣率×享受现金折扣的顾客比例=11 000 000×2%×50%-1000 000×0×0=110 000(元)

5. 提供现金折扣后的税前损益

收益增加-成本费用增加=200 000-(65 000+20 000+50 000+110 000)=-45 000(元)

由于获得税前收益为负数，故不应当提供现金折扣。

【思考】商业折扣与现金折扣有何区别?

三、应收账款的收账

应收账款发生后，企业应采取各种措施，尽量争取按期收回款项，否则会因拖欠时间过长而发生坏账，使企业蒙受损失。这些措施主要包括对应收账款回收情况的监督、对坏账损失的事先准备和制定适当的收账政策。

(一)应收账款回收情况的监督

企业已发生的应收账款时间有长有短，各不相同，有的尚未超过收款信用期，有的则超过了收款信用期。一般来讲，拖欠时间越长，款项收回的可能性就越小，形成坏账的可能性就越大。对此，企业应实施严密的监督，随时掌握应收账款回收情况，实施监督一般可以通过编制账龄分析表来进行。某企业账龄分析表如表 5－7。

表 5－7　　应收账款账龄分析表　　2013 年 12 月 31 日

应收账款账龄	帐户数量	金额(元)	结构百分比
信用期内	200	1 800 000	60%
超信用期(1－30 天)	80	600 000	20%
超信用期(31－50 天)	50	200 000	6.7%
超信用期(51－80 天)	20	150 000	5%
超信用期(81－100 天)	20	100 000	3.3%
超信用期(100 天以上)	30	150 000	5%
合计	400	3 000 000	100%

利用企业账龄分析表，企业可以了解到以下情况：

一是了解有多少欠款尚在信用期内。这些款项未到偿还期，欠款是正常的，处在信用期内的应收账款占全部应收账款的比例越高越好；但到期后能否收回，还有很大的不确定性，故进行及时的监督仍是必要的。

二是了解有多少欠款超过了信用期，超过时间长短的款项各占多少，有多少欠款会因拖欠时间太久而可能成为坏账。对不同拖欠时间的欠款，企业应采取不同的收账方法，制定出经济、可行的收账政策；对可能发生的坏账损失，则应提前作出准备，充分估计这一因素对损益的影响。

(二)收账政策的制定

收账政策是指企业对各种不同超信用期账款的催收方式，包括准备为此付出的代价。比如，对超信用期较短的顾客，不过多地打扰，以免将来失去这一市场；对超信用期稍长的顾客，可措辞婉转地写信催款；对超信用期较长的顾客，频繁地信件催款并电话催询；对超信用期很长的顾客，可在催款时措辞严厉，必要时提请有关部门仲裁或提请诉讼等等。

企业催收超过信用期的账款是要发生费用的，某些催款方式发生的费用还会很高(如诉讼费)。一般说来，收账的花费越大，收账措施就越有力，可收回的账款应越大，坏账损失也就越小。因此制定收账政策，又要在收账费用和所减少坏账损失之间作出权衡，制定有效、适当的收账政策。

【思考】讨论分析，收账政策与坏账损失的关系？

任务四　存货的管理

明确存货的分类与功能、存货的成本和存货的控制方法。由于储存存货具有防止停工待料、适应市场变化、降低进货成本和维持均衡生产的固有功能，企业必须储备一定的存货，但也会由此而发生进货成本、储存成本和缺货成本等各项支出，经济进货批量控制就是确定能够使一定时期存货的相关总成本达到最低点的进货数量。通过学习，将存货的管理方法运用到实际工作中。

一、存货管理的目标

存货是指企业在生产经营过程中为销售或者耗用而储备的物资，包括材料、燃料、低值易耗品、在产品、半成品、产成品、商品等。

(一)企业储存存货的原因

1. 保证日常生产或销售的经营需要。

实际上，企业很少能做到随时购入生产或销售所需的各种物资，即使是市场供应量充足的物资也如此。由于市场的不确定性，某种材料的市场不时会出现断档的现象，或因为企业距供货点较远而需必要的途中运输及可能出现运输故障等。一旦生产或销售所需物资中断，生产经营将被迫停止，造成损失。为了避免或减少出现停工待料、停业待货等事故，企业就有必要储存一定数量的存货。

2. 出于价格上的考虑。

零购(少量购入)物资将得不到供货方相应的商业折扣，因此，购货的价格往往较高，而整批购买在价格上常有优惠。

一般而言，企业持有充足的存货，不仅有利于生产过程的顺利进行，节约采购费用与生产成本，而且能够迅速地满足客户各种定货的需要，从而为企业的生产与销售提供较大的机动性，避免因存货不足带来的机会损失。然而，存货的增加必然要占用大量的资金，将使企业付出更大的持有成本(即存货的机会成本)，而且存货的储存与管理费用也会增加，如仓储费、保险费、维护费、管理人员工资在内的各项开支，影响企业获利能力的提高。因此，如何在存货功能(收益)与成本之间进行利弊权衡，在充分发挥存货功能的同时降低成本、增加收益、实现它们的最佳组合，就成为存货管理的基本目标。

【思考】企业储存存货的主要原因和管理目标是什么？

二、储备存货的有关成本

企业储备存货有关的成本，包括以下三种：

(一)取得成本

取得成本是指为取得某种存货而支出的成本，通常用 TC_1 来表示。其下又分为订货成本和购置成本。

1. 订货成本

订货成本是指取得订单的成本，如办公费、差旅费、邮资、电话费等支出。其中：一部分与订货次数无关，如常设采购机构的基本开支等，称为订货的固定成本，用 F_1 表示；另一部分与订货次数有关，如差旅费、邮资等，称为订货的变动成本。每次订货的变动成本用 K_1 表示；订货次数等于存货年需要量 D 与每次进货量 Q 之商。

订货成本的计算公式为：订货成本 $= F_1 + D/Q \times K_1$

2. 购置成本

购置成本是指存货本身的价值，经常用数量与单价的乘积来确定。年需要量用 D 表示，单价用 U 表示。

购置成本的计算公式为：购置成本 $= DU$

3. 取得成本的计算

取得成本等于订货成本加上购置成本。其公式可表达为：

取得成本（TC_1）= 订货成本 + 购置成本

= 订货固定成本 + 订货变动成本 + 购置成本

（二）储存成本

为储存存货而发生的成本，包括存货占用资金所应计的利息（若企业用现有现金购买存货，便失去了现金存放银行或投资于证券本应取得的利息；若企业用借款购买存货，便要支付利息费用）、仓库费用、保险费用、存货破损和变质损失等等，通常用 TC_2 来表示。

储存成本也分为固定成本和变动成本。固定成本与存货数量的多少无关，如仓库折旧、仓库职工的工资等，常用 F_2 表示；变动成本与存货的数量有关，如存货占用资金的应计利息、存货的破损和变质损失、存货的保险费用等，单位储存变动成本用 K_2 来表示。

储存成本用公式表达为：

储存成本（TC_2）= 储存固定成本 + 储存变动成本

（三）缺货成本

缺货成本是指由于存货供应中断，使生产经营将被迫停顿，而造成的损失，包括材料供应中断造成的停工损失、产成品库存缺货造成的拖欠发货损失和丧失销售机会的损失（还应包括需要主观估计的商誉损失）、紧急采购损失。缺货成本用 TC_3 表示。

储备存货的总成本以 TC 来表示，它的计算公式为：

$$TC = TC_1 + TC_2 + TC_3$$

企业存货的最优化，即是使上式 TC 值最小。

三、存货决策

经济进货批量是指能够使一定时期存货的相关总成本达到最低点的进货数量。通过上述对存货成本分析可知，决定存货经济进货批量的成本因素主要包括变动性进货费用（简称进货费用）、变动性储存成本（简称储存成本）以及允许缺货时的缺货成本。不同的成本项目与进货批量呈现着不同的变动关系。减少进货批量，增加进货次数，在使储存成本降低的同时，也会导致进货费用与缺货成本的提高；相反，增加进货批量，减少进货次数，尽管有利于降低进货费用与缺货成本，但同时会使储存成本提高。因此，如何协调各项成本间的关系，使其总和保持最低水平，是企业组织进货过程需解决的主要问题。

存货的决策涉及四项内容：决定进货项目、选择供应单位、决定进货时间和决定进货批量。

决定进货项目和选择供应单位是销售部门、采购部门和生产部门的职责。财务部门要做的是决定进货时间和决定进货批量。按照存货管理的目的，需要通过确定合理的进货批量和进货时间，使存货的总成本最低，这个批量叫做经济订货量或经济批量。

与存货总成本有关的变量(即影响总成本的因素)很多，为了解决比较复杂的问题。这里需要设立一些假设条件，在此假设基础上建立经济订货量的基本模型。

(一)经济订货量基本模型

经济进货批量基本模型以如下假设为前提:(1)企业能够及时补充存货，即需要订货时便可立即取得存货。(2)能集中到货，而不是陆续入库。(3)不允许缺货，即无缺货成本，这是因为良好的存货管理本来就不应该出现缺货成本。(4)需求量稳定，并且能预测，即为已知常量。(5)存货单价不变，不考虑现金折扣。(6)企业现金充足，不会因现金短缺而影响进货。(7)所需存货市场供应充足，不会因买不到需要的存货而影响其他。

设立了上述假设条件后，由于企业不允许缺货，即每当存货数量降至零时，下一批订货便会随即全部购入，故不存在缺货成本。此时与存货订购批量、批次直接相关的就只有进货费用和储存成本两项。则有:

$$\text{存货相关总成本} = \frac{\text{存货全年计划进货总量}}{\text{每次进货批量}} \times \text{每次进货费用} + \frac{\text{每次进货批量}}{2} \times \text{单位存货年储存成本}$$

假设: Q 为经济进货批量;A 为某种存货年度计划进货总量;B 为平均每次进货费用;C 为单位存货年度单位储存成本;P 为进货单价。存货相关总成本 TC 的值大小取决于 Q。为了求出 TC 的极小值，对其进行求导演算，可得出下列公式:

经济进货批量 $Q = \sqrt{\frac{2AB}{C}}$

经济进货批量的存货相关总成本 $TC = \sqrt{2ABC}$

经济进货批量平均占用资金 $W = \frac{PQ}{2} = P\sqrt{\frac{AB}{2C}}$

年度最佳进货批次 $N = \frac{A}{Q} = \sqrt{\frac{AC}{2B}}$

【例5-7】某企业每年需耗用甲材料3 600吨，该材料的单位采购成本10万元，单位年储存成本2万元，平均每次进货费用25万元，则:

经济进货批量 $Q = \sqrt{\frac{2AB}{C}} = \sqrt{\frac{2 \times 3\,600 \times 25}{2}} = 300$(吨)

经济进货批量的存货相关总成本 $TC = \sqrt{2ABC} = \sqrt{2 \times 25 \times 3\,600 \times 2} = 600$(万元)

经济进货批量平均占用资金 $W = \frac{PQ}{2} = P\sqrt{\frac{AB}{2C}} = \frac{10 \times 300}{2} = 1\,500$(万元)

年度最佳进货批次 $N = \frac{A}{Q} = \sqrt{\frac{AC}{2B}} = \frac{3\,600}{300} = 12$(次)

上述计算表明，当进货批量为300吨时，进货费用与储存成本总额最低。

(二)实行商业折扣的经济进货批量模型

为了鼓励客户购买更多的商品，销售企业通常会给予不同程度的价格优惠，即商业折扣或称价格折扣，购买产品越多，所获得的价格优惠越大。此时，进货企业对经济进货批量的确定，除了要考虑进货费用与储存成本外，还应考虑存货的进价成本，因为此时的存货进价成本已经与进货数量的大小有了直接的联系，属于决策的相关成本。即在经济进货批量基本模型其他各种假设条件均具备的前提下，存在商业折扣时的存货相关总成本可按下式计算：

存货相关总成本 = 进货成本 + 相关进货费用 + 相关存储成本

实行商业折扣的经济进货批量具体确定步骤如下：

第一步，按照基本经济进货批量模型确定经济进货批量；

第二步，计算按经济进货批量进货时的存货相关总成本；

第三步，计算按给予商业折扣的进货批量进货时，各种进货批量存货相关总成本。

如果给与数量折扣的进货批量是一个范围，如进货数量在 1 000 ~ 1 999 千克之间可享受 2% 的价格优惠，此时按给与数量折扣的最低进货批量，即按 1 000 千克计算存货相关总成本。

第四步，比较不同进货批量的存货相关总成本，最低存货相关总成本对应的进货批量，就是实行数量折扣的最佳经济进货批量。

【例 5 - 8】某企业每年需耗用甲材料 3 600 千克，该材料的单位采购成本 10 元，单位年储存成本 2 元，平均每次进货费用 25 元。销售企业规定：客户每批购买量不足 500 千克的，按照标准价格计算；每批购买量 500 千克以上，1 000 千克以下的，价格优惠 2%；每批购买量 1 000 千克以上的，1 500 千克以下的价格优惠 3%；每批购买量 1 500 千克以上的价格优惠 4%。则：

则按经济进货批量基本模型确定的经济进货批量：

$$经济进货批量\ Q = \sqrt{\frac{2AB}{C}} = \sqrt{\frac{2 \times 3\ 600 \times 25}{2}} = 300(千克)$$

每次进货 300 千克的存货相关总成本：

$3\ 600 \times 10 + 3\ 600/300 \times 25 + 300/2 \times 2 = 36\ 600$(元)

每次进货 500 千克时的存货相关总成本：

$= 3\ 600 \times 10 \times (1 - 2\%) + 3\ 600/500 \times 25 + 500/2 \times 2 = 35\ 960$(元)

每次进货 1 000 千克时的存货相关总成本：

$= 3\ 600 \times 10 \times (1 - 3\%) + 3\ 600/1\ 000 \times 25 + 1\ 000/2 \times 2 = 36\ 010$(元)

每次进货 1500 千克时的存货相关总成本：

$= 3\ 600 \times 10 \times (1 - 4\%) + 3\ 600/1\ 500 \times 25 + 1\ 500/2 \times 2 = 36\ 120$(元)

通过比较发现，每次进货为 500 千克时的存货相关总成本最低，所以此时最佳经济进货批量为 500 千克。

【任务实施】将同学分组，以组为单位确定该企业最佳经济进货批量是多少？

某企业甲材料的年需要量为 16 000 千克，每千克标准价为 20 元。销售企业规定：客户每批购买量不足 1 000 千克的，按照标准价格计算；每批购买量 1 000 千克以上，2 000 千克以下的，价格优惠 2%；每批购买量 2 000 千克以上的，价格优惠 3%。已知每批进货费用 600 元，单位材料的年储存成本 30 元。

(三)允许缺货时的经济进货模型

在允许缺货的情况下，企业对经济进货批量的确定，就不仅要考虑进货费用与储存费用，而且还必须对可能的缺货成本加以考虑，即能够使三项成本总和最低的批量便是经济进货批量。

设：S 为缺货量；R 为单位缺货成本；Q 为允许缺货时的经济进货批量；A 为某种存货年度计划进货总量；B 为平均每次进货费用；C 为单位存货年度单位储存成本；P 为进货单价。则有：

允许缺货时的经济进货批量 $Q = \sqrt{\frac{2AB}{C} \times \frac{C+R}{R}}$

平均缺货量 $S = \frac{Q \times C}{C+R}$

式中，缺货成本可以根据存货中断的概率和相应的存货中断造成的损失进行计算。

【例5－9】某企业甲材料年需要量为3 200 000千克，每次进货费用为60元，单位储存成本为4元，单位缺货成本为8元。则允许缺货时的经济进货批量和平均缺货量为：

经济进货批量 $Q = \sqrt{\frac{2AB}{C} \times \frac{C+R}{R}} = \sqrt{\frac{2 \times 3\,200\,000 \times 60}{4} \times \frac{4+8}{8}} = 12\,000$ 千克

平均缺货量 $S = \frac{Q \times C}{C+R} = \frac{12000 \times 4}{4+8} = 4\,000$(千克)

(四)再订货点、订货提前期和保险储备

为了保证生产和销售正常进行，企业必须在材料用完之前订货，这就是再订货点的控制和订货提前期的确定问题。此外，企业在生产经营过程中经常要面对很多不确定的情况，很难做到均匀使用原料和订货批次之间的完美衔接。为了保证企业生产经营正常进行，企业需要安排一个保险储备，以应对耗用量突然增加或交货延期等意外情况。

1. 再订货点

一般情况下，企业的存货不能做到随用随时补充，因此不能等存货用完再去订货，而需要在没有用完时提前订货。在提前订货的情况下，企业再次发出订货单时，尚有存货的库存量，称为再订货点，用 R 来表示。它的数量等于交货时间(L)和每日平均需用量(d)的乘积：

$$R = L \times d$$

【例5－10】某企业生产周期为一年，甲种原材料年需要量3 600 000千克，则该企业每日平均需用量(d)为：

$$d = 3\,600\,000/360 = 10\,000(\text{千克})$$

如上述企业订购原材料的在途时间为两天，则该企业的再订货点为：

$$R = 10\,000 \times 2 = 20\,000(\text{千克})$$

也就是说，当该企业的库存原材料数量降低到20 000千克时，就需要发出订购指令。

2. 订货提前期

订货提前期是指从发出订单到货物验收完毕所用的时间。订货提前期的计算公式为：

$$\text{订货提前期} = \frac{\text{预计交货期内原材料使用量}}{\text{原材料日使用量}}$$

【例5－11】某企业预计交货期内原材料的用量为1 000千克，原材料日使用量为100千克/天，无延期交货的情况。则该企业的订货提前期为：

$$订货提前期 = \frac{预计交货期内原材料使用量}{原材料日使用量} = \frac{1\ 000}{100} = 10（天）$$

也就是说，当该企业的库存原材料数量还差 10 天用完时，就需要发出订购指令。

3. 保险储备

上述讨论假定存货的供需稳定且确知，即每日需求量不变，交货时间也固定不变。实际上，每日需求量可能变化，交货时间也可能变化。按照某一订货批量（如经济订货打量）和再订货点发出订单后，如果需求增大或送货延迟，就会发生缺货或供货中断。为防止由此造成的损失，就需要多储备一些存货以备应急之需，称为保险储备（安全存量）。

【例 5－12】某企业平均每天正常耗用甲材料 10 千克，订货提前期为 10 天，预计每天的最大耗用量为 12 千克，预计最长订货提前期为 15 天，则保险储备量为

保险储备量 $= 12 \times 15 - 10 \times 10 = 80$（千克）

建立保险储备，固然可以使企业避免缺货或供应中断造成的损失（缺货成本），但存货平均储备量加大却会使储备成本升高。研究保险储备的目的，就是要求管理人员必须在缺货成本和保持保险储备耗费的成本之间作出权衡。找出合理的保险储备量，使缺货或供应中断损失和储备成本之和最小。确定方法上，可先计算出各不同保险储备量的总成本，然后再对总成本进行比较，选定其中最低的。

需要指出，保险储备的存在不会影响经济订货批量的计算，但会影响再订货点的确定。考虑保险储备情况下的再订货点计算公式为：

$$RP = R \times DT + SS$$

式中，SS 代表保险储备；R 代表原材料日使用量；DT 代表原材料的在途时间。

根据上例资料，该公司考虑保险储备情况下的再订货点：

再订货点 $= 10 \times 10 + 80 = 140$（千克）

保险储备的存在虽然可以减少缺货成本，但增加了储存成本，最优的存货政策就要在这些成本之间权衡，选择使总成本最低的再订货点和保险储备量。

【例 5－13】光明公司每年需要某种原材料 360 000 千克，每次订货的固定成本为 200 元，每千克原材料年储存保管费 4 元，已经计算得到经济订货批量为 6 000 千克，另外，已知交货期内的平均需求是 1 000 千克，也就是说再订货点等于保险储备再加上 1 000 千克。

根据这些资料，该企业每年需要订货 60 次（360 000/6 000 = 60），每年的订货成本为 12 000元（200 × 60 = 12 000 元）。

该公司拟保持在 0 至 1 500 千克的保险储备水平，表 5－8 给出了不同保险储备下企业预计总成本。

表 5－8　　光明公司的最优安全储备量和再订货点分析

再订货点（千克）	安全储备（千克）	平均存货水平（千克）	缺货成本（元）	储存成本（元）	订货成本（元）	总成本（元）
1 000	0	3 000	3 000	12 000	12 000	27 000
1 500	500	3 500	500	14 000	12 000	26 500
2 000	1 000	4 000	200	16 000	12 000	28 200
2 500	1 500	4 500	0	18 000	12 000	30 000

注:各项目的计算过程如下:

再订货点:再订货点 = 交货期的需求 + 保险储备

保险储备:企业设定的不同档次的保险储备

平均存货水平:平均存货水平 = 经济订货批量/2 + 保险储备

缺货成本:企业根据各方面条件预计得出

储存成本:储存成本 = 平均存货水平 × 单位储存保管费率

订货成本:订货成本 = 单位订货成本 × 订货次数

总成本:总成本 = 缺货成本 + 储存成本 + 订货成本

从表 5 - 8 中可以看出，当保险储备为零时，预计缺货成本很高，但随着保险储备的增加迅速变小，当保险储备下降的幅度大于储存成本上升的幅度时，加大保险储备是有利的，可以降低总成本。但超过一定限度后，保险储备的增加所带来的储存成本增加要大于缺货成本的减少，此时会对总成本产生不利影响。该企业的最小存货总成本为 26 500 元，最佳再订货点 1 500 千克，对应的保险储备为 500 千克。

【任务实施】将同学们分组，以组为单位确定该企业以下指标。

某公司本年度需耗用乙材料 36 000 千克，该材料采购成本为 300 元/千克，年度储存成本为 10 元/千克，平均每次进货费用为 200 元，正常在途时间(即正常订货提前期或正常交货期)为 7 天，单位缺货成本为 8 元，保险储备量为 200 千克。

要求计算乙材料本年度的下列指标:

(1)经济进货批量;(2)原材料使用率;(3)平均资金占用额;(4)再订货点;(5)平均存货水平;(6)与保险储备量和经济订货量相关的储存成本。

【课后专业测评】

一、单项选择题

1. 现金循环周期的变化会直接影响所需营运资金的数额。一般来说，下列会导致营运资金数额变小的是(　　)。

A. 存货周转期变长　　B. 应收账款周转期变长

C. 应付账款周转期变长　　D. 应付账款周转期变短

2. 发生应收账款的原因是(　　)。

A. 商业竞争　　B 提高速动比率

C. 加强流动资金的周转　　D 减少坏账损失

3. 确定最佳现金持有量的模式主要有成本分析模式和存货模式，两种模式中均考虑的成本费用是(　　)。

A. 机会成本　　B. 短缺成本　　C. 管理费用　　D. 转换成本

4. 在确定存货的再订货点时，不予考虑的因素是(　　)。

A. 存货的交货时间　　B. 存货的每日平均需要量

C. 存货的每日平均送货量　　D. 存货的保险储备量

5. 企业赊销政策的内容不包括(　　)。

A. 确定信用时间　　B. 确定信用条件

C. 确定现金折扣政策　　D. 确定收账方法

二、多项选择题

1. 流动资产投资又称经营性投资，与固定资产投资相比，下列说法正确的是（　）。

A. 投资回收期短　B. 流动性强　C. 具有并存性　D. 具有波动性

2. 企业所需的预防性现金数额大小，（　）。

A. 与现金流量的不确定性成正比　B 与企业借款能力成反比

C. 与日常业务现金支付量成正比　D 与企业偿债能力成正比

3. 现金折扣政策的目的在于（　）。

A. 吸引顾客为享受优惠而提前付款　B. 减轻企业税负

C. 缩短企业平均收款期　D. 扩大销售量

4. 营运资金周转，是指企业的营运资金从现金投入生产经营开始，到最终转化为现金为止的过程。营运资金周转通常与现金周转密切相关，现金的周转过程主要包括（　）。

A. 存货周转期　B. 应付账款周转期　C. 应收账款周转期　D. 预收账款周转期

5. 延长信用期间有可能会使（　）。

A. 销售额增加　B. 应收账款增加

C. 收账费用增加　D. 坏账损失增加

三、判断题

1. 企业持有一定数量的现金主要是基于交易动机、预防动机和投机动机。（　）

2. 现金的持有成本，是指企业因保留一定现金余额而增加的管理费。（　）

3. 赊销是扩大销售的有利手段之一，企业应尽可能放宽信用条件，增加赊销量。（　）

4. 允许缺货的情况下，能够使变动性进货费用、变动性储存成本以及缺货成本总和最低的批量便是经济进货批量。（　）

5. 企业的信用标准严格，给予客户的信用期限很短，使得应收账款周转率很高，将有利于增加企业的利润。（　）

四、计算题

1. 某企业每年需耗用某材料 90 000 件，单位材料年存储成本 4 元，平均每次进货费用为 1 800 元，某材料全年平均单价为 40 元。

回答下列互不相关的问题：

(1) 假定满足经济进货批量基本模型的全部假设前提：

①经济进货批量；②年度最佳进货批数；③相关进货费用；

④相关存储成本；⑤经济进货批量相关总成本；

⑥经济进货批量平均占用资金。

(2) 如果每次购买批量在 10 000～20 000 件之内，可以享受 1% 的价格折扣；每次购买批量在 20 000 件以上，价格优惠 2%，确定经济进货批量。

2. 已知：某公司现金收支稳定，预计全年（按 360 天计算）现金需要量为 100 万元，现金与有价证券的转换成本为每次 250 元，有价证券年利率为 10%。

要求：

(1) 计算最佳现金持有量；

(2) 计算最低全年现金管理相关总成本以及转换成本和持有机会成本；

(3) 计算最佳现金持有量下的全年有价证券交易次数和有价证券交易间隔。

五、案例分析

1. 光明公司是一个商业企业。由于目前的信用条件过于严厉，不利于扩大销售，该公司正在研究修改现行的信用条件。现有甲、乙、丙三个放宽信用条件的备选方案，有关数据如下：

项目	甲方案(n/60)	乙方案(n/90)	丙方案(2/30，n/90)
年赊销额(万元/年)	1 440	1 530	1 620
收帐费用(万元/年)	20	25	30
固定成本	32	35	40
坏账损失率	2.5%	3%	4%

已知该公司的变动成本率为80%，资金成本率为10%。坏账损失率是指预计年度坏账损失和赊销额的百分比。考虑到有一部分客户会拖延付款，因此预计在甲方案中，应收账款平均收账天数为90天；在乙方案中应收账款平均收账天数为120天；在丙方案中，估计有40%的客户会享受现金折扣，有40%的客户在信用期内付款，另外的20%客户延期60天付款。

要求：

(1)计算丙方案的下列指标：

①应收账款平均收账天数；②应收账款机会成本；③现金折扣。

(2)通过计算填列表格，并选择一个最优的方案。(一年按360天计算)

项目	甲方案(n/60)	乙方案(n/90)	丙方案(2/30，n/90)
年赊销额			
减：现金折扣			
年赊销额净额			
减：固定成本			
变动成本			
信用成本前收益			
减：应收账款机会成本			
坏账损失			
收账费用			
信用成本合计			
信用成本后收益			

项目六　项目投资管理

【知识要点】

1. 掌握项目投资的含义；
2. 掌握各种指标的计算公式；
3. 熟悉净现值、内部收益率、静态投资回收期等的计算方法；
3. 了解项目投资各种评价指标的优缺点及其内容分类等。

【能力目标】

1. 能够计算单纯固定资产投资项目的现金流量；
2. 能够计算完整工业投资项目的现金流量；
3. 能够计算投资决策的各种评价指标；
3. 能够进行独立方案可行性评价及其投资决策；
5. 能够进行多个互斥方案的比较决策。

【案例导入】

华威公司为改善产品结构，开拓新的市场领域，拟开发新产品，为此需利用自有资金购买价值 110 万元的一条新的生产线，该生产线的建设期为 1 年，可使用期限为 10 年，期满有残值收入 10 万元；另需购买一项专利权价值 10 万元，专利权的摊销期限为 10 年，在建设期末时投入；同时，建设期末需投入流动资金 5 万元开始生产。投资者要求的报酬率是 10%。投产后，每年预计外购原材料 20 万元，支付工资 15 万元，其他费用 5 万元，每年预计营业收入 80 万元，企业适用的所得税率为 25%，增值税率 17%，城建税率 7%，教育费附加率 3%。

如果你是财务经理，你认为该项目是否值得投资？谈一谈你的理由。

任务一　项目投资的认知

投资决策是企业最重要的决策之一。从某种意义上说，一个企业就是由一系列的投资项目所组成的。正确的投资可以为企业的发展提供杠杆效应，大大加速企业的发展；反之，投资失误也有可能将企业存在的种种弊端放大，甚而影响企业的生存。因而，投资决策对公司的成长发展有着至关重要的意义。

一、投资的含义

投资，是指特定经济主体（包括国家、企业和个人）为了在未来可预见的时期内获得收益或使资金增值，在一定时期向一定领域的标的物投放足够数额的资金或实物等货币等价物的经济行为。从特定企业角度看，投资就是企业为获取收益而向一定对象投放资金的经济行为。

二、投资的种类

投资按不同标志可分为以下类型：

1. 按照投资行为的介入程度，分为直接投资和间接投资。

直接投资，是指由投资人直接介入投资行为，即将货币资金直接投入投资项目，形成实物资产或者购买现有企业资产的一种投资。其特点是，投资行为可以直接将投资者与投资对象联系在一起。间接投资，是指投资者以其资本购买公债、公司债券、金融债券或公司股票等，以预期获取一定收益的投资，也称为证券投资。

2. 按照投入的领域不同，分为生产性投资和非生产性投资。

生产性投资，是指将资金投入生产、建设等物质生产领域中，并能够形成生产能力或可以产出生产资料的一种投资，又称为生产资料投资。这种投资的最终成果将形成各种生产性资产，包括固定资产投资、无形资产投资、其他资产投资、流动资金投资。其中，前三项属于垫支资本投资，后一项属于周转资本投资。非生产性投资，是指将资金投入非物质生产领域中，不能形成生产能力，但能形成社会消费或服务能力，满足人民的物质文化生活需要的一种投资。这种投资的最终成果是形成各种非生产性资产。

3. 按照投资的方向不同，分为对内投资和对外投资。

从企业的角度来看，对内投资就是项目投资，是指企业将资金投放于为取得供本企业生产经营使用的固定资产、无形资产、其他资产和垫支流动资金而形成的一种投资。对外投资，是指企业为购买国家及其他企业发行的有价证券或其他金融产品（包括：期货与期权、信托、保险），或以货币资金、实物资产、无形资产向其他企业（如联营企业、子公司等）注入资金而发生的投资。

4. 按照投资的内容不同，分为固定资产投资、无形资产投资、其他资产投资、流动资产投资、房地产投资、有价证券投资、期货与期权投资、信托投资和保险投资等多种形式。

三、投资的程序

企业投资的程序主要包括以下步骤：

1. 提出投资领域和投资对象。

这需要在把握良好投资机会的情况下，根据企业的长远发展战略、中长期投资计划和投资环境的变化来确定。

2. 评价投资方案的财务可行性。

在分析和评价特定投资方案经济、技术可行性的基础上，需要进一步评价其是否具备财务可行性。

3. 对各投资方案比较与选择。

在财务可行性评价的基础上，对可供选择的多个投资方案进行比较和选择。

4. 投资方案的执行。

即投资行为的具体实施，投资方案的再评价。在投资方案的执行过程中，应注意原来做出的投资决策是否合理、是否正确，一旦出现新的情况，就要随时根据变化的情况做出新的评价和调整。

任务二　项目投资现金流量的估算

一、项目投资及其特点

1. 项目投资的定义

项目投资是一种以特定建设项目为对象，直接与新建项目或更新改造项目有关的长期投资行为。本章所介绍的工业企业投资项目主要包括新建项目(含单纯固定资产投资项目和完整工业投资项目)和更新改造项目两种类型。

2. 项目投资的特点

项目投资与其他形式的投资相比，项目投资具有投资内容独特(每个项目都至少涉及一项固定资产投资)、投资数额大、影响时间长(至少一年或一个营业周期以上)、发生频率低、变现能力差和投资风险大的特点。

3. 项目投资的内容

从项目投资的角度看，原始投资(又称初始投资)等于企业为使该项目完全达到设计生产能力、开展正常经营而投入的全部现实资金，包括建设投资和流动资金投资两项内容。

建设投资，是指在建设期内按一定生产经营规模和建设内容进行的投资，具体包括固定资产投资、无形资产投资和其他资产投资三项内容。

固定资产投资，是指项目用于购置或安装固定资产应当发生的投资。固定资产原值与固定资产投资之间的关系如下：

固定资产原值 = 固定资产投资 + 建设期资本化借款利息。

无形资产投资，是指项目用于取得无形资产应当发生的投资。

其他资产投资，是指建设投资中除固定资产投资和无形资产投资以外的投资，包括生产准备和开办费投资。

流动资金投资，是指项目投产前后分次或一次投放于流动资产项目的投资增加额，又称垫支流动资金或营运资金投资。

项目总投资是反映项目投资总体规模的价值指标，等于原始投资与建设期资本化利息之和。

4. 项目计算期的构成

项目计算期(记作 n)，是指投资项目从投资建设开始到最终清理结束整个过程的全部时间，包括建设期和运营期(具体又包括投资期和达产期)。

其中:建设期(记作 s，$s \geqslant 0$) 是指项目资金正式投入开始到项目建成投产为止所需要的时间，建设期的第一年初称为建设起点，建设期的最后一年末称为投产日。

从投产日到终结点(项目计算期的最后一年年末称为终结点) 之间的时间间隔称为运营期(记作 p)，又包括试产期和达产期(完全达到设计生产能力) 两个阶段。试产期是指项目投入生产，但生产能力尚未完全达到设计生产能力时的过度阶段;达产期是指生产运营达到设计预期水平后的时间。运营期一般应根据项目主要设备的经济适用寿命期确定。

项目计算期、建设期和运营期之间有以下等式关系，即:

项目计算期(n) = 建设期(s) + 运营期(p)

项目计算期、建设期和运用期三者之间的关系可用图示表示为:

建设期	运营期

建设起点　　　　投产日　　　　　　　　　　　　终结点

【例 6 - 1】企业拟购建一项固定资产，建设期为一年，预计运营寿命为 10 年。

要求:确定该项目的项目计算期。

解答:项目计算期(n) = 1 + 10 = 11(年)

(五)项目投资资金的投入方式

原始投资的投入方式包括一次投入和分次投入两种形式。

一次投入方式是指投资行为集中一次发生在项目计算期第一个年度的年初或年末;如果投资行为涉及两个或两个以上年度，或虽然只涉及一个年度但同时在该年的年初和年末发生，则属于分次投入方式。

【例 6 - 2】A 企业拟新建一条生产线，需要在建设起点一次投入固定资产投资 200 万元，在建设期末投入无形资产投资 25 万元。建设期为 1 年，建设期资本化利息为 10 万元，全部计入固定资产原值。流动资金投资合计为 20 万元。

根据上述资料可计算该项目有关指标如下:

固定资产原值 = 200 + 10 = 210(万元)

建设投资 = 200 + 25 = 225(万元)

原始投资 = 225 + 20 = 245(万元)

项目总投资 = 245 + 10 = 255(万元)

二、项目投资现金流量分析

不同类型的投资项目，其现金流量的具体内容存在差异。

1. 单纯固定资产投资项目的现金流量

单纯固定资产投资项目是指只涉及到固定资产投资而不涉及无形资产投资、其他资产投资和流动资金投资的建设项目。它以新增生产能力，提高生产效率为特征。

(1)现金流入量。单纯固定资产投资项目的现金流入量包括:增加的营业收入;固定资产余值的收回等内容。

(2)现金流出量。单纯固定资产投资项目的现金流出量包括:固定资产投资;新增经营成本和增加的各项税款等内容。

2. 完整工业投资项目的现金流量

完整工业投资项目简称新建项目，是以新增工业生产能力为主的投资项目，其投资内容不仅包括固定资产投资，而且还包括流动资金投资。

(1)现金流入量。完整工业投资项目的现金流入量包括:营业收入、补贴收入、回收固定资产余值和回收流动资金。

(2)现金流出量。完整工业投资项目的现金流出量包括:建设投资、流动资金投资、经营成本、营业税金及附加、维持运营投资和调整所得税。

3. 固定资产更新改造投资项目的现金流量

固定资产更新改造投资项目可分为以恢复固定资产生产效率为目的的更新项目和以改善企业经营条件为目的的改造项目两种类型。

(1)现金流入量。固定资产更新改造投资项目的现金流入量包括:因使用新固定资产而增加的营业收入;处置旧固定资产的变现净收入和新旧固定资产回收固定资产余值的差额等内容。

(2)现金流出量。固定资产更新改造投资项目的现金流出量包括:购置新固定资产的投资;因使用新固定资产而增加的经营成本;因使用新固定资产而增加的流动资金投资和增加的各项税款等内容。其中，因提前报废旧固定资产所发生的清理净损失而发生的抵减当期所得税税额用负值表示。

三、计算投资项目现金流量时应注意的问题和相关假设

在计算现金流量时，为防止多算或漏算有关内容，需要注意以下几点:

1. 必须考虑现金流量的增量;2. 尽量用现有的会计利润数据;3. 不能考虑沉没成本因素;4. 充分关注机会成本;5. 考虑项目对企业其他部门的影响。

为克服确定现金流量的困难，简化现金流量的计算过程，本章特作以下假设:

1. 投资项目的类型假设

假设投资项目只包括单纯固定资产投资项目、完整工业投资项目和更新改造投资项目三种类型。

2. 财务可行性分析假设

假设投资决策是从企业投资者的立场出发，投资决策者确定现金流量就是为了进行项目财务可行性研究，该项目已经具备技术可行性和国民经济可行性。

3. 项目全投资假设

假设在确定项目的现金流量时，站在企业投资者的立场上，考虑全部投资的运动情况，而不具体分自有资金和借入资金等具体形式的现金流量。即使实际存在借入资金也将其作为自由资金对待(但在计算固定资产原值和总投资时，还需要考虑借款利息因素)。

4. 经营期与折旧年限一致假设

假设项目主要固定资产的折旧年限或使用年限与经营期相同。

5. 时点指标假设

为便于利用货币时间价值的形式，不论现金流量具体内容所涉及的价值指标实际上是时点指标还是时期指标，均假设按照年初或年末时点指标处理。其中，建设投资在建设期内有关年度的年初或年末发生，流动资金投资则在建设期最后一年末即经营期的第一年初发生；经营期内各年的营业收入、付现成本、折旧(摊销等)、利润、所得税等项目的确认均发生在年末；项目最终报废或清理均发生在和终结点(但更新改造项目除外)。

注:在项目计算期数轴上，0 表示第一年的年初，1 既代表第一年的年末，又代表第二年的年初，以下以此类推。

6. 确定性因素假设

在本章中，假定与项目现金流量有关的价格、产销量、成本水平、所得税税率等因素均为已知常数。

7. 产销平衡假设

在项目投资决策中，假定运营期同一年的产量等于该年的销售量。在这个假设下，设定按成本项目计算的当年成本费用等于按要素计算的成本费用。

四、现金净流量的确定

现金净流量(又称净现金流量)，是指在项目计算期内由每年现金流入量与同年现金流出量之间的差额所形成的序列指标。其理论计算公式为:

某年现金净流量 (NCF) = 该年现金流入量 - 该年现金流出量

$= CIt - COt(t = 0,1,2,\cdots)$

显然，现金净流量具有以下两个特征:第一，无论是在经营期内还是在建设期内都存在现金净流量这个范畴;第二，由于项目计算期不同阶段上的现金流入和现金流出发生的可能性不同，使得各个阶段上的现金净流量在数值上表现出不同的特点，如建设期内的现金净流量一般小于或等于零;在经营期内的现金净流量则多为正值。

现金净流量又包括所得税前现金净流量和所得税后现金净流量两种形式。其中，所得税前现金净流量不受融资方案和所得税政策变化的影响，是全面反映投资项目方案本身财务获利能力的基础数据。计算时，现金流出量的内容中不包括调整所得税因素;所得税后现金净流量则将所得税视为现金流出，可用于评价在考虑融资条件下项目投资对企业价值所做的贡献。可以在所得税前现金净流量的基础上，直接扣除调整所得税求得。

五、项目投资现金净流量的简化计算方法

为简化现金净流量的计算，可以根据项目的计算期不同阶段上的现金流入量和现金流出量具体内容，直接计算各阶段现金净流量。

(一)单纯固定资产投资项目

若单纯固定资产投资项目的固定资产投资均在建设期内投入，则建设期现金净流量可按以下简化公式计算:

建设期某年的现金净流量 = -该年发生的固定资产投资额

运营期现金净流量的简化公式为：

运营期某年所得税前现金净流量＝该年因使用该固定资产新增的息税前利润＋该年因使用该固定资产新增的折旧＋该年回收的固定资产净残值

运营期某年所得税后现金净流量＝运营期某年所得税前现金净流量－该年因使用该固定资产新增的所得税

【例6－3】已知企业拟购建一项固定资产，需要建设起点一次投入全部资金1 000万元，按直线法计提折旧，使用寿命10年，期末有100万元净残值。建设期为一年，发生建设期资本化利息100万元。预计投产后每年可获息税前利润100万元。

要求：用简化方法计算该项目的所得税前现金净流量。

解答：依题意计算有关指标如下：

固定资产原值＝固定资产投资＋建设期资本化利息

＝1 000＋100＝1 100（万元）

$$年折旧额=\frac{固定资产原值-净残值}{固定资产使用年限}=\frac{1\ 100-100}{10}=100（万元）$$

项目计算期＝建设期＋运营期＝1＋10＝11（年）

建设期某年现金净流量＝－该年发生的固定资产投资

NCF0＝－1 000万元

NCF1＝0万元

运营期某年所得税前现金净流量＝该年因使用该固定资产新增的息税前利润＋该年因使用该固定资产新增的折旧＋该年回收的固定资产净残值

NCF2－10＝100＋100＋0＝200（万元）

NCF11＝100＋100＋100＝300（万元）

【例6－4】某固定资产项目需要一次投入价款1 000万元，建设期为1年，建设期资本化利息为100万元。该固定资产可使用10年，按直线法计提折旧，期满有净残值100万元。投入使用后，可使运营期第1－10年每年产品销售收入（不含增值税）增加800万元，每年的经营成本增加400万元，营业税金及附加增加10万元。该企业适用的所得税税率为25%，不享受减免税待遇。

要求：分别按简化公式计算和按编制现金流量表两种方法计算该项目所得税前后的现金净流量（结果保留一位小数）。

解答：计算以下相关指标如下：

（1）项目计算期＝1＋10＝11（年）

（2）固定资产原值＝1 000＋100＝1 100（万元）

$$（3）年折旧额=\frac{固定资产原值-净残值}{固定资产使用年限}=\frac{1\ 100-100}{10}=100（万元）$$

（4）经营期第1－10年每年不含财务费用的总成本费用增加额＝400＋100＋10＝510（万元）

（5）经营期第1－10年每年增加的调整所得税前利润增加额＝800－510＝290（万元）

（6）经营期第1－10年每年增加的调整所得税＝290×25%＝72.5（万元）

净现金流量计算方法一：

按简化公式计算的运营期所得税前现金净流量为：

NCF2－10＝290＋100＝390(万元)

NCF11＝290＋100＋100＝490(万元)

简化公式计算的运营期所得税后现金净流量为：

NCF2－10＝290×(1－25%)＋100＝317.5(万元)

NCF11＝290×(1－25%)＋100＋100＝417.5(万元)

现金净流量计算方法二：

表6－1　　某固定资产投资项目现金流量表　　金额单位：万元

项目 计算期	建设期		运营期					合计
	0	1	2	3	……	10	11	
现金流入量	0	0	800	800	……	800	900	8 100
营业收入	0	0	800	800	……	800	800	8 000
回收固定资产余额	0	0	0	0	……	0	100	100
现金流出量	1 000	0	410	410	……	410	410	5 100
固定资产投 资	1 000	0	0	0	……	0	0	1 000
营业成本	0	0	400	400	……	400	400	4 000
营业税金及附加	0	0	10	10	……	10	10	100
所得税前 NCF	－1 000	0	390	390	……	390	490	4 000
所得税	0	0	72.5	72.5	……	72.5	72.5	725
所得税后 NCF	－1 000	0	317.5	317.5	……	317.5	417.5	3 275

由此可见，两种计算方法的结果完全一致。

任务三　项目投资的评价指标

一、投资决策评价指标及其类型

(一)评价指标的意义

投资决策评价指标，是指用于衡量和比较投资项目可行性，以便据以进行方案决策的定量标准与尺度，它由一系列综合反映投资效益、投入产出关系的量化指标构成。项目投资决策评价指标较多，这里主要从财务评价的角度介绍投资利润率、静态投资回收期、净现值、净现值率、现值指数、内含报酬率。

(二)评价指标的分类

1. 按其是否考虑货币时间价值分类

按其是否考虑货币时间价值，分为非折现评价指标和折现评价指标。非折现评价指标是指在计算过程不考虑货币时间表价值因素的指标，又称为静态指标，包括投资利润率、投资回收期。折现评价指标是指在计算过程中充分考虑和利用货币时间价值因素的指标，又称为动态指标，包括净现值、净现值率、现值指数和内含报酬率。

2. 按其性质不同分类

按其性质不同，分为正指标和反指标。投资利润率、净现值、净现值率、现值指数和内含报酬率属于正指标，在决策评价中，这些指标越大越好。投资回收期属于反指标，在决策评价中，指标值越小越好。

3. 按其在决策中所处的地位分类

按其在决策中所处的地位，分为主要指标、次要指标和辅助指标。净现值、净现值率、现值指数和内含报酬率属于主要指标，投资回收期属于次要指标，投资利润率属于辅助指标。

二、静态评价指标的含义、计算方法及特点

(一)静态投资回收期

1. 指标含义及决策标准

静态投资回收期是指以投资项目经营现金净流量抵偿原始投资所需要的全部时间。它有"包括建设期的投资回收期"和"不包括建设期的投资回收期"两种形式。一般而言投资回收期越短，方案就越有利。

若投资方案回收期小于期望回收期，则投资方案可行;若投资方案回收期大于期望回收期，则投资方案不可行。如果有两个或两个以上的方案均可行，应选择回收期最短的方案。

2. 指标计算方法

(1)公式法。采用公式法计算静态投资回收期的公式如下：

不包括建设期的回收期(PP) = 原始投资额/投产后前若干年每年相等的现金净流量

包括建设期的回收期(PP) = 不包括建设期的回收期 + 建设期

公式法适用条件是:项目投产后若干年内每年的现金净流量必须相等，并且这些年内的经营现金净流量之和应大于或等于原始投资。

【例 6 - 5】某项目有甲乙两个投资方案，有关资料如表 6 - 2 所示，判断能否应用公式法计算静态投资回收期，若能，计算出静态投资回收期。

表 6 - 2　　某项目甲、乙方案的对比表　　单位:万元

年份	0	1	2	3	4	5	6
甲方案	-200	80	80	80	80	120	120
乙方案	-200	50	50	50	150	150	200

甲方案：

初始投资 200 万元，现金净流量是前三年相等，3 × 80 = 240 万元 > 200 万元

所以甲方案可以利用公式法。

不包括建设期的回收期(PP) = 200 ÷ 80 = 2.5(年)

包括建设期的回收期限(PP) = 2.5 + 1 = 3.5(年)

乙方案：

前三年净现金流量也是相等的，但前三年净现金流量总和小于原始投资，所以不能用公式法。

(2)列表法(一般方法)。采用列表法计算静态投资回收期的公式如下：

包括建设期的投资回收期(PP) = 最后一项为负值的累计现金净流量对应的年数 + 最后一项为负值的累计现金净流量绝对值/下年现金净流量 = 累计现金净流量第一次出现正值的年份 - 1 + 该年初尚未回收的投资/该年现金净流量

【例 6 - 6】某投资项目的现金净流量为:NCF0 = - 100 万元, NCF1 = 0 万元, NCF2 = 30 万元, NCF3 = 30 万元, NCF4 = 40 万元, NCF5 = 60 万元, NCF6 = 80 万元。

要求按照列表法确定该项目的静态投资回收期。依题意列表 6 - 3。

表 6 - 3　　项目计算期的分析　　单位:万元

项目计算期	0	1	2	3	4	5	6
净现金流量	- 100	0	30	30	40	60	80
累计净现金流量	= 100	= 100	- 70	- 40	0	60	140

由于第 4 年的累计净现金流量为 0, 所以, 包括建设期的回收期 = 4(年), 不包括建设期的回收期 = 4 - 1 = 3(年)

3. 静态投资回收期的特点

(1) 优点:能够直观地反映原始投资的返本期限;便于理解, 计算简单;可以直观地利用回收期之前的净现金流量。

(2) 缺点:没有考虑货币时间价值因素;不能正确反映投资方式的不同对项目的影响;不考虑回收期满后继续发生的现金净流量。

(二) 投资利润率

1. 指标含义及决策标准

投资利润率又称投资报酬率, 指生产期正常年份的年息税前利润或运营期年均息税前利润占项目总投资的百分比。该指标决策标准通常是越高越好, 低于无风险投资报酬率的方案为不可行方案。

2. 指标计算方法

投资收益率(ROI) = 年息税前利润或年均息税前利润 ÷ 项目总投资 × 100%

注意:项目总投资等于原始投资加上建设期资本化利息。

【例 6 - 7】有一工业项目原始投资 800 万元, 建设期 2 年, 建设期发生与购建固定资产有关的资本化利息 200 万元, 项目运营期 5 年, 项目投资产后每年获息税前利润分别为 100 万元、200 万元、250 万元、300 万元、250 万元。请计算该项目的投资利润率指标。

投资利润率 = [(100 + 200 + 250 + 300 + 250) ÷ 5] ÷ (800 + 200) × 100% = 22%

3. 投资利润率的特点

投资利润率指标的优点:计算公式简单, 易于理解;使用会计数据, 易于取得;考虑了整个项目寿命期的全部利润。

投资利润率指标的缺点:没有考虑货币时间价值因素;不能正确反映建设期长短、投资方式的不同和回收额的有无等条件对项目的影响;分子、分母计算口径的可比性较差;该指标的计算无法直接利用现金净流量信息, 只能作为投资项目财务可行性分析的辅助指标。

三、动态评价指标的含义、计算方法及特点

(一)净现值

1. 指标含义及决策标准

净现值(NPV)是指在项目计算期内，按投资者要求的必要报酬率或资本成本率作为折现率计算的各年现金净流量现值的代数和。

计算公式为：

净现值(NPV) = 未来现金净流量现值 - 原始投资额现值

其实质为投资项目全部现金流入量现值之和与全部现金流出量现值之和之间的差额。

净现值指标的决策标准是：若净现值为正数，说明该投资项目是可行的，多个方案评价时净现值越大的方案为最佳方案；反之，若净现值为负数，则投资项目不可行。

2. 指标计算方法

$$净现值(NPV) = \sum_{t=1}^{n} NCFt \times (P/F, i, t)$$

式中，n 为项目计算期(包括建设期与经营期)；NCFt 为第 t 年的现金净流量；(P/F, i, t)为第 t 年、贴现率为 i 的复利现值系数。

若项目经营期内各年现金净流量相等，建设期等于零时，净现值计算公式为

$$NPV = A \times (P/A, i, t) - NCF0$$

式中，A 为各年的现金净流量；NCF0 为投资总额。

【例 6－8】某企业拟建一项固定资产，需投资 100 万元，建设资金分别于年初、年末各投入 50 万元，按直线法计提折旧，资产使用寿命为 10 年，期末无残值。该项工程于当年投产，预计投产后每年可获息税前利润 10 万元。假定该项目的行业基准折现率 10%。根据以上资料计算该项目的净现值(所得税前)。

NCF0 = －50(万元)

NCF1 = －50(万元)

NCF2－11 = 息税前利润 + 折旧 = 10 + 100/10 = 20(万元)

NPV = －50 －50 × (P/F, 10%, 1) + 20 × (P/A, 10%, 10) × (P/F, 10%, 1) = 16.26(万元)

3. 净现值的特点

净现值指标是一个贴现的绝对值正指标，其优点在于：一是考虑了货币时间价值，使方案的现金流入与现金流出具有可比性，增强了投资经济性的评价；二是考虑了项目计算期的全部现金净流量，体现了流动性与收益性的统一；三是考虑了投资风险性，因为贴现率的大小与风险大小有关，风险越大，贴现率就越高。其缺点在于：一是无法直接反映投资项目的实际收益率水平；二是各方案原始投资额不同时，不同方案的净现值实际上是不可比的。

(二)净现值率

1. 指标含义及决策标准

净现值率(NPVR)是投资项目的净现值占原始投资现值总额的百分比。

净现值率指标的决策标准是：净现值率是一个相对数指标，只有该指标大于或等于零的

投资项目才具有财务可行性。

2. 指标计算方法

净现值率(NPVR) = 净现值 ÷ 投资现值

【例 6 - 9】资料见【例 6 - 8】，求该项目的净现值率。

净现值率(NPVR)

= 16.26 ÷ [50 + 50 × (P/F , 10% , 1)] × 100% = 17%

3. 净现值率的特点

净现值率是一个折现的相对量评价指标，其优点在于可以从动态的角度反映项目投资的资金投入与净产出之间的关系，计算过程比较简单；其缺点是无法直接反映投资项目的实际收益率。

(三)现值指数

1. 指标含义及决策标准

所谓现值指数(PI)是指未来收益的现值总额和初始投资现值总额之比，其实质是每一元初始投资所能获取的未来收益的现值额。也叫获利能力指数，是在整个项目计算期内的现金净流量的现值之和与投资额的现值之比。

决策标准：若现值指数大于或等于 1 时，该方案可行；否则，方案不可行。若两个或两个以上投资方案的现值指数均大于 1，应选择现值指数最大的方案。

2. 指标计算方法

现值指数(PI) = 项目投产后各年现金净流量现值之和/原始投资现值

【例 6 - 10】假设【例 6 - 8】中相关条件不变，求该项目的现值指数。

现值指数(PI) = 20 × (P/A, 10%, 10) × (P/F, 10%, 1) ÷ [50 + 50 × (P/F, 10%, 1)] = 1.17

由于：净现值率 = 项目的净现值/原始投资现值合计 = (投产后各年现金净流量现值合计 - 原始投资现值合计)/原始投资现值合计 = 获利指数 - 1；

所以，获利指数 = 1 + 净现值率

例 9 和例 10 正验证这一关系。

3. 现值指数的特点

利用现值指数指标对项目的可行性进行分析的优点在于：一是考虑了资金的时间价值；二是克服了净现值对于投资额不同时决策不合理的缺陷。缺点是它和净现值一样，也无法直接反映投资项目的实际收益率。

(四)内部收益率

1. 指标含义及决策标准

内部收益率(IRR)，也称内含报酬率，即指项目投资实际可望达到的收益率。实质上，它是能使项目的净现值等于零时的折现率。内含报酬率反映了投资项目的实际报酬率。

该指标的决策原则：只有当该指标大于或等于基准收益率或资本成本的投资项目才具有财务可行性。

2. 指标计算方法

根据定义，内含报酬率满足下式：

令净现值(NPV) = $\sum_{t=1}^{n}$ NCFt ×(P/F, i, t) =0,

解得 :i 即为内含报酬率。

因为 IRR 为未知量，要使 NPV =0，应通过试算的方法进行求解，试算的过程为:任选一利率值代入试算，若结果大于零，进一步提高利率进行试算;或结果小于零，进一步降低利率进行试算。如此进行多次试算，如果代入试算的某一利率恰好使得上式值为零，则该利率就是所求内含报酬率;试算到某一利率使上式值小于零(或大于零)，再降低(或提高)一个百分点则上式值大于(或小于)零，则所求内含报酬率为两利率之间的一个值，可利用内插法进行求解。设满足上述条件的两利率分别为 R1、R2，所对应的净现值分别为 NPV1、NPV2，则利用内插法求得 IRR 为:

IRR = R1 + [(R1 - R2) ×(0 - NPV1)]/(NPV1 - NPV2)

【例 6 - 11】已知某投资项目的现金净流量为:NCF0 = -1 000 万元，NCF1 =0 万元，NCF2 -8 =360 万元，NCF9 -10 =250 万元，NVF11 =350 万元。计算该项目的内部收益率。

NPV = -1 000 +360 ×(P/A, IRR, 7) ×(P/F, IRR, 1) +250 ×(P/F, IRR, 9) +250 ×(P/F, IRR, 10) +350 ×(P/F, IRR, 11) =0

根据逐步测试法的要求，自行设定折现率并计算净现值，据此判断调整折现率。经过 5 次测试，得到以下数据(计算过程略)，如表 6 -4。

表 6 -4　　净现值计算结果

测试次数	IRR	NPV
1	10%	918.3839
2	30%	-192.7991
3	20%	217.3128
4	24%	39.3177
5	26%	-30.1907

利用内插法计算 IRR:

折现率　　净现值

24%　　39.3177

IRR　　0

26%　　-30.1907

(IRR -26%)/(24% -26%) = [0 - (-30.1907)]/[39.3177 - (-30.1907)]

解方程得:IRR =25.0223%

3. 内部收益率的特点

内部收益率指标的优点是:一能从动态的角度直接反映投资项目的实际收益水平;二是计算过程不受基准收益率高低的影响，比较客观。其缺点在于:一是计算过程复杂，比较麻烦;二是当运营期出现大量追加投资时，有可能导致多个内部收益率出现，或偏高或偏低，缺乏实际意义。

净现值、净现值率、获利指数和内部收益率指标之间存在同方向变动关系。即:

(1)当净现值 >0 时，净现值率 >0，获利指数 >1，内部收益率 >基准收益率。

(2)当净现值=0时，净现值率=0，获利指数=1，内部收益率=基准收益率。

(3)当净现值<0时，净现值率<0，获利指数<1，内部收益率<基准收益率。

这些指标的计算结果都受到建设期和经营期的长短、投资金额及方式以及各年现金净流量的影响。所不同的是净现值为绝对数指标，其余为相对数指标；计算净现值、净现值率和现值指数所依据的贴现率都是事先已知的，而内含报酬率的计算本身与贴现率的高低无关。

任务四 项目投资的评价指标的应用

项目投资决策的关键，就是合理选择适当的决策方法，利用投资决策评价指标作为决策的标准，作出最终的投资决策。

一、独立方案财务可行性评价及投资决策

独立方案是指在财务管理中，一组互相分离、互不排斥的方案。在独立方案中，选择某一方案并不排斥选择另一方案。就一组完全独立的方案而言，其存在的前提条件是：一是投资资金源无限制；二是投资资金无优先使用的排列；三是各投资方案所需的人力、物力均能得到满足；四是不考虑地区、行业之间的相互关系及其影响；五是每一投资方案是否可行，仅取决于本方案的经济效益，与其他方案无关。

如企业拟进行几项投资活动如扩建生产车间、购置一辆运输汽车、新建办公楼等。这些项目之间没有什么关联，互相独立，并不存在相互比较和选择的问题。企业既可以全部不接受，也可以接受其中某一项目，或者接受多个或全部项目。对于单一投资项目，评价其财务可行性也就是对其做出最终决策的过程。

对于这方面的决策就是要判断某一个方案是否具备财务可行性。不同的指标评价结果可能会不一致，这样就会出现评价的财务可行性程度的差异。根据差异的程度，方案的财务可行性有四种情况：即完全具备财务可行性、基本具备财务可行性、基本不具备财务可行性和完全不具备财务可行性。

1. 完全具备财务可行性的条件

如果某一投资项目的评价指标同时满足以下条件，则可以断定该投资项目无论从哪个方面看都完全具备财务可行性，应当接受此投资方案。这些条件是：

净现值 NPV≥0，净现值率 NPVR≥0，获利指数 PI≥1，内部收益率 IRR≥基准折现率(或期望报酬率)

包括建设期的静态投资回收期 PP $\leq \frac{n}{2}$(即项目计算期的一半)

不包括建设期的静态投资回收期 PP′$\leq \frac{p}{2}$(即运营期的一半)

投资利润率 ROI≥基准投资收益率 i

2. 基本具备财务可行性的条件

若主要指标处于可行区间(净现值 NPV≥0，净现值率 NPVR≥0，获利指数 PI≥1，内部收益率 IRR≥基准折现率)，而次要或辅助指标处于不可行区间(PP $> \frac{n}{2}$或$\frac{p}{2}$；ROI < 基准投

资收益率 i)，则基本具备财务可行性。

3. 基本不具备财务可行性的条件

若主要指标结论处于不可行区间，而次要或辅助指标处于可行区间，则基本不具备财务可行性。

4. 完全不具备财务可行性的条件

若主要指标处于不可行区间，次要或辅助指标也处于不可行区间，则完全不具备财务可行性。

在对独立方案进行财务可行性评价的过程中，当次要或辅助指标与主要指标的评价结论发生予盾时，应当以主要指标的结论为准。只有完全具备或基本具备财务可行性的方案，才可以接受；完全不具备或基本不具备财务可行性的方案，只能“拒绝”。

在对单个投资项目进行财务可行性评价过程中，除了掌握上述基本判定条件外，还必须注意以下两点：一是主要指标在评价财务可行性的过程中起主导作用。在对单个投资项目进行财务可行性评价和投资决策的过程中，当静态的投资回收期或投资利润率的评价结论与净现值等主要指标的评价结论发生矛盾时，应当以主要指标为主；二是利用动态指标对同一个投资项目进行评价和决策，会得出完全相同的结论，即在运用净现值、净现值率、现值指数和内部收益率指标进行评价时，得出的结论是一致的。

【例 6-12】某固定资产投资项目只有一个方案，其原始投资为 1 000 万元，项目计算期为 11 年(其中生产经营期为 10 年)，基准投资收益率为 9.5%，行业基准折现率为 10%。

有关投资决策评价指标如下：ROI = 10%，PP = 6 年，PP′ = 5 年，NPV = 162.65 万元，NPVR = 17.04%，PI = 1.1704，IRR = 12.73%。

要求：评价该项目的财务可行性。

解答：

ROI = 10% > i = 9.5%，PP = 5 年 = $\frac{p}{2}$，NPV = +162.65 万元 > 0

NPVR = 17.04% > 0，PI = 1.1704 > 1，IRR = 12.73% > i = 10%

该方案基本上具有财务可行性(尽管 PP = 6 年 > $\frac{n}{2}$ = 5.5 年，超过基准回收期)。

因为该方案各项主要指标均达到或超过相应标准，所以基本上具有财务可行性，只是包括建设期的投资回收期较长，有一定风险。如果条件允许，可实施投资。

二、多个互斥方案的比较决策

(一)相关概念

互斥方案是指互相关联、互相排斥的方案，即一组方案中的各个方面彼此可以相互代替，采纳方案组中的某一方案，就会自动排斥这组方案中的其他方案。

多个互斥方案比较决策是指在每一个入选方案已具备财务可行性的前提下，利用具体决策方法比较各个方案的优劣，利用评价指标从各个备选方案中最终选出一个最优方案的过程。

项目投资多方案比较决策的方法是指利用特定评价指标作为决策标准或依据的各种方法的统称，主要包括净现值法、净现值率法、差额投资内部收益率法、年等额净回收额法和计算期统一法等具体方法。

(二)决策方法

1. 净现值法

净现值法，是指通过比较所有已具备财务可行性投资方案的净现值指标的大小来选择最优方案的方法。这种方法适用于原始投资相同且项目计算期相等的多方案比较决策。在此法下，净现值最大的方案为优。

【例6－13】华西公司某个固定资产投资项目需要原始投资100 000元，有A、B、C、D四个互相排斥的备选方案可供选择，各方案的净现值分别为262 680元、337 316元、288 765元和314 532元。要求按净现值法进行比较决策。

(1)首先评价方案的财务可行性：因为四方案的净现值均大于零，所以都具有财务可行性。

(2)其次按净现值法进行比较；B方案的净现值 > D方案的净现值 > C方案的净现值 > A方案的净现值。

因此，B方案为最优，其次为D方案，再次为C方案，最差为A方案。

2. 净现值率法

净现值率法，是指通过比较所有投资方案的净现值率指标的大小来选择最优方案的方法。在此法下，净现值率最大的方案为优。

【例6－14】A项目与B项目为互斥方案，它们的计算期相同。A项目的原始投资的现值为100万元，净现值为29.97万元；B项目的原始投资的现值为100万元，净现值为24万元。要求：计算两方案的净现值率，并用净现值率法进行决策。

A项目与B项目的净现值率为：

A项目的净现值率 $=29.97\div100\approx0.3=29.97\%$(比率应按百分比表示)

B项目的净现值率 $=-24\div100\approx0.24=24\%$

在净现值率法下，因为A项目的净现值率大于B项目的净现值率，所以A项目优于B项目。

通过计算可以看出，采用净现值率法和净现值法得到完全相同的结论。但投资额不相同时，情况就不相同了。由于两个项目的原始投资额不相同，可能导致两种方法的决策结论相互矛盾。如果项目的基准折现率相同，则按净现值率法进行比较；否则净现值法将更具合理性。

3. 差额投资内部收益率法

差额投资内部收益率法，是指在两个原始投资额不同方案的差量现金净流量的基础上，计算出差额内部收益率，并与行业基准折现率进行比较，进而判断方案优劣的方法。

这种方法需要注意三个问题：

(1)适用范围。该法适用于两个原始投资不相同，但项目计算期相同的多方案比较决策。

(2)决策指标计算。差额内部收益率的计算与内部收益率指标的计算方法是一样的，只不过所依据的是差量现金净流量。

(3)决策原则：当差额内部收益率指标大于或等于行业基准收益率或设定折现率时，原始投资额大的方案较优；反之，则投资少的方案为优。

该法经常被用于更新改造项目的投资决策中，当差额内部收益率大于或等于基准折现率或设定折现率时，应当进行更新改造;反之，就不应当进行更新改造。

【例6－15】A项目原始投资的现值为150万元，1～10年的现金净流量为29.29万元;B项目的原始投资额为100万元，1～10年的现金净流量为20.18万元。行业基准折现率为10%。要求:(1)计算差量现金净流量△NCF;(2)计算差额内部收益率△IRR;(3)用差额投资内部收益率法决策。

(1)差量现金净流量

△NCF0＝－150－(－100)＝－50(万元)

△NCF1－10＝29.19－20.18＝9.11(万元)

(2)差额内部收益率△IRR

(P/A，△IRR，10)＝50/9.11≈5.4885

因为(P/A，12%，10)＝5.6502＞5.4885

(P/A，14%，10)＝5.2161＜5.4885

所以12%＜△IRR＜14%，应用内插法:

折现率	年金现值系数
12%	5.6502
IRR	5.4885
14%	5.2161

IRR＝12.74%

(3)用差额投资内部收益率法决策

因为△IRR＝12.74%＞ ＝10%

所以应当投资A项目较优。

4.年等额净回收额法

年等额净回收额法，是指通过比较所有投资方案的年等额净回收额(NA)指标的大小来选择最优方案的方法，通常年等额净回收额最大的方案为优。该方法适用于原始投资不同，特别是项目计算期不同的多方案比较决策。

年等额净回收额，实际上就是把一个方案的净现值平均分摊到项目计算期的各年。我们前面已经提到，净现值是反映一个项目总体盈利情况的指标，而年等额净回收额，实际上就是把反映项目总体盈利能力的指标，调整为每年盈利情况的指标。

计算步骤如下:

首先，计算净现值NPV;

其次，用净现值除以年金现值系数(注意期数使用计算期)，得出:

年等额净回收额 A＝NPV·(A/P，i，n)

或 A＝NPV/(P/A，i，n)

最后，根据年等额净回收额进行决策。

【例6－16】某企业拟投资建设一条新生产线。现有三个方案可供选择:A方案的原始投资为1 250万元，项目计算期为11年，净现值为958.7万元;B方案的原始投资为1 100万元，项目计算期为10年，净现值为920万元;C方案的净现值为－12.5万元。行业基准折现率为10%。要求:(1)判断每个方案的财务可行性;(2)用年等额净回收额法作出最终的投资决策(计算结果保留两位小数)。

(1)判断方案的财务可行性

因为A方案和B方案的净现值均大于零，所以这两个方案具有财务可行性。

而C方案的净现值小于零，所以C方案不具有财务可行性。

(2)比较决策

A方案的年等额净回收额958.7/(P/A, 10%, 11) = 147.6(万元)

B方案的年等额净回收额 = 920/(P/A, 10%, 10) = 149.72(万元)

所以B方案优于A方案。

5. 计算期统一法

计算期统一法，是指通过对计算期不相等的多个互斥方案选定一个共同的计算分析期，以满足时间可比性的要求，进而根据调整后的评价指标来选择最优方案的方法。包括两种具体的处理方法。

(1)方案重复法(计算期最小公倍数法)

这种方法，是将各方案计算期的最小公倍数作为比较方案的计算期，进而调整有关指标，并据此进行多方案决策的一种方法。

根据所调整的指标不同可分为两种方式:

第一种方式(重复现金净流量):将各方案计算期的各年现金净流量进行重复计算，直到与最小公倍数计算期相等;然后，再计算有关评价指标;最后，根据调整后的评价指标进行方案的比较选择(该方法比较麻烦，不常用)。

例如:A方案计算期为2年，投资额为60万元，运营期为2年，每年的现金净流量均为50万元;B方案计算期为4年，投资额为100万元，运营期为4年，每年的现金净流量均为40万元。则计算期的最小公倍数为4，然后，将A方案的现金净流量重复1次，就将两个方案的计算期统一起来了。根据按照最小公倍数确定的计算期内的各年现金净流量，就可以计算有关的评价指标，并据以进行决策(假设折现率为10%)。

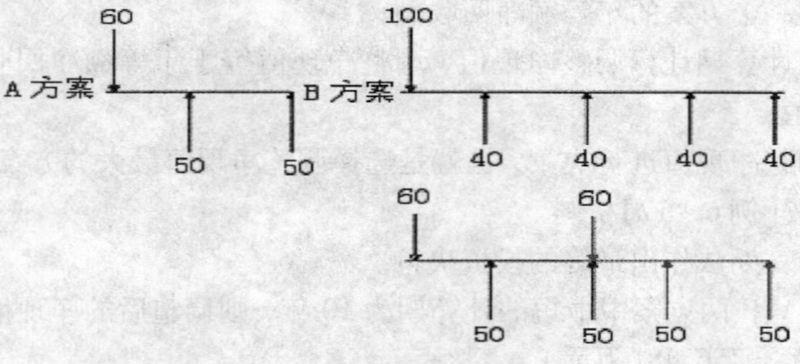

A方案调整后的 NPV = -60 - 60 × (P/F, 10%, 2) + 50 × (P/A, 10%, 4) = 48.91(万元)

B方案的 NPV = -100 + 40 × (P/A, 10%, 4) = 26.80(万元)

所以A方案优于B方案。

第二种方式(重复净现值):直接计算每个方案项目原计算期内的评价指标(主要指净现值)，再按照最小公倍数原理对其折现，并求代数和，最后根据调整后的净现值指标进行方案的比较选择。

【例6-17】A、B方案的计算期分别为10年和15年，有关资料如表6-5所示。

基准折现率为12%。

表6－5　净现金流量资料　单位:万元

年份	1	2	3	4—9	10	11—14	15	净现值
方案A	－700	－700	480	480	600	－	－	756.48
方案B	－1 500	－1 700	－800	900	900	900	1 400	795.54

依题意，A方案的项目计算期为10年，B方案的项目计算期为15年，两个方案计算期的最小公倍数为30年。在此期，A方案重复两次，而B方案只重复一次，则调整后的净现值指标为：

NPVA ＝756.48＋756.48×(P/F，12%，10)＋756.48×(P/F，12%，20)＝1 078.47(万元)

NPVB ＝795.54＋795.54×(P/F，12%，15)＝940.88(万元)

NPVA ＝1 078.47＞ NPVB ＝940.88(万元)

所以A方案优于B方案。

运用方案重复法，在项目计算期相差很大的情况下，由于确定的最小公倍数较大，所以计算就很复杂。比如，四个互斥方案的计算期分别为15、25、30、50年，最小公倍数就是150年。采用方案重复法，第一个方案就要重复9次，显然非常复杂。为了克服方案重复法的缺点，于是提出了另一种计算期统一方法——最短计算期法。

(2)最短计算期法

最短计算期法又称最短寿命期法，是指在将所有的净现值均还原为年等额回收额的基础上，再按照最短的计算期来计算出相应净现值，进而根据调整后的净现值指标进行多方案比较决策的一种方法。

最短计算期法的计算步骤：

第一步:计算每一个方案的净现值；

第二步:计算每一个方案的年等额净回收额；

第三步;以最短计算期计算调整净现值，调整净现值等于年等额净回收额按照最短计算期所计算出的净现值；

第四步:根据调整净现值进行决策，也就是选择调整净现值最大的方案。

【例6－18】仍按【例6－17】资料。

要求:用最短计算期法作出最终的投资决策。

解答:依题意，A、B两方案中最短的计算期为10年，则调整后的净现值指标为：

NPVA″＝ NPVA ＝756.48(万元)

NPVB″＝ NPVB×(A/P，12%，15)×(P/A，12%，10)

＝795.54×(A/P，12%，15)×(P/A，12%，10)

＝659.97(万元)

NPVA″＝756.48＞ NPVB″＝659.97(万元)

所以A方案优于B方案。

采用这种方法，对于具有最短计算期的方案而言，其调整净现值与非调整净现值是一样的。在计算调整净现值时，只考虑最短计算期内的年等额净回收额，对于最短计算期之外的年等额净回收额则不予考虑。

三、多方案组合排队投资决策

(一)组合或排队方案的含义

如果一组方案中既不属于相互独立，又不属于相互排斥，而是可以实现任意组合或排队，则这些方案被称作组合或排队方案。独立方案和互斥方案属于两种极端的情况，组合或排队方案是处于两者之间的一种情况。

(二)组合或排队方案决策的含义

这类决策分两种情况：

1. 在资金总量不受限制的情况下，可按每一项目的净现值 NPV 大小排队，确定优先考虑的项目顺序。

2. 在资金总量受到限制时，则需按净现值率 NPVR 或获利指数 PI 的大小，结合净现值 NPV 进行各种组合排队，从中选出能使 $\sum$NPV 最大的最优组合。

(三)组合或排队方案决策的程序

在主要考虑投资效益的条件下，多方案比较决策的主要依据，就是能否保证在充分利用资金的前提下，获得尽可能多的净现值总量。组合排队决策包括两个方面的含义：一是确定方案组合；二是对该组合内的方案进行排队。

【例 6－19】A、B、C、D、E 五个投资项目为非互斥方案，有关原始投资额、净现值、净现值率和内部收益率数据如表 6－6 所示。

表 6－6　五个投资项目的原始数据表

项目	原始投资	净现值	净现值率	内部收益率
A	300	120	0.4	18%
B	200	40	0.2	21%
C	200	100	0.5	40%
D	100	22	0.22	19%
E	100	30	0.3	35%

要求：分别就以下不相关情况作出多方案组合决策。

1. 投资总额不受限制。此时选择所有净现值大于等于零的项目。当投资总额不受限制或限额大于或等于 90 万元时，最佳投资组合方案为 A＋C＋B＋E＋D。

2. 投资总额受到限制，分别为 100、200、300、400、450、500、600、700 和 800 万元。

投资总额受到限制时，首先按照各方案净现值率的大小排序，并计算累计原始投资和累计净现值数据。其结果如表 6－7 所示。

表 6-7　　投资总额收到限制时的情况表

顺序	项目	原始投资	累计原始投资	净现值	累计净现值
1	C	200	200	100	100
2	A	300	500	120	220
3	E	100	600	30	250
4	D	100	700	22	272
5	B	200	900	40	312

根据上表数据按投资组合决策原则作如下决策：

①当限定投资总额为 100 万元时，只能上 E 项目。

②当限定投资总额为 200 万元时，只能上 C 项目。

③当限定投资总额为 300 万元时，最优投资组合为 C+E。

④当限定投资总额为 400 万元时，最优投资组合为 C+E+D。

⑤当限定投资总额为 450 万元时，最优投资组合为 C+E+D。

⑥当限定投资总额为 500 万元时，最优投资组合为 C+A。

⑦当限定投资总额为 600 万元时，最优投资组合为 C+A+E。

⑧当限定投资总额为 700 万元时，最优投资组合为 C+A+E+D。

⑨当限定投资总额为 800 万元时，最优投资组合为 C+A+E+B。

【课后专业测评】

一、单项选择题

1. 某投资项目投产后预计第一年流动资产需用额为 100 万元，流动负债需用额为 80 万元，第二年流动资产需用额 120 万元，流动负债需用额 90 万元，则第二年的流动资金投资额为(　　)万元。

A. 30　　B. 20　　C. 10　　D. 0

2. 某项目投资需要的固定资产投资额为 100 万元，无形资产投资 10 万元，流动资金投资 5 万元，建设期资本化利息 2 万元，则该项目的原始总投资为(　　)万元。

A. 117　　B. 115　　C. 110　　D. 100

3. 关于估计现金流量应当考虑的问题中说法错误的是(　　)。

A. 必须考虑现金流量的总量　　B. 尽量利用现有会计利润数据

C. 充分关注机会成本　　D. 不能考虑沉没成本

4. 在考虑所得税的情况下，计算项目的现金流量时，不需要考虑(　　)的影响。

A. 更新改造项目中旧设备的变现收入

B. 因项目的投产引起的企业其他产品销售收入的减少

C. 固定资产的折旧额

D. 以前年度支付的研究开发费

5. 某企业投资方案 A 的年销售收入为 200 万元，年总成本为 100 万元，年折旧为 10 万元，无形资产年摊销额为 10 万元，所得税率为 40%，则该项目经营现金净流量为(　　)。

A. 80 万元　　B. 92 万元　　C. 60 万元　　D. 50 万元

6. 某企业打算变卖一套尚可使用6年的旧设备，并购置一台新设备替换它，旧设备的账面价值为510万元，变价净收入为610万元，新设备的投资额为915万元，到第6年末新设备的预计净残值为15万元，旧设备的预计净残值为10万元，则更新设备每年增加 折旧额为(　　)万元。

A. 66.67　　B. 50　　C. 48.33　　D. 49.17

7. (　　)属于项目评价中的辅助指标。

A. 静态投资回收期　　B. 投资利润率

C. 内部收益率　　D. 获利指数

8. 已知甲项目的原始投资额为800万元，建设期为1年，投产后1至5年的每年净现金流量为100万元，第6至10年的每年净现金流量为80万元，则该项目不包括建设期的静态投资回收期为(　　)年。

A. 7.5　　B. 9.75　　C. 8.75　　D. 7.65

9. 某项目投资的原始投资额为100万元，建设期资本化利息为5万元，投产后年均利润为10万元，则该项目的投资利润率为(　　)。

A. 9.52%　　B. 10%　　C. 15%　　D. 5%

10. 在NCF0不等于0的情况下，使用插入函数法计算的项目的内含报酬率为10%，则项目实际的内含报酬率为(　　)。

A. 等于10%　　B. 大于10%　　C. 小于10%　　D. 无法确定

11. 净现值、净现值率和获利指数指标共同的缺点是(　　)。

A. 不能直接反映投资项目的实际收益率

B. 不能反映投入与产出之间的关系

C. 没有考虑资金的时间价值

D. 无法利用全部净现金流量的信息

12. 下列(　　)指标的计算与行业基准收益率无关。

A. 净现值　　B. 净现值率　　C. 获利指数　　D. 内部收益率

13. 如果某投资项目建设期为0，生产经营期为8年，基准投资利润率为5%，已知其净现值为80万元，静态投资回收期为5年，投资利润率为3%，则可以判断该项目(　　)。

A. 完全具备财务可行性　　B. 完全不具备财务可行性

C. 基本具有财务可行性　　D. 基本不具备财务可行性

14. 某投资项目的项目计算期为5年，没有建设期，投产后每年的净现金流量均为100万元，原始总投资150万元，资金成本为10%，(P/A,10%,5)=3.791，则该项目的年等额净回收额约为(　　)万元。

A. 100　　B. 60.43　　C. 37.91　　D. 50

15. 某投资方案，当贴现率为16%时，其净现值为38万元，当贴现率为18%时，其净现值率为-22万元。该方案的内部收益率(　　)。

A. 大于18%　　B. 小于16%

C. 介于16%与18%之间　　D. 无法确定

二、多项选择题

1. 项目投资与其他形式的投资相比，具有以下特点(　　)。

A. 投资金额大　　B. 影响时间长

C. 变现能力差　　D. 投资风险小

2. 原始总投资包括(　　)。

A. 固定资产投资　　B. 开办费投资

C. 资本化利息　　D. 流动资金投资

3. 单纯固定资产投资项目的现金流出量包括(　　)。

A. 固定资产投资　　B. 流动资金投资

C. 新增经营成本　　D. 增加的各项税款

4. 与项目相关的经营成本等于总成本扣除(　　)后的差额。

A. 折旧　　B. 无形资产摊销

C. 开办费摊销　　D. 计入财务费用的利息

5. 关于项目投资决策中的现金流量表与财务会计的现金流量表说法正确的是(　　)。

A. 项目投资决策中的现金流量表反映的是项目生产经营期的现金流量

B. 财务会计中的现金流量表反映的是一个会计年度的现金流量

C. 二者的勾稽关系不同

D. 二者的信息属性相同

6. 项目投资的评价指标中按照指标的性质可以分为(　　)。

A. 正指标　　B. 反指标　　C. 绝对量指标　　D. 相对量指标

7. 静态投资回收期和投资利润率指标共同的缺点包括(　　)。

A. 没有考虑资金的时间价值

B. 不能正确反映投资方式的不同对项目的影响

C. 不能直接利用净现金流量信息

D. 不能反映原始投资的返本期限

8. 计算净现值时的折现率可以是(　　)。

A. 投资项目的资金成本　　B. 投资的机会成本

C. 社会平均资金收益率　　D. 银行存款利率

9. 净现值计算的一般方法包括(　　)。

A. 公式法　　B. 列表法

C. 逐步测试法　　D. 插入函数法

10. 下列说法正确的是(　　)。

A. 在其他条件不变的情况下提高折现率会使得净现值变小

B. 在利用动态指标对同一个投资项目进行评价和决策时，会得出完全相同的结论

C. 在多个方案的组合排队决策中，如果资金总量受限，则应首先按照净现值的大小进行排队，然后选择使得净现值之和最大的组合

D. 两个互斥方案的差额内部收益率大于基准收益率则原始投资额大的方案为较优方案

三、判断题

1. 完整的项目计算期包括试产期和达产期。(　　)

2. 投资总额就是初始投资，是指企业为使项目完全达到设计的生产能力、开展正常经营而投入的全部现实资金。(　　)

3. 对于单纯固定资产投资项目来说，如果项目的建设期为0，则说明固定资产投资的投资方式是一次投入。(　　)

4. 项目投资决策中所使用的现金仅是指各种货币资金。(　　)

5. 基于全投资假设，项目投资中企业归还借款本金不作为现金流出处理，但是企业支付利息需要作为现金流出处理。(　　)

6. 在计算项目的现金流入量时，以营业收入替代经营现金流入是由于假定年度内没有发生赊销。(　　)

7. 经营成本的节约相当于本期现金流入的增加，所以在实务中将节约的经营成本列入现金流入量中。(　　)

8. 经营期某年的净现金流量 = 该年的经营净现金流量 + 该年回收额。(　　)

9. 已知项目的获利指数为1.2，则可以知道项目的净现值率为2.2。(　　)

10. 内含报酬率是使项目的获利指数等于1的折现率。(　　)

四、计算题

1. 某工业项目需要原始投资130万元，其中固定资产投资100万元(全部为贷款，年利率10%，贷款期限为6年)，开办费投资10万元，流动资金投资20万元。建设期为2年，建设期资本化利息20万元。固定资产投资和开办费投资在建设期内均匀投入，流动资金于第2年末投入。该项目寿命期10年，固定资产按直线法计提折旧，期满有10万元净残值；开办费自投产年份起分5年摊销完毕。预计投产后第一年获10万元利润，以后每年递增5万元；流动资金于终结点一次收回。

要求：

(1)计算项目的投资总额；

(2)计算项目计算期各年的现金净流量；

(3)计算项目的包括建设期的静态投资回收期。

2. 甲企业拟建造一项生产设备，预计建设期为1年，所需原始投资100万元于建设起点一次投入。该设备预计使用寿命为4年，使用期满报废清理时残值5万元。该设备折旧方法采用双倍余额递减法。该设备投产后每年增加净利润30万元。假定适用的行业基准折现率为10%。

要求：

(1)计算项目计算期内各年的现金净流量；

(2)计算该项目的净现值、净现值率、获利指数；

(3)利用净现值指标评价该投资项目的财务可行性。

项目七　证券投资管理

【知识要点】

1. 掌握股票和债券的价值及收益率的计算；
2. 理解证券投资的种类、特点与原因；
3. 理解证券投资组合的策略和方法；
4. 了解证券投资组合意义、风险和收益率。

【能力目标】

1. 能够正确计算股票的价值和收益率；
2. 能够正确的计算债券的价值和收益率；
3. 能区分证券投资的种类，分析其特点和原因；
4. 能正确运用证券投资组合的策略和方法。

【案例导入】

钱塘公司的证券投资

钱塘公司是一家大型制造业企业。2000年初，公司领导召开会议，集体通过了利用手中多余资金1 500万元对外投资，以获投资收益的决定。经分析、整理调研资料，拟定以下可供公司选择的投资对象：(1)国家发行七年期国债，每年付息一次，且实行浮动利率。第一年利率为2.63%，以后每年按当年银行存款利率加利率差0.38%计算支付利息。(2)交通集团发行十年期重点企业债券，票面利率为10%，每半年付息一次。(3)春兰股份，中期预测每股收益0.45元，股票市场价格22.50元/股。总股本30 631万股，流通股7 979万股。公司主营：设计制造空调制冷产品，空调使用红外摇控。财务状况十分稳重，公司业绩良好，但成长性不佳。(4)格力电器，中期预测每股收益0.40元，股票市场价格为17.00元/股。总股本 29 617 万股，流通股 21 676 万股。公司主营：家用电器、电风扇、清洁卫生器具。公司空调产销量居国内第一位，有行业领先优势，尤其是出口增长迅速，比去年出口增长 70.7%，经营业绩稳定增长。

请分析：①面对上述可供选择的投资方案，如果钱塘公司为了扩大经营规模，实现规模效应，应如何进行投资组合，且分散或避免投资风险？②如果钱塘公司仅为获得投资收益，应如何进行投资组合，且分散或避免投资风险？

任务一　证券投资的认知

一、证券的含义及其种类

证券是指用以证明或设定权利所做成的书面凭证，它表明证券所有人或第三者有权取得该证券所拥有的特定权益。

二、证券的种类

证券按不同的分类标准可以分为不同种类：

1. 按照证券所体现的权益关系分

所有权债券和债权证券。

所有权证券是指证券的持有人便是证券发行单位的所有者的证券，如股票；债权证券是指证券的持有人是证券发行单位的债权人的证券，如债券。

2. 按照证券发行主体不同分

政府证券、金融证券和公司证券。政府证券是中央政府或地方政府为筹集资金而发行的证券；金融证券是银行或非银行金融机构为筹集资金而发行的证券；公司证券是公司为筹集资金而发行的证券。

3. 按照证券到期日的长短不同分

短期证券和长期证券。

短期证券是指到期日短于一年的证券；长期证券是到期日长于一年的证券。

4. 按照证券收益的决定因素分

原生证券和衍生证券。

原生证券的收益大小主要取决于发行者的财务状况；衍生证券（包括期货合约和期权合约两种基本类型），其收益取决于原生证券的价格。

5. 按照证券收益稳定性的不同分

固定收益证券和变动收益证券。

固定收益证券在证券票面规定有固定收益率；变动收益证券的收益情况随企业经营状况而改变。

6. 按照募集方式的不同分

公募证券和私募证券。

公募证券，又称公开发行证券，是指发行人向不特定的社会公众广泛发售的证券；私募证券，又称内部发行证券，是指面向少数特定投资者发行的证券。

三、证券投资的含义、目的和特征

1. 证券投资的含义

证券投资是指投资者将资金投资于股票、债券、基金及衍生证券等资产，从而获取收益的一种投资行为。

2. 企业证券投资的目的

(1)暂时存放闲置资金。证券投资在多数情况下都是出于预防的动机，以替代较大量的非盈利的现金余额。

(2)满足季节性经营对现金的需求。从事季节性经营的公司在资金有剩余的月份可以投资证券，而在资金短缺的季节将证券变现。

(3)满足未来的财务需求。企业根据未来对资金的需求，可以将现金投资于期限和流动性较为恰当的证券，在满足未来需求的同时获得证券带来的收益。

(4)与长期资金相配合。处于成长期或扩张期的公司一般每隔一段时间就会发行长期证券，所获得的资金往往不会一次用完，企业可将暂时闲置的资金投资于有价证券，以获得一定的收益。

(5)获得对相关企业的控制权。通过购入相关企业的股票可实现对该企业的控制。

3. 证券投资的特征

相对于实物投资而言，证券投资具有以下特点：

(1)流动性强，证券资产的流动性明显的高于实物资产。

(2)价格不稳定，证券相对于实物资产来说，其价值受政治、经济环境、人为因素等各种因素的影响较大，且没有相应的实物作保证，具有价值不稳定、投资风险较大的特点。

(3)交易成本低，证券交易过程快速、简捷，成本较低。

四、证券投资的种类

金融市场上的证券很多，其中可供企业投资的证券主要有国债、短期融资券、可转让存单、企业股票、债券、投资基金以及期权、期货等衍生证券。具体可分为以下几类：

1. 股票投资，是指投资者将资金投向股票，通过股票的买卖和收取股利以获得收益的投资行为。

2. 债券投资是指投资者购买债券以取得资金收益的一种投资活动。

3. 基金投资，是指投资者通过购买投资基金股份或受益凭证来获取收益的投资方式。这种方式可使投资者享受专家服务，有利于分散风险，获得较高的、较稳定的投资收益。

4. 期货投资，是指投资者通过买卖期货合约躲避价格风险或赚取利润的一种投资方式。所谓期货合约，是指将来一定时期以指定价格买卖一定数量和质量的商品而由商品交易所制定的统一的标准合约，它是期货交易关系的一种契约，是期货市场的交易对象。

5. 期权投资，是指为了实现盈利或者规避风险为目的，而进行期权买卖的一种投资方式。

6. 证券组合投资，是指企业将资金同时投资于各种证券，是企业等法人单位进行证券投资时常用的投资方式。

四、证券投资的基本程序

1. 选择投资对象

企业进行证券投资首先要选择合适的投资对象，即选择投资于何种证券，投资于哪家企业的证券。投资对象的选择是证券投资最关键的一步，它关系到投资的成败，投资对象选择得好，可以更好地实现投资的目标；投资对象选择得不好，就有可能使投资者蒙受损失。

2. 开户与委托

投资者在进行证券买卖之前，首先要到证券营业部或证券登记机构开立证券账户。证券账户用来记载投资者进行证券买卖和拥有证券的数额和品种的情况。投资者在开户并选择好投资于何种证券后，就可以选择合适的证券经纪人、委托其买卖证券。

3. 交割与清算

投资者委托证券经纪人买卖各种证券之后，就要及时办理证券交割。所谓证券交割，是指买入证券方交付价款领取证券，卖出证券方交出证券收取价款的收交活动。

4. 过户

证券过户就是投资者从交易市场买进证券后，到证券的发行公司办理变更持有人姓名的手续。证券过户一般只限于办理了过户手续，才能成为新股东，享有应有的权利。

任务二　普通股及其评价

一、股票含义、价格与价值

1. 股票含义

股票，是股份公司发行的，用以证明投资者的股东身份权益，并据以获得股利的一种可转让的证明凭据。

2. 股票的价格与价值

股票的价格有广义和狭义之分，狭义的股票价格就是股票交易价格；广义的股票价格则包括股票的发行价格和交易价格两种形式。股票交易价格具有不确定性和市场性特点。

股票的价值形式：有票面价值、账面价值、清算价值和市场价值。

3. 股价指数

股价指数，是指金融机构通过对股票市场上一些有代表性的公司发行的股票价格进行平均计算和动态对比后得出的数值，它是用以表示多种股票平均价格水平及其变动，并权衡股市行情的指标，股价指数的计算方法有简单算数平均法、综合平均法、几何平均法和加权综合平均法。

4. 股票投资的特点

（1）有参与决策的权利。股票是代表所有权的凭证，购买了股票，就成为发行股票公司的股东，可以参与发行公司的经营决策，包括生产经营方向的确定和利润分配方案的通过等，并在发行公司享有选举权和表决权。

（2）投资风险大，收益不稳定。股票投资的收益主要取决于股票发行公司的经营状况和股票的市场行情。如果发行公司的经营状况好，盈利多，投资者就可能获得较高或极高的收益；如果发行公司的经营状况不佳，盈利少甚至亏损，投资者就可能不获利或遭受损失或巨大的损失。

二、股票的收益率

股票收益率主要有本期收益率和持有期收益率等。

(一)本期收益率

$$本期收益率=\frac{年现金股利}{本期股票价格}\times 100\%$$

式中，年现金股利是指发放的上年每股股利，本期股票价格是指该股票当日证券市场收盘价格。

(二)持有期收益率

持有期收益率是指投资者买入股票持有一定时期后又卖出该股票，在投资者持有该股票期间的收益率，反映了股东持有股票期间的实际收益情况。

1. 如投资者持有股票时间不超过一年，不考虑复利计息问题，其持有期收益率可按如下公式计算：

$$持有期收益率=\frac{(股票出售价-买入价)+持有期分得的现金股利}{股票买入价}\times 100\%$$

$$持有期年均收益率=\frac{持有期收益率}{持有年限}$$

式中，持有年限等于实际持有天数除以 360，也可以用持有月数除以 12 表示。

2. 如股票持有时间超过一年，需要按每年复利一次考虑资金时间价值，其持有期年均收益率可按如下公式计算：

$$P=\sum_{t=1}^{n}\frac{D_t}{(1+i)^t}+\frac{F}{(1+i)^n}$$

式中，i 为股票的持有期年均收益率；P 为股票的购买价格；F 为股票的售出价格；D 为各年分得的股利；n 为持有期限。

【例 7－1】万通公司在 2001 年 4 月 1 日投资 510 万元购买某种股票 100 万股，在 2002 年、2003 年和 2004 年的 3 月 31 日每股各分得现金股利 0.5 元，0.6 元和 0.8 元，并与 2004 年 3 月 31 日以每股 6 元的价格将股票全部售出，是计算该项投资的投资收益率。

解答：可采用逐次测试法、插值法进行计算，计算过程见表 7－1。

表 7－1

时间	股利及出售股票的现金流量	测试 20%		测试 18%		测试 16%	
		系数	现值	系数	现值	系数	现值
2002 年	50	0.8333	41.67	0.8475	42.38	0.8621	43.11
2003 年	60	0.6944	41.66	0.7182	43.09	0.7432	44.59
2004 年	680	0.5787	393.52	0.6086	413.85	0.6407	435.68
合计	–	–	476.85	–	499.32	–	523.38

在表 7－1 中，先按 20% 的收益率进行测算，得到现值为 476.85 万元，比原来的投资额

510 万元小，说明实际收益率要低于 20%；于是把收益率调到 18%，进行第二次测算，得到的现值为 499.32 万元，还比 510 万元小，说明实际收益率比 18% 还要低；于是再把收益率调到 16% 进行第三次测算，得到的现值为 523.38 万元，比 510 万元要大，说明实际收益率比 16% 高。即我们要求的收益率在 16% 和 18% 之间，采用插值法计算如下：

$$\frac{16\% - x}{18\% - 16\%} = \frac{523.38 - 510.00}{523.38 - 499.32}$$

$$x = 16\% + 1.11\% = 17.11\%$$

说明该项投资的收益率为 17.11%。

三、普通股股票价值的评价模型

普通股的内在价值是由普通股带来的未来现金流量的现值决定的，股票给持有者带来的未来现金流入包括两部分：股利收入和出售时的收入。其基本计算公式是：

$$P = \sum_{t=1}^{n} \frac{R_t}{(1+K)^t}$$

式中，P 是股票价值；是股票第 t 年带来现金流入量（包括股利收入、卖出股票的收入）；K 为折现率（股票的必要报酬率）；n 是持有年限。这是股票股价的一般模型，无论怎样变化此模型均有效。

1. 股利固定模型（或零成长股票的模型）

如果长期持有股票，且各年现金股利固定，其支付过程是一个永续年金，股票价值计算公式为：

$$P = \sum_{t=1}^{n} \frac{D}{(1+K)^t} = \frac{D}{K}$$

式中，P 是股票价值；K 为折现率（股票的必要报酬率）；D 为各年收到的固定利息。

【例 7-2】某公司股票每年分配现金股利 2 元，若投资者最低报酬率为 16%，要求计算该股票的价值。

解答：$P = 2 \div 16\% = 12.5$（元）

这就是说，该股票每年给你带来 2 元的收益，在市场利率为 16% 的条件下，它相当于 12.5 元资本的收益，所以其价值为 12.5 元。但市场上该股票价格不一定就是 12.5 元，还要看投资人对风险的态度，该股票价格可能高于或低于 12.5 元。

思考：如果你愿意以每股多少元的价格购买该股票呢？如果当时的股票价格不等于股票价值，而是 12 元/每股，每年固定现金股利 2 元，则其预期报酬率、最低报酬率与股票价值、低于股票价值的关系。

【例 7-3】某公司股票价格为 10 元/股，年固定现金股利 1 元，必要报酬率为 12.5%，要求计算该股票的内在价值。

解答：$P = 1 \div 12.5\% = 8$（元）

(1) 假设，该股票市价为 8 元，则：股利收益率？

股利收益率 = 年股利额 ÷ 股票市价 = 1/8 = 12.5%

(2) 若股票市价低于 8 元，则可获得高于 12.5% 的收益。

2. 股利固定增长模型

从理论讲，企业的股利不应当是固定不变的，而应当是不断增长的。假定企业长期持有股票，且各年股利按照固定比例增长，则股票价值计算公式为：

$$P = \sum_{t=1}^{\infty} \frac{D_0(1+g)^t}{(1+K)^t}$$

式中，P 是股票价值；K 为折现率（股票的必要报酬率）；为评价时的股利；g 为股利每年增长率。

如果 $g < K$，用 $D1$ 表示第一年股利，则上式可简化为：

$$P = \frac{D_0(1+g)}{k-g} = \frac{D_1}{k-g}$$

当预期报酬率与必要报酬率相等时，有：$K = \frac{D_1}{P} + g$，这就是著名的戈登模型，常用于普通股资本成本的计算。

【例 7－4】假设某公司本年每股将派发股利 0.2 元，以后每年的股利按 4% 递增，预期投资报酬率为 9%，要求计算该公司的内在价值。

解答：$P = \frac{D_0(1+g)}{k-g} = \frac{D_1}{k-g} = \frac{0.2}{9\% = 4\%} = 4$（元/股）

预计报酬率 $= \frac{0.2}{4} + 4\% = 5\% + 4\% = 9\%$

因为股利逐年增加，股票价值亦同比例上升，故投资者每年可获得 4% 的资本利得，即预期报酬率（内含报酬率）等于当年的股利收益率与股利预计增长率之和。

【例 7－5】国安公司准备投资购买东方信托公司的股票，该股票上年每股股利为 2 元，预计之后每年以 4% 的增长率增长。国安公司经过分析后，认为必须得到 10% 的报酬率，才能购买该公司的股票。要求计算该种股票的内在价值？东方信托公司的股票价格在多少元以下时，国安公司才能购买？

股票价格 $P = 2 \times (1+4\%) \div (10\% - 4\%) = 34.67$（元）

即东方信托公司的股票价格在 34.67 元以下时，国安公司才能购买。

3. 阶段计算模型

在现实生活中，很多公司的股利可能既不是一成不变，也不一定按照固定比例持续增长，而是出现不规则变化，比如预计未来一段时间内股利高速增长，接下来的时间正常固定增长或者固定不变，则可以分别计算高速增长、正常固定增长、固定不变等各阶段未来收益的现值，各阶段现值之和就是非固定增长孤立的股票价值。

P ＝ 股利高速增长阶段现值＋固定增长阶段现值＋固定不变阶段现值

【例 7－6】某公司预期以 20% 的增长率发展 5 年，然后转为正常增长，年递增率为 4%。公司最近支付的股利为 1 元/股，股票的必要报酬率为 10%。计算该股票的内在价值。

（1）计算高速增长期间股利的现值

表 7－2　　高速增长期间股利现值计算表

年次	现金股利	现值系数	股利现值
1	1.2	0.909	1.09
2	1.44	0.826	1.19
3	1.728	0.751	1.30
4	2.704	0.683	1.42
5	2.489	0.621	1.55
合计	－	－	6.55

（2）计算正常增长期间股利的现值（即计算高速增长期末即第 5 年年末股票的价值）：

$$P = \frac{D_0(1+g)}{K-g} = \frac{D_1}{K-g} \text{得：} P_5 = \frac{D_6}{K-g} = \frac{D_5(1+g)}{K-g}$$

$$P_5 = \frac{2.489 \times (1+4\%)}{10\% - 4\%} \approx 43.14(\text{元})$$

（3）计算第 5 年年末股票的现值：

$$P_0 = 43.14 \times (1+10\%)^{-5} \approx 26.79(\text{元/股})$$

（4）计算该股票的内在价值：

$$6.55 + 26.79 = 33.34(\text{元/股})$$

【例 7－7】一个投资人持有 A 公司的股票，他期望的最低报酬率为 15%。预计 A 公司未来 3 年股利将按每年 20% 递增。在此之后转为正常增长，增长率为 12%。公司最近支付的股利是 2 元。要求计算该公司股票的内在价值。

首先，计算非正常增长期的股利现值（见表 7－3）。

表 7－3

年份	股利（Dt）	现值系数（15%）	现值（P）
1	2×1.2＝2.4	0.870	2.088
2	2.4×1.2＝2.88	0.756	2.177
3	2.88×1.2＝3.456	0.658	2.274
3 年股利的现值合计			6.539

其次，计算第三年末的普通股内在价值：

$$P_3 = \frac{D_3(1+g)}{K-g} = \frac{D_4}{K-g} = \frac{3.456 \times 1.12}{0.15 - 0.12} = 129.02$$

计算其现值：

$$P = 129.02 \times (P/F, 15\%, 3) = 129.02 \times 0.658 = 84.90(\text{元})$$

最后，计算股票目前的内在价值：

$$P = 6.539 + 84.90 = 91.439(\text{元})$$

四、普通股评价模型的局限性

1. 未来经济利益流入量的现值，只是决定股票价值的基本因素而不是全部因素，其他很多因素(如:投机行为等)都可能会导致股票的市场价格大大偏离根据模型计算得出的价值。

2. 股利固定模型、固定增长模型的计算结果受本年每股派发现金股利的影响很大，而这个数据可能具有人为性、短期性和偶然性，模型放大了这些因素的影响力。

3. 模型对未来期间股利流入量预测数的依赖性很强，而这些数据很难准确预测。

4. 股利固定不变、股利固定增长等假设与现实情况可能存在一定差距。

5. 折现率的选择有较大的主观随意性。

五、普通股投资的优缺点

1. 普通股投资的优点

(1)投资收益高。股票投资的价格变动频繁，风险也大，但从长期看，股票投资的价格总体上是上涨的多，下跌的少，只要选择得当，都能取得优厚的投资收益。

(2)购买力风险低，普通股的股利不固定，如果通货膨胀比较高时，由于物价普遍上涨，股份公司盈利增加，股利的支付随时增加，与固定收益的证券投资比。普通股更能有效地降低购买力风险。

(3)拥有一定的经营控制权。普通股股东属于股份公司的所有者，有权监督和控制企业的生产经营状况。如果企业想控制某家公司，可采用收购该公司股份的办法来实现。

2. 普通股投资的缺点

(1)求偿权居后。普通股对企业资产和盈利的求偿权均居于最后。企业破产时，其财产分配的顺序是先债权人，再优先股股东，最后是普通股股东。可见，在此方面，股票投资者的权力要在债权人之后。如果投资者购买的是普通股，在剩余财产分配时得到的补偿几乎很少。

(2)股票价格不稳定，投资风险大。普通股的价格受众多因素影响。如政治因素、经济因素、投资者心理因素、企业的盈利情况等都会影响股票价格，只要有一方面的因素发生变化，股票价格就会波动，这也使股票投资收益具有不确定性，同时，也给投资者带来较高的风险。

任务三　债券及其评价

一、债券的含义及基本要素

债券是债务人依照法定程序发行，承诺按约定的利率和日期支付利息，并在特定日期偿还本金的书面债务凭证。

一般而言，债券包括以下基本要素:

1. 债券的面值

债券面值包括两个基本内容，即币种和票面金额，发行者可以根据资金市场情况和自身需要选择适合的币种。

2. 债券的期限

债券从发行之日起至到期之间的时间，称为债券的期限。债券到期时必须还本付息。

3. 债券的利率

债券上标明的利率，一般是年利率或固定利率(也有浮动利率)。债券面值与票面利率的乘积为年利息额。此外，也有的债券票面利率为零，债券持有期间不计利息，到期只要按面值偿还即可。

4. 债券的价格

从理论上看，债券的面值就是其价格，但由于资金供求关系、市场利率等因素的变化，债券的价格往往偏离其面值，正因为债券发行价格往往偏离面值，所以会出现溢价发行、折价发行等情况。

二、债券价值的评价

(一)债券价值的估价模型

1. 一般情况下的债券价值估价模型

债券股价的基本模型是指对典型债券所使用的估价模型。此外所称典型债券市值票面利率固定，每年末计算并支付当年利息、到期偿还本金的债券。这种情况下新发行债券的价值可采用如下模型进行评定：

$$P = \sum_{t=1}^{n} \frac{M \cdot 1}{(1+K)^t} + \frac{M}{(1+K)^n}$$

$$P = I \cdot (P/A, k, n) + M \cdot (P/F, k, n)$$

式中，P 是债券价值；I 为每年利息；K 是折现率(可以用当时的市场利率或者投资者要求的必要报酬率替代)；M 是债券面值；i 是票面利率；n 是债券期限(偿还年数)。

债券发行时，若 $i > K$，则 $P > M$，债券溢价发行；若 $i < K$，则 $P < M$，债券折价发行；若 $i = K$，则 $P = M$，债券按面值发行 。

【例 7-8】宏发公司拟于 2000 年 2 月 1 日发行面额为 1 000 元的债券，其票面利率为 8%，每年 2 月 1 日计算并支付一次利息，并与 5 年后的 1 月 31 日到期。同等风险投资的必要报酬率为 10%。要求计算债券的价值。

债券的价值 P =80×(P/A ,10%，5)+1 000×(P/F ,10%，5)

=80×3.791+1 000×0.621=924.28(元)

通过该模型可以看出，影响债券定价的因素有必要报酬率、利息率、计息期和到期时间。

【例 7-9】某种债券面值 1 000 元，票面利率为 10%，期限 5 年，甲公司准备对这种债券进行投资，已知市场利率为 12%。要求计算债券的价格。

根据债券估价一般模型：

$$P = \sum_{t=1}^{n} \frac{1\,000 \times 10\%}{(1+12\%)^t} + \frac{1\,000}{(1+12\%)^5}$$

=1 000×3.605+1 000×0.567

=927.5(元)

2. 到期一次还本付息且不计算复利的债券估价模型

到期一次还本付息模型是指用于估算到期一次还本付息债券价格的模型，用公式表示为：

$$P = \frac{M \cdot i \cdot n + M}{(1+K)^n}$$

$$P = (M \cdot i \cdot n + M) \cdot (P/F,\ k, n)$$

式中符号含义与基本模型相同。

【例 7－10】如上例，若市场利率为 8%，债券到期仍按面值收回，则债券价格为：

$$P=\frac{1\ 000\times10\%\times5+1\ 000}{(1+8\%)^{5}}=1\ 020(\text{元})$$

3. 贴现发行方式的债券估价模型

$$P=\frac{M}{(1+K)^{n}}=M\cdot(P/F,\ k,n)$$

式中符号的含义与基本估价模型相同。本模型可用于估算票面利率为零的债券价格。

【例 7－11】某债券面值为 1 000 元，期限为 3 年，期内不计利息，到期后按面值偿还，当时市场利率为 10%。请问其价格为多少时，企业购买该债券较为合适?

$$P=1\ 000\times(P/F,10\%,3)=1\ 000\times0.7513=751.3(\text{元})$$

该债券价格在低于 751.3 元时，企业购买才合适。

(二)债券收益的来源及影响收益率的因素

债券收益主要包括两方面的内容：一是债券的利息收入；二是资本损益，即债券买入与卖出价(在持有至到期的情况下为到期偿还额)之间的差额，当卖出价高于买入价时为资本收益，反之为资本损失。此外，有的债券还可能因参与公司盈余分配，或者拥有转股权而获得其他收益。

债券收益率是衡量债券收益水平的尺度，一般以债券在特定期间带来的收益额与买入价(或本金)的比率表示。决定债券收益率的因素主要有债券票面利率、期限、面值、持有时间、购买价格和出售价格。

(三)债券收益率的计算

1. 票面收益率

票面收益率又称名义收益率或息票率，是印制在债券票面上的固定利率，通常是年利息收入与债券面额的比率。票面收益率反映了债券按面值购入、持有到期满所获得的收益水平。

$$\text{票面收益率}=\frac{\text{债券年利息}}{\text{债券面值}}\times100\%$$

票面收益率只适用投资者按面值买入债券，期满时按票面金额收回本金的情况，它没有反映债券发行价格与票面金额不一致的情况，也没有考虑投资者卖出债券的情况。

2. 本期收益率

本期收益率又称直接收益率、当前收益率，指债券的年实际利息收入与买入债券的实际价格之比率，其计算公式为：

$$\text{本期收益率}=\frac{\text{债券年利息}}{\text{债券买入价}}\times100\%$$

本期收益率反映了购买债券的实际成本所带来的收益情况，但与票面收益率一样，不能反映债券的资本损益情况。

【例 7－12】某些投资者购买面值为 1 000 元，券面利率为 8%，每年付息一次的人民币债券 10 张，偿还期 10 年，如果购买价格分别是 950 元、1 000 元和 1 020 元，其各自的认购者收益率是多少?

三种价格的债券收益率分别是：

$$债券收益率_{(1)} = \frac{1\ 000 \times 8\%}{950} \times 100\% = 8.42\%$$

$$债券收益率_{(2)} = \frac{1\ 000 \times 8\%}{1\ 000} \times 100\% = 8\%$$

$$债券收益率_{(3)} = \frac{1\ 000 \times 8\%}{1\ 020} \times 100\% = 7.65\%$$

3. 持有期收益率

债券的持有期收益率是指债券持有人在持有期间得到的收益率，能综合反应债券持有期间的利息收入情况和资本损益水平。其中债券的持有期是指从购入债券至售出债券或者债券到期清偿之间的期间，通常以“年”为单位表示（持有期的实际天数除以360）。根据债券持有期长短和计息方式不同，债券持有收益率的计算公式存在差异。由于利息率、收益率等指标多数以年利率的形式出现，债券持有期收益率可以根据具体情况换算为年均收益率。

（1）持有时间较短（不超过一年）的，直接按债券持有期间的收益额除以买入价计算持有期收益率：

$$持有期收益率 = \frac{债券持有期间的利息收入 + (卖出价 - 买入价)}{债券买入价} \times 100\%$$

$$持有期年均收益率 = \frac{持有期收益率}{持有年限}$$

$$持有年限 = \frac{实际持有天数}{360}$$

【例7－13】某投资者1月1日以980元价格购买上市债券10张，该债券面值1 000元，券面年债息率8%，半年付息一次，期限3年，当年7月1日收到上半年利息400元，9月30日以995元卖出。要求计算该债券的收益率。

$$持有期收益率 = \frac{1\ 000 \times 8\% / 2 + (995 - 980)}{980} 100\% = 5.61\%$$

$$持有期年均收益率 = 5.61\% \times \frac{12}{9} = 7.48\%$$

（2）持有时间较长（超过一年）的，应按每年复利一次计算持有期年均收益率（即计算使债券带来的现金流入量净现值为零的折现率，也称为内部收益率IRR）。具体包括两种情形：

①到期一次还本付息债券：

$$持有期年均收益率 = \sqrt[t]{\frac{M}{P}} - 1$$

式中，P为债券买入价；M为债券到期兑付的金额或者提前出手时的卖出价；t为债券实际持有期限（年），等于债券买入交割日至到期兑付或卖出交割日之间的实际天数除以360。

【例7－14】某企业2000年1月1日购入B公司同日发行的三年期、到期一次还本付息的债券，面值100 000元，票面利率6%，买入价为90 000元。则债券持有其年均收益率为（债券利息采用单利计息方式）：

$$持有期年均收益率 = \sqrt[3]{\frac{100\ 000 + 100\ 000 \times 6\% \times 3}{90\ 000}} - 1$$

$$= \sqrt[3]{\frac{118\ 000}{90\ 000}} - 1 \approx 1.09 - 1 = 9\%$$

②每年末支付利息的债券：

$$P = \sum_{t=1}^{n} \frac{I}{(1+k)^t} + \frac{M}{(1+k)^n}$$

$$P = I(P/A,i,n) + M(P/F,i,n)$$

式中，k 为债券持有期年均收益率；P 为债券买入价；I 为持有期间每期收到的利息额；M 为债券兑付的金额或者提前出手的卖出价；t 为债券实际持有期限（年）。

【例7－15】某种企业债券面值是10 000元，券面利息率12%，每年利息一次，期限8年，投资者以债券面值106%的价格购入并持有该种债券到期。计算债券持有期年均收益率。

根据长期债券的持有期收益率计算公式：

$$P = \sum_{t=1}^{n} \frac{M \cdot i}{(1+K)^t} + \frac{M}{(1+K)^n}$$

$$10\ 600 = \sum_{t=1}^{8} \frac{10\ 000 \times 12\%}{(1+k)^t} + \frac{10\ 000}{(1+k)^8}$$

即，净现值 $= \sum_{t=1}^{8} \frac{10\ 000 \times 12\%}{(1+k)^t} + \frac{10\ 000}{(1+k)^8} - 10\ 600 = 0$

设 $k = 10\%$，净现值 $= \sum_{t=1}^{8} (1 + 10\%^{8} - 10\ 600) = 467$（元）

设 $k = 11\%$，净现值 $= -85$（元）

显然，k 值介于10% 至11% 之间，可使用插值法计算。即若在系数表上找不到事先计算出来的系数值 C 时，可利用系数表上同期略小于该数值的两个临界值 C_M 和 C_{M+1} 及相应的两个折现率 r_m 和 r_{m+1}，应用插值的方法测试投资内部收益率。

如果年金现值系数 $C_m > C$，$C_{m+1} < C$，则内部收益率计算公式为：

$$IRR = r_m + \frac{C_m - C}{C_m - C_{m+1}}(r_{m+1} - r_m)$$

为了缩小误差，$rm + 1$ 与 rm 之间的差应尽量小于5%。

如果 $NPV_m > 0$，$NPV_n < 0$，$r_m < r_n$，$r_n - r_m < 5\%$，则内部收益率也可写为：

$$IRR = r_m + \frac{NPV_m}{NPV_m - NPV_n}(r_n - r_m)$$

所以 $IRR = 10\% + \frac{467}{467 + 85} \times (11\% - 10\%) = 10.85\%$

【例7－16】A企业2004年1月1日购买某公司2001年发行的面值为10元，票面利率为4%，期限为10年，每年年末付息1次的债券。

请问：(1)若此时市场利率为5%，计算该债券的价值；

(2)若按940 000元的价格购入债券，一直持有至到期日，则购买债券的持有期年均收益率为多少？

(1)债券价值 = 100 000×4%×(P/A,5%,7)+100 000×(P/F,5%,7)

= 94 215.6(元)

(2)940 000 = 100 000×4%×(P/A,i,7)+100 000×(P/F,i,7)

940 000 = 100 000×4%×(P/A,i,7)+100 000×(P/F,i,7)

当i=5%时，

$4\ 000\times(P/A,5\%,7)+100\ 000\times(P/F,5\%,7)=94\ 215.6>94\ 000$

当 $i=6\%$ 时，

$4\ 000\times(P/A,6\%,7)+100\ 000\times(P/F,6\%,7)=88\ 839.69<4\ 000$

根据内插法可知：$\dfrac{i-5\%}{6\%-5\%}=\dfrac{94\ 000-94\ 215.6}{88\ 839.6-94\ 215.6}$

$i\approx5.04\%$

三、债券风险

债券投资也有一定的风险。风险与报酬是相对的，高报酬意味着高风险，对风险和报酬的分析是债券投资需要考虑的重要因素。债券投资要承担的风险主要有违约风险、利率风险、流动性风险、通货膨胀风险和汇率风险等。

1. 违约风险

违约风险是指债券发行人不能履行合约规定的义务，无法按期支付利息和偿还本金而产生的风险。各种债券的违约风险是不同的。一般情况下，政府债券是以国家财政作担保，通常不会违约，这样的债券可以看作是无风险债券；金融机构发行的债券信誉仅次于政府债券，风险比政府债券高，但比企业债券风险低。企业债券风险相对较高。

形成债券风险的原因大致有如下几种：第一，经济政治形势发生比较大的变化，会影响企业的发展和投资者的信心；第二是自然灾害或其他非常事故。如水灾、火灾、风灾、地震、海啸等及重大安全事故；第三是企业在竞争中失败，丧失了生存和发展的机会；第四是企业经营不善，发生重大亏损；第五是企业资金运转出现重大困难，没有足够的资金清偿到期的债务。

违约风险的大小，一般可通过债券的信用等级表现出来，高信用等级的债券违约风险要比低信用等级的债券小。由于在未来较长的期间内，企业的经营状况可能会发生变化，因而其等级也可能发生变化，投资者可以通过信用等级的变化密切关注今后的债券投资方向。

2. 利率风险

利率风险是指由于市场利率上升而引起的债券价格下跌，从而使投资者遭受损失的风险。债券的价格是随着市场利率的变化而变动，市场利率是与债券价格成反比变化，市场利率上升，会引起债券市场价格下跌；市场利率下降，会引起债券市场价格上升。当金融市场上资金供大于求时，市场利率就会下降；当其下跌到低于债券票面利率时，将会导致债券价格上升。如果市场利率继续上升，并超过债券票面利率时，投资者可能会转售债券，而转向其它投资方向，会进一步导致债券价格下降。

3. 流动性风险

流动性风险指债券持有人如果出售债券时，其所持债券不能按当前市场价格在短期内出售而形成的风险。也称变现能力风险。如果某种债券在短时间能按当前合理价格出售则说明其变现能力强，也就是流动性强，如果出售困难则说明其变现能力弱，即流动能力差。通常情况下，国家和金融机构发行的债券易于出售，而企业债券特别是小型企业发行的债券不易出售，变现能力不如国家债券和金融债券，即流动性较差。

4. 通货膨胀风险

通货膨胀风险也称购买力风险，是因通货膨胀导致债券到期时所获得的现金购买力减少的风险。在通货膨胀比较严重时，债券持有者会受到到期现金购买力下降的损失。特别是那些购买固定利率债券的投资者，因为利率还是按以前的确定利率，没有上浮利率的可能，由此可能遭受比持有变动利率证券更大的损失。所以投资者在购买债券时，如果预测发生通货膨胀的可能性大，则不要购买那些固定利率的债券，应购买变动利率的债券，以减少由此而带来的损失。

5. 汇率风险

汇率风险是指由于外汇汇率的变动而给外币债券的投资者带来的风险。由于外币汇率变动的可能性比较大，并且不好预料，所以，购买外币带来风险的可能性就大，投资者对外币汇率发生变动的可能性估计不足，就有可能带来比较大的风险，因此，购买债券时应充分考虑这方面的因素。

四、债券投资的优缺点

1. 债券投资的优点

(1)债券投资风险小，本金安全性高。相对股票投资而言，债券投资的风险比较小。特别是政府发行的债券有国家财力作保障，对本金和利息收回的保障性很高，可以视为无风险投资。企业债券的安全性不如政府债券，但企业债券的持有者拥有优先求偿权，企业一旦破产，投资者可以优先于股东分得破产企业的财产，遭受损失的可能性很小。

(2)债券投资收入较稳定。因为债券有固定的利率，其发行人又有按时支付债券利息的法定义务。在正常情况下，投资者都能获得预期的利息收入，不会有太大的闪失，可以说债券投资收入比较稳定。

(3)债券投资流动性较强。大多数债券都可以上市进行交易，在需要资金时，可以及时到证券市场上出售，满足资金需要，可见，债券投资具有较强的流动性。

2. 债券投资的缺点

(1)无法控制投资的使用。债券投资不同于股票投资，只有收取固定利息和到期收回本金的权利，资金的投向和管理好坏，投资企业无权干涉，更无权控制被投资企业的生产经营活动。

(2)无法规避购买力风险。购买力风险是指在通货膨胀的情况下，由于物价上涨，单位货币购买力下降而带给现金持有人的风险，债券的利率通常是固定的，在通货膨胀时，债券投资者虽然名义上有收益，但实际上却可能遭受了损失，这是因为债券持有人获得的本息所具有的购买力，可能远远低于投资时所估计的将来购买力。

任务四　股票投资管理

一、股票投资的目的

企业进行股票投资的目的主要有两种：一是获利，即作为一般的证券投资，获取股利收入及股票资本增值(买卖差价)；二是控股，即通过购买某一企业的大量股票达到控制该企业的目的。

二、股票投资的特点

股票投资和债券都属于证券投资。证券投资与其他投资相比，总的来说都具有高风险、高收益、易于变现的特点。但股票投资相对于债券投资而言又具有以下特点：

1. 股票投资是权益性投资

股票投资与债券投资虽然都是证券投资，但投资的性质不同：股票投资是权益性投资，股票是代表发行公司所有权的凭证，持有人作为发行公司的股东，有权参与公司的经营决策。

2. 股票投资的风险大

投资者购买股票后，不能要求股份公司偿还本金，只能在证券市场上转让。因此股票投资者至少面临两方面的风险：一是股票发行公司经营不善所形成的风险；二是股票市场价格变动所形成的价差损失风险。

3. 股票投资的收益不稳定

股票投资的收益主要是公司发放的股利和股票转让的价差收益，相对于债券而言，其稳定性较差。

4. 股票价格的波动性大

股票价格既受发行公司经营状况影响，又受股市投机等因素的影响，波动性极大。

5. 股票投资的收益率高

由于股票投资的高风险性，股票作为一种收益不固定的证券，其收益率一般高于债券。

三、股票投资的基本分析法

股票投资的基本分析法是证券市场分析方法的基础。对于投资者而言，基本分析法比技术法及现代数学模型分析法重要得多。在既定环境下进行股票投资的基本分析，应重点关注微观层次的公司分析，这是基本分析法的重点和难点。财务分析是基本分析法中的一种具体方法；运用资本定价模型等理论进行公司分析，在股票投资中是常见的做法。

【例 7－17】某公司 2013 年每股营业收入 30 元，每股净利 6 元，每股营业流动资产为 10 元，每股资本支出 4 元，每股折旧与摊销 1.82 元。资本结构中负债占 40%，今后可以保持此目标资本结构不变。

预计 2004～2008 年的营业收入增长率保持在 10% 的水平上。该公司的资本支出、折旧与摊销、净利润与营业收入同比例增长，每股营业流动资产占收入的 20%（可以持续保持 5 年）。到 2009 年及以后股权自由资金流量将会保持 5% 的固定增长速度。

2004～2008 年该公司的 β 值为 1.5，2009 年及以后的 β 值为 2，长期国库券的利率为 6%，市场组合的收益率为 10%。

要求：(1) 计算该公司股票的每股价值；

(2) 若企业以每股 50 元的价格购入该公司股票，请判断是否合算。

解答：(1) 预测期各年每股股权现金流量见下表：

年度	第 1 年	第 2 年	第 3 年	第 4 年	第 5 年
每股净利	6.6	7.26	7.99	8.79	9.67
每股收入	33	36.3	39.93	43.92	48.31
每股经营营运资本	6.6	7.26	7.99	8.79	9.67
每股经营营运资本增加	-3.4	0.66	0.73	0.80	0.88
每股净经营长期资产总投资	4.4	4.84	5.32	5.85	6.44
减，每股折旧和摊销	2	2.2	2.42	2.66	2.93
本年每股净投资	-1	3.3	3.63	3.99	4.39
本年每股股权净投资	-0.6	1.98	2.18	2.39	2.63
每股股权现金流量	7.2	5.28	5.81	6.4	7.04

每股净投资 = 每股净经营长期资产总投资 + 每股经营营运资本增加 - 每股折旧和摊销

每股股权净投资 = 每股净投资 ×(1 - 负债比例)

每股股权现金流量 = 每股净利 - 每股股权净投资

2004 ~ 2008 年，该公司股权资本成本 $=6\%+1.5\times(10\%-6\%)=12\%$

2009 年及以后年度该公司的股权资本成本 $=6\%+2\times(10\%-6\%)=14\%$

每股股票价值 $=7.2\times(P/F,12\%,1)+5.28\times(P/F,12\%,2)+5.81\times(P/F,12\%,3)+6.4\times(P/F,12\%,4)+7.04\times(P/F,12\%,5)+\times(P/F,12\%,5)=69.44$(元)

(2)因为该公司的股票价值为 69.44 元，大于每股 50 元的购买价，因此，购买股票是合算的。

【例 7 - 18】光华股份有限公司有关资料如下：

公司本年年初未分配利润贷方余额为 181.92 万元，本年息税前利润为 800 万元，所得税税率为 25%。公司流通在外的普通股 60 万股，发行时每股面值 1 元，每股溢价收入 9 元；公司负债总额为 200 万元，均为长期负债，平均年利率为 10%，假定公司筹资费用忽略不计。公司股东大会决定：本年度按 10% 的比例计提法定盈余公积金；本年按可供投资者分配利率的 16% 向普通股股东发放现金股利；预计现金股利以后每年增长 6%。据投资者分析，该公司股票的贝它系数为 1.5，无风险收益率为 8%，市场上所有股票的平均收益率为 14%。

要求：

(1)计算光华公司本年度净利润；

(2)计算光华公司本年应计提的法定盈余公积金；

(3)计算光华公司本年末可供投资者分配的利润；

(4)计算光华公司每股支付的现金股利；

(5)计算光华公司股票的风险收益率和投资者要求的必要投资收益率；

(6)利用股票估价模型计算光华公司股票价格为多少时投资者才愿意购买。

(1)计算光华公司本年度净利润

本年净利润 $=(800-200\times10\%)\times(1-33\%)=585$(万元)

(2)计算光华公司本年应计提的法定公积金

应提法定公积金 = 585 × 10% = 58.5(万元)

(3)计算光华公司本年可供投资者分配的利润

可供投资者分配的利润 = 585 − 58.5 + 181.92 = 708.42(万元)

(4)计算光华公司每股支付的现金股利

每股支付的现金股利 = (708.42 × 16%) ÷ 60 1.89(元/股)

(5)计算光华公司股票的风险收益率和投资者要求的必要投资收益率

风险收益率 = 1.5 × (14% − 8%) = 9%

必要投资收益率 = 8% + 9% = 17%

(6)计算光华公司股票价值

每股价值 = 1.89/(17% − 6%) ≈ 17.18(元/股)

即当股票市价低于每股17.18元时，投资者才愿意购买。

【例7-19】假设无风险报酬率为4%，市场投资组合的预期报酬率为10%。某股票的β系数为1.3，最近一次发放的股利为每股0.5元，预计股利每年递增8%。

要求：(1)计算该股票的必要报酬率；

(2)计算股票的交易价格。

(1)必要报酬率 = 4% + 1.3 × (10% − 4%) = 11.8%

(2)交易价格 $= \dfrac{0.5 \times (1 + 8\%)}{11.8\% - 8\%} = 14.21$(元/股)

【例7-20】某投资者准备从证券市场购买A、B、C三种股票组成投资组合。已知A、B、C三种股票的组成投资组合。三种股票的β系数分别是0.8、1.2、2。现行国库券的收益率为8%，市场平均股票的必要收益率为14%。

要求：

(1)采用资本资产定价模型分别计算这三种股票的预期收益率；

(2)假设该投资者准备长期持有A股票，A股票去年的每股股利为2元，预计年股利增长率为8%，当前每股市价为40元，投资者A投资股票是否合算?

(3)若投资者按5:2:3的比例，分别购买了A、B、C三种股票，计算该投资组合的β系数和预期收益率。

(1)RA = 8% + (14% − 8%) × 0.8 = 12.8%

RB = 8% + (14% − 8%) × 1.2 = 15.2%

RC = 8% + (14% − 8%) × 2 = 20%

(2)A股票的价值 = 2 × (1 + 8%)/(12.8% − 8%) = 45元，当前每股市价为40元，小于股票的价值45元，投资是合算的。

(3)组合的β系数 = 0.8 × 50% + 1.2 × 20% + 2 × 30% = 1.24

预期收益率 = 8% + 1.24 × (14% − 8%) = 15.44%

四、股票投资的技术分析法

股票投资的技术分析法是以预测市场价格变化的未来趋势为目的，以图表、技术指标为主要手段对市场行为进行研究的方法。在成熟的证券市场中，股票的投资价值一般能从其价格、成交量等方面反映出来，因此，技术分析法实际上是对市场一段时间的价、量关系作出分析，以预测其未来走势的一系列方法，其最终分析的对象是价格、成交量、时间、空间。其中，价格反映了股票市场变化方向；成交量反映了市场对价格变化方向的认同程度；时间是指一种行情或者走势持续的时间跨度；空间是指某一趋势可能达到的高点或低点，股市行情在高点或者低点很可能变盘。时空分析的目的是寻找买卖时机。

（一）技术分析法的含义

技术分析法是从市场行为本身出发，运用数理统计和心理学等理论和方法，根据证券市场已有的价格、成交量等历史资料等分析价格变动趋势的方法。

（二）技术分析法的理论基础

技术分析法的理论基础主要包括三个假设。

1. 市场行为包含一切消息。影响证券市场的信息包括公开信息和非公开信息。价格、成交量等是市场参与者对所有公开和非公开信息作出反应的结果。

2. 价格沿趋势运动。价格的运动和变化总是遵循一定的趋势，这个趋势所体现的规律正是技术分析法的核心。

3. 历史会重演。根据心理学研究，人类在类似情况下会产生既定的反应；虽然人类的行为十分复杂，不会出现完全相同的行为组合，市场也不会有完全相同的表现，但其显示的类似特点足以让技术分析者根据历史资料判断价格变动的趋势。

（三）技术分析法的内容

1. 指标法

指标法是根据市场行为的各种情况建立数学模型，按照一定的数学计算公式，得到一个体现股票市场某个方面内在实质的数字，即指标值。指标的具体数值和互相关系直接反映了股市所处的状态，为具体操作提供方向性指导。指标反映的东西大多是从股市行情报表中不能直接看到的。

2. K 线法

K 线法的研究侧重于若干条 K 线的组合情况，通过推测股票市场交易双方力量的对比来判断股票市场交易双方谁占优势，是暂时的还是决定性的。K 线图是进行各种技术分析的最重要图表。

3. 形态法

形态法是指根据价格图表中过去一段时间价格轨迹的形态来预测股价的未来趋势的方法。

4. 波浪法

波浪法把股价的上下变动和不同时期的持续上涨、下降看成是波浪的上下起伏。股票的价格也遵循波浪起伏的规律。

（四）技术分析法和基本分析法的区别

1. 技术分析法着重于分析股票市价的运动规律，基本分析法的主要目的在于分析股票的内在投资价值。

2. 技术分析法直接从股票市场入手，根据股票的供求、市场价格和交易量等市场因素进行分析；基本分析法则是从股票市场的外部决定因素入手，并从这些外部因素与股票市场相互关系的角度进行分析。

3. 技术分析是短期性质的，它只关心市场上股票价格的波动和如何获得股票投资的短期收益，很少涉及股票市场及外在因数分析；基本分析则不仅研究整个市场的情况，而且研究单个证券的投资价值；不仅关心证券的收益，而且关心证券的升值。

4. 技术分析法通过对股票市场价格的波动形式、股票的成交量和投资心理等因素的分析，可以帮助投资者选择适当的投资机会和投资方法；基本分析法通过对宏观形式的分析，帮助投资者了解股票市场的发展状况和股票的投资价值。

任务五　债券投资管理

一、债券投资的目的和特点

企业进行短期债券投资的目的主要是为了合理利用暂时闲置资金，调节现金余额，获得收益。当企业现金余额太多时，便投资于债券，使现金余额降低；反之当现金余额太少时，则出售原来投资的债券，收回现金，使现金余额保持一定的额度。

企业进行长期债券投资的目的主要是为了获得稳定的收益。

二、债券投资的特点

1. 债券投资期限

投资应考虑期限的影响。不论长期债券投资，还是短期债券投资，都有到期日，债券到期应当收回本金。

2. 债券投资的权利

从投资权利来说，在各种投资方式中，债券投资者的权利最小，无权参与被投资企业经营管理，只有按照约定取得利息，到期收回本金的权利。

3. 债券投资的收益与风险

债券投资收益通常是事前预定的，债券收益率通常不及股票收益率高，但具有较强的稳定性，投资风险较小。

三、债券投资决策

债券投资决策主要是对投资的时机、投资的期限、拟购入的债券等作出选择的过程。决策过程中应考虑一系列的约束条件的限制，包括可支配的资金数额约束；投资收益率的要求；投资风险偏好等。债券投资决策应该是在符合约束条件要求的情况下，尽可能实现投资目标。

债券投资决策中可以考虑消极的投资策略和积极的投资策略两种思路：

消极的投资策略是指投资者在买入债券后的一段时间内，很少进行买卖或者不进行买卖，只要求获取目前市场平均收益水平的收益。典型的消极投资策略主要就是买入债券并持有至到期。选取信用程度较高的债券即可。

积极的投资策略是指投资者根据市场情况不断调整投资行为，以期待获得超过市场平均水平的收益率。积极的投资策略包括：(1)通过对预期利率的变动主动交易。当预计利率下降时，买进债券或增持期限较长的债券；当预计利率上升时，卖出债券，并增加期限较短的债券比例。(2)控制收益率曲线法，由于期限较长的债券一般有较高的收益率，所以投资者购买债券并持有到期前卖出债券，再购入另一个同样期限的债券，从而能够始终获得较高的收益率。

【例 7－21】某公司在 2000 年 1 月 1 日，以 950 元价格购买一张面值为 1 000 元的新发行债券，其票面利率为 8%，5 年后到期，每年 12 月 31 日付息一次，到期归还本金。

要求：(1) 假定该债券拟持有至到期，计算 2010 年 1 月 1 日，该债券持有到期收益率是多少？

(2) 假定 2014 年 1 月 1 日的市场利率下降到 6%，那么此时债券的价值是多少？

(3) 假定 2014 年 1 月 1 日该债券的市场价格为 982 元，此时购买该债券的收益率是多少？

(4) 假定 2002 年 10 月 1 日，市场利率为 12%，债券市场价为 900 元。你认为是否应该购买该债券？

(1) $950 = 80 \times (P/A, i, 5) + 1\,000 \times (P/S, i, 5)$

采用逐步测试法：按折现率 9% 测试

$V = 80 \times 3.8897 + 1\,000 \times 0.6499$

$= 311.18 + 649.90$

$= 961.08$(元)（大于 950 元，应提高折现率再次测试）

按折现率 10% 测试：

$V = 80 \times 3.7908 + 1\,000 \times 0.6209$

$= 303.26 + 620.90$

$= 924.16$(元)

使用插补法：

$i = 9\% + [(950 - 961.08)/(924.16 - 961.08)] \times (10\% - 9\%)$ $i = 9.30\%$，所以该债券的收益率为 9.3%.

(2) 债券价值 $= 80 \times (P/S, 6\%, 1) + 1\,000 \times (P/S, 6\%, 1)$

$= 80 \times 0.9434 + 1\,000 \times 0.9434 = 1\,018.87$(元)

(3) $982 = 1\,080/(1+i)$ $i = 1\,080/982 - 1 = 9.98\%$

(4) 债券价值 $= 77.77 + 69.43 + 836.95$

$= 984.15$(元)

或者：债券价值 $= \{80 \times [(P/A, 12\%, 2)/1] + 1\,000 \times (P/S, 12\%, 2)\}/(1 + 12\%)0.25$(上标) $= 984.16$(元)

因为债券价值 984.16 元大于价格 900 元，所以应当购买。

【例 7－22】某公司于 2002 年 1 月 1 日发行一种三年期的新债券，该债券的面值为 1 000 元，票面利率为 14%，每年付息一次。

要求：

(1) 如果债券的发行价为 1 040 元，计算其收益率是多少？

(2) 假定 2003 年 1 月 1 日的市场利率为 12%，债券市场价格为 1 040 元，是否应购买该债券？

(3) 假定 2004 年 1 月 1 日的市场利率下降到 10%，那么此时债券的价值是多少？

(4) 假定 2004 年 1 月 1 日的债券市价为 950 元，若持有至到期，则债券收益率为多少？

运用债券评价的原理，对流通债券的价值及收益率进行估价和决策。

(1) $1\,040 = 1\,000 \times 14\% \times (P/A, i, 3) + 1\,000 \times (P/F, i, 3)$ 利用测试法进行测试：

当 $I = 12\%$ 时，

$P = 1\,000 \times 14\% \times (P/A, 12\%, 3) + 1\,000 \times (P/F, 12\%, 3) = 1\,048.05$(元)

当 $I = 14\%$ 时，

$P = 1\,000 \times 14\% \times (P/A, 14\%, 3) + 1\,000 \times (P/F, 14\%, 3) = 1\,000$(元)

则 $i = 12\% + (14\% - 12\%) \times (1\,048.05 - 1\,040)/(1\,048.05 - 1\,000) = 12.34\%$

到期收益率为 12.34%。

(2) $V = 1\,000 \times 14\% \times (P/A, 12\%, 2) + 1\,000 \times (P/F, 12\%, 2)$

$= 1\,033.81$(元)

由于债券的价值 1 033.81 元小于债券的价格 1 040 元，所以不应该购买。

(3) $V = 1\,000 \times 14\% \times (P/A, 12\%, 1) + 1\,000 \times (P/F, 12\%, 1) = 1\,036.37$(元)

(4) 由 $950 = 140/(1+i) + 1\,000/(1+i)$ 可得，购买债券并持有至到期的收益率 $I = 20\%$

四、债券组合策略

债券因发行主体经营情况、债权期限等不同，其风险和收益也各不一样。投资债券的企业可以根据需要，对购买的债券从发行主体、期限、风险和收益等不同方面进行适当搭配，形成符合企业需要的债券投资组合。

从规避投资风险的角度，债券投资组合的主要形式有：短期债券与长期债券组合；政府债券、金融债券与企业债券组合；浮动利率债券与固定利率债券组合；信用债券与担保债券组合等。

任务六　基金投资管理

一、投资基金的含义

投资基金，是一种利益共享、风险共担的集合投资方式，即通过发行基金股份或受益凭证等有价证券聚集众多的不确定投资者的出资，交由专业投资机构经营运作，以规避投资风险并谋取投资收益的证券投资工具。

二、投资资金的种类

(一)根据组织形态的不同，可分为契约性基金和公司型基金

1. 契约型基金

契约型基金又称单位信托基金，是指把受益人、管理人、托管人三者作为基金的当事人，由管理人与托管人通过签订信托契约的形式发行受益凭证而设立的一种基金。契约型基金由基金管理人负责基金的管理操作；由基金托管人作为基金资产的名义持有人，负责基金资产的保管和处置，对基金管理人的动作实行监督。

2. 公司型基金

公司型基金，是指按照公司法以公司形态组成的，它以发行股份的方式募集资金，一般投资者购买该公司的股份即为认购基金也就成为该公司的股东，凭其持有的基金份额依法享

有投资收益。

3. 契约型基金与公司型基金的比较

(1)资金的性质不同。契约型基金的资金是信托财产，公司型基金的资金为公司法人的资本。

(2)投资者的地位不同。契约型基金的投资者购买受益凭证后成为基金契约的当事人之一，即受益人;公司型基金的投资者购买基金公司的股票后成为该公司的股东，以股息或红利形式取得收益。因此，契约型基金的投资者没有管理基金财产的权利，而公司型基金的股东通过股东大会和董事会享有管理基金公司的权利。

(3)基金的运营依据不同。契约型基金依据基金契约运营基金，公司型基金依据基金公司章程运营基金。

(二)根据变现方式的不同，可分为封闭式基金和开放式基金

1. 封闭式基金

封闭式基金，是指基金的发起人在设立基金时，限定了基金单位的发行总额，筹集到这个总额后，基金即宣布成立，并进行封闭，在一定时期内不再接受新的投资。基金单位的流通采取在交易所上市的方法，通过二级市场进行竞价交易。

2. 开放式基金

开放式基金，是指基金发起人在设立基金时，基金单位的总数是不固定的，可视经营策略和发展需要追加发行。投资者也可根据市场状况和各自的投资决策，或者要求发行机构按现期净资产扣除手续费赎回股份或收益凭证，或者买入股份或受益凭证，增加基金单位份额的持有比例。

3. 封闭式基金与开放式基金的比较

(1)期限不同。封闭式基金通常有固定的封闭期，而开放式基金没有固定期限，投资者可随时向基金管理人赎回。

(2)基金单位的发行规模要求不同。封闭式基金在招募说明书中列明其基金规模，开放式基金的投资者则可以在首次发行结束一段时间后，随时向基金管理人或中介机构提出购买或赎回申请。

(3)基金单位转让方式不同。封闭式基金在招募说明书中列明其基金规模，开放式基金没有发行规模限制。

(4)基金单位的交易价格计算标准不同。封闭式基金的买卖价格受市场供求关系的影响，并不必然反映公司的净资产值。开放式基金的交易价格则取决于基金的每单位资产净值的大小，基本不受市场供求影响。

(5)投资策略不同。封闭式基金的基金单位数不变，资本不会减少，因此基金可进行长期投资。开放式基金因基金单位可随时赎回，为应付投资者随时赎回兑现，基金资产不能全部用来投资，更不能把全部资本用来进行长期投资，必须保持基金资产的流动性。

(三)根据投资标的不同，可分为股票基金、债券基金，货币基金、期货基金，期权基金、认股权证基金、专门基金等

1. 股票基金

股票基金，是所有基金品种中最为流行的一种类型，它是指投资于股票的投资基金，其

投资对象通常包括普通股和优先股，其风险程度较个人投资股票市场要小得多，其具有较强的变现性和流动性，因此它也是一种较受欢迎的基金类型。

2. 债券基金

债券基金，是指投资管理公司为稳健型投资者设计的，投资于政府债券、市政公债、企业债券等各类债券品种的投资基金。债券基金一般情况下定期派息，其风险和收益水平通常较股票基金低。

3. 货币基金

货币基金，是指由货币存款构成投资组合，协助投资者参与外汇市场投资，赚取较高利息的投资基金。其投资工具包括银行短期存款、国库券、政府公债、公司债券、银行承兑票据及商业票据等。这类基金的投资风险小，投资成本低，安全性和流动性较高，在整个基金市场上属于低风险的安全基金。

4. 期货基金

期货基金，是指投资于期货市场以获取较高投资回报的投资基金。由于期货市场具有高风险和高回报的特点，因此投资期货基金极可能获得较高的投资收益，同时也面临着较大的投资风险。

5. 期权基金

期权基金，是指以期权为主要投资对象的基金。期权交易，是指期权购买者向期权出售者支付一定费用后，取得在规定时期内的任何时候，以事先确定好的协定价格，向期权出售者购买或出售一定数量的某种商品合约的权利的一种买卖。

6. 认股权证基金

认证权基金，是指以认股权证为主要投资对象的基金。认股权证，是指由股份有限公司发行的、按照特定的价格，在特定的时间内购买一定数量该公司股票的选择权凭证。由于认股权证的价格是由公司的股份决定的，一般来说，认股权证的投资风险较通常的股票要大得多。因此，认股权证基金也属于高风险基金。

7. 专门基金

专门基金由股票基金发展演化而成，属于分类行业股票基金或次级股票基金，包括：黄金基金、资源基金、科技基金、地产基金等，这类基金的投资风险较大，收益水平较易受到市场行情的影响。

二、投资基金的价值与报价

投资基金的股价涉及三个概念：基金的价值、基金单位净值、基金报价。

基金的价值取决于基金净资产的现在价值。由于投资基金不断变换投资组合未来收益较难预测，再加上资本利得是投资基金的主要受益来源，变幻莫测的证券价格使得对资本利得的准确预计非常困难，因此基金的价值主要由基金资产的现有市场价值决定。

基金单位净值也称为单位净资产值或单位资产净值，是在某一时点每一基金单位所具有的市场价值，是评价基金价值的最直观指标。基金单位净值的计算公式为：

$$基金单位净值=\frac{基金净资产价值总额}{基金单位总份数}$$

式中，基金净资产价值总额等于基金资产总值减基金负债总额。基金负债包括以基金名义对外融资借款以及应付给投资者的分红、应付给资金管理人的经纪费等。

基金的报价理论上是由基金的价值决定的。基金单位净值高，基金的交易价格也高。具体而言，封闭型基金在二级市场上竞价交易，其交易价格由供求关系和基金业绩决定，围绕基金单位净值上下波动；开放基金的柜台交易价格则完全以基金单位净值为基础，通常采用两种报价形式，认购价（卖出价）和赎回价（买入价）：

基金认购价 = 基金单位净值 + 首次认购价

基金赎回价 = 基金单位净值 - 基金赎回费

三、基金收益率

基金收益率是反映基金增值情况的指标，它通过基金净资产的价值变化来衡量。基金净资产的价值是以市场计量的，基金资产的市场价值增加，意味着基金的投资收益增加，基金投资者的权益也随之增高。

$$基金收益率=\frac{年末持有份数\times基金单位净值年末数-年初持有份数\times基金单位净值年初数}{年初持有份数\times基金单位净值年初数}$$

式中，持有份数是指基金单位的持有份数。如果年末和年初基金单位的持有份数相同，基金收益率就简化为基金单位净值在本年内的变化幅度。

年初的基金单位净值相当于是购买基金的本金投资，基金收益率也就相当于一种简便的投资报酬率。

【例 7-23】假设某基金持有的某三种股票的数量分别是 10 万股、50 万股和 100 万股，每股的市价分别是 30 元、20 元和 10 元，银行存款为 500 万元，应付税金为 500 万元，已售出的基金单位为 2 000 万。

要求：计算基金单位净值。

基金单位净值 =（基金资产总值 - 基金负债总额）/基金单位总份额 =（10 × 30 + 50 × 20 + 100 × 10 + 1 000 - 500 - 500）/2 000 = 1.15（元）

四、基金投资的优缺点

1. 基金投资的优点

基金投资的最大优点是能否在不承担太大风险的情况下获得较高收益。原因在于投资基金具有专家理财优势，具有资金规模优势。

2. 基金投资的缺点

（1）无法获得很高的投资收益。投资收益在投资组合过程中，在降低风险的同时，也丧失了获得巨大收益的机会。

（2）在大盘整体大幅度下跌的情况下，投资人可能承担较大风险。

任务七　证券投资风险与收益

一、商品期货的含义

商品期货是标的物为实物商品的一种期货合约，是关于买卖双方在未来某个约定日期以签约时约定的价格买卖某一数量的实物商品的标准化协议。商品期货交易是在期货交易所内买卖特定商品的标准化合同的交易形式。

（一）商品期货

1. 农产品期货。农产品期货是最早进行期货交易的品种，农产品包括的范围是谷物、畜产品、林产品以及一些经济作物。

2. 能源期货。能源期货是新型的期货合约交易品种，其重要性仅次于农产品和利率期货，超过了贵金属期货，目前稳居第三名交易的位置。

3. 金属产品期货。金属包括黑色金属和有色金属两大组成部分。黑色金属，是指钢铁产品；有色金属，是指黑色金属以外所有金属的总称。

（二）商品期货的投资决策

1. 商品期货投资的特点

（1）以小博大。投资商品期货只需交纳5%～20%的履约保证金，就可控制100%的虚拟资金。

（2）交易便利。由于期货合约中主要因素如商品质量、交货地点等都已标准化，合约的互换性和流通性较高。

（3）信息公开，交易效率高。期货交易通过公开竞价的方式使交易者在平等的条件下公平竞争。同时，期货交易有固定的场所、程序和规则，交易行为高效。

（4）期货交易可以双向操作，简便、灵活。交纳保证金后即可买进或者卖出期货合约，且只需用少数几个指令在数秒或数分钟即可达成交易。

（5）合约的履约有保证。期货交易达成后，须通过结算部门结算、确认，无需担心交易的履约问题。

2. 商品期货投资决策的基本步骤

（1）选择适当的经纪公司和经纪人。作为非商品交易所会员的企业和个人，只能通过会员在交易所进行期货交易。因此，要进行期货投资，首先必须选择一个适当的经纪公司和经纪人作为自己的交易代理机构和代理人。由于各个期货经纪公司和期货经纪人在自身素质和外在条件等方面都存在较大差异，而且这种差异可能对客户的交易风险和盈亏产生重大影响，因此，选择经纪公司和经纪人必须慎重。一般而言，选择经纪人应该考虑资本雄厚、信誉好、市场信息灵通、服务质量好、保证金和佣金收取合理的公司。

（2）选择适当的交易商品。在期货市场上买卖的商品种类很多，初入市者必须选择恰当的商品期货作为投资目标。选择交易商品的基本原则为：①必须选择自己最熟悉和最感兴趣的商品。期货商品价格的变动受许多因素影响，只有对众多的影响因素都有所了解，才能及时正确地把握该期货商品价格变动的趋势。②交易的商品种类不能太多。投资商品期货应集中精力了解一两种商品的市场状况，同时，选择有限的商品种类可保证交易有足够的资金支持。③在自己所投资的有限商品中，必须充分考虑商品品种的多元化，有限的商品种类是为了集中精力把握市况，而多元化策略则是为了回避风险。④选择价格走势比较明朗的商品。如果根据基本分析法，投资者无法确认一种商品价格的未来走势，则投资该商品的风险将会相当高。

(3)设定止损点。止损点是期货交易者为避免过大损失、保全已获利润，并使利润不断扩大而制定的买入或卖出的价格最高点或最低点。止损点的设定与使用，在操作计划的制定中极具实用价值。因交易方式的不同，设定止损点的方法也有所不同。①当天交易。当天交易的止损点设定包括：反向操作，根据当时行情的高低设立止损点；顺势操作，以当天的第一支撑点或阻力点设定卖出止损点或买入止损点；根据前一天的最高或最低点设定止损点；利用整数设定止损点，如5 800、5 850 等。②较长线交易。持有期货合约一周左右的期货交易，设定止损点的方法还有：以第二支撑或阻力点设定止损点；以前五个交易日的最高或最低点设定止损点；利用移动平均线和趋势线作为设定止损的标准。③长线交易。持有合约一个月左右的期货交易设定止损点的方法还有：以重要支撑或阻力点设定止损点；以前十个交易日的最高或最低点设定止损点；按操作计划中盘亏的预定标准设定止损点；以期货价格线形态完成时的颈线以上点或以下点设定止损点；以期货价格走向线的大波段的最高点或最低点设定止损点；以每笔交易可承担的最大损失额不超过全部金额的百分之几作为标准，确定止损点。

二、金融期货

金融期货是买卖双方在有组织的交易所内，以公开竞价的方式达成协议，约定在未来某一特定的时间交割标准数量特定金融工具的交易方式。金融期货一直在衍生金融工具市场上具有重要的地位，是投资者回避风险的有力武器和套取利润的有效工具。金融期货一般包括利率期货、外汇期货、股票期货、股指期货等。

投资金融期货的目的一般是规避风险、追求较高投资回报。金融期货投资可以采用的投资策略包括套期保值和套利等。

1. 套期保值

套期保值是金融期货实现规避和转移风险的主要手段，具体包括买入保值和卖出保值。买入保值是指交易者预计在未来将会购买一种资产，为了规避这个资产价格上升后带来的经济损失，而事先在期货市场买入期货的交易策略。卖出保值则是为了避免未来出售资产的价格下降而事先卖出期货合约来达到保值的目的。在具体实务中，如果被套期的商品与用于套期的商品相同属于直接保值的形式；如果被套期的商品和套期的商品不同，但是价格联动关系密切，则属于交叉保值的形式。

2. 套利策略

由于供给与需求之间的暂时不平衡，或是由于市场对各种证券的反应存在时滞，将导致在不同的市场之间或不同的证券之间出现暂时的价格差异，一些敏锐的交易者能够迅速地发现这种情况，并立即买入过低定价的金融工具或期货合约，同时卖出高过定价的工具或期货合约，从中获取无风险的或几乎无风险的利润，这是金融期货投资的套利策略。套利一般包括跨期套利、跨品种套利、跨市套利等形式。

三、期权投资

期权投资也称选择权，是期货合约买卖选择权的简称，是一种能在未来某特定时间以特定价格买入或卖出一定数量的某种特定商品的权利。按照赋予的权利不同，期权主要有看涨期权和看跌期权两种类型。其中，购买看涨期权可以获得在期权合约有效期内根据合约所确定的履约价格买进一种特定商品或资产的权利，购买看跌期权可以获得一种在未来一定期限内根据合约所确定的价格卖出一种特定商品或资产的权利。

进行期权投资的方法有：(1)买进认购期权。投资者预期期权标的物价格将上升，从而通过买入认购期权建立了期权多头认购，在有效期内标的物价格如果与投资者预期的一样，则达到了其买入认购期权的保值和增值目的。(2)买进认售期权。在投资者预期期权标的物价格将下跌的情况下，可通过买期权的价值得到体现。(3)买入认售期权同时买入期权标的物。即投资者预期标的物价格将下跌的情况下建立的综合头寸，如果价格果真下降，则认售期权的收益将弥补标的物价格下跌的损失以达到保值的目的；如果价格反而上升，则可通过标的物现货的升值部分弥补认售期权的损失。(4)买入认购期权同时卖出一定数量期权标的物。(5)综合多头与综合空头。

四、认股权证、优先认股权、可转换债券

(一)认股权证

认股权证是由股份公司发行的，能够按特定的价格，在特定的时间内购买一定数量该公司股票的选择权凭证，其价值有理论价值与实际价值之分。

影响认股权证理论价值的主要因素有：换股比率、普通股市价、执行价格、剩余有效期间等。认股权证的实际价值是由市场供求关系所决定的。由于套利行为的存在，认股权证的实际价值通常高于其理论价值。

(二) 优先认股权

优先认股权是指当股份公司为增加公司资本而决定增加发行新的股票时，原普通股股东享有的按其持股比例，以低于市价的某一特定价格优先认购一定数量新发行股票的权利。优先认股权又称股票先买权，是普通股股东的一种特权。在我国习惯上成为配股权证。

(三)可转换债券

1. 可转换债券的含义

可转换债券，又称可转奂公司债券，是指可以转换为普通股的证券，赋予持有者按事先约定在一定时间内将其转换为公司股票的选择权。在转换权行使之前债券持有者是发行公司的债权人，权力行使之后则成为发行公司的股东。

2. 可转换债券的要素

可转换债券的基本要素包括：

(1)基准股票，又称标的股票，是可转换债券的标的物。

(2)票面利率。可转换债券的票面利率指可转换债券票面载明的利率，通常低于普通债券利率。

(3)转换价格。转换价格也称转股价格，是将债券转换为股票时股票的每股价格。

转换价格的确定与认股权行使价格类似，一般比可转换债券出售时的股票市价高出20%～30%。具体价格要根据企业使用可转换证券的原因和各种背景资料而定。

(4)转换比率。转换比率，是指一份债券可以转换为多少股股份。

(5)转换期限。转换期，是指可转换债券转换为股份的起始日至结束日的期间。可转换债券的转换期可以与债券的期限相同，也可以短于债券的期限。

(6)赎回条款。赎回条款规定债券的发行公司有权在预定的期限内按事先约定的条件买回尚未转股的可转换债券。赎回条款包括以下内容；不可赎回期；赎回期；赎回价格；赎回条件。

(7)回收条款。回收条款规定，发行公司的股票价格在一定时期连续低于转化价格并达到一定幅度时，债券持有者可根据规定将债券发售给发行公司。回收条款具体包括回收时间、回收价格等内容。

3. 可转换债券的投资决策

(1)投资时机选择。较好的投资时机一般包括：新的经济增长周期启动时；利率下调时；行业景气回升时；转股价调整时。

(2)投资对象选择。优良的债券品质是选择可转换债券品种的基本原则。

(3)套利机会。可转换债券的投资者可以在股价高涨时，通过转股获得收益；或者根据可转换债券的理论价值和实际价格的差异套利。

与股票相比，可转换债券的投资风险较小。但也应该考虑如下风险：(1)股价波动危险；(2)利率风险；(3)提前赎回风险；(4)公司信用风险；(5)公司经营风险；(6)强制转换风险。

【课后专业测评】

一、单项选择题

1. 按照证券的性质可将证券分为(　　)。

A. 凭证证券和有价证券　　B. 所有权证券和债权证券

C. 原生证券和衍生证券　　D. 固定收益证券和变动收益证券

2. 下列各项中(　　)属于狭义有价证券。

A. 商业本票　　B. 可转换债券　　C. 运货单　　D. 借据

3. 强势有效市场和次强势有效市场的区别在于(　　)。

A. 信息从被公开到被接收是否有效

B. 投资者对信息做出判断是否有效

C. 投资者实施投资决策是否有效

D. 是否存在“内幕信息”

4. 与期货投资相比，期权投资具有的特点包括(　　)。

A. 只能在场外进行交易　　B. 投资风险小

C. 真正的交割比率高　　D. 规避风险的范围窄

5. 长期债券投资的目的是(　　)。

A. 合理利用暂时闲置的资金　　B. 调节现金余额

C. 获得稳定收益　　D. 获得企业的控制权

6. 关于债券收益率的说法错误的是(　　)。

A. 易被赎回的债券的名义收益率比较高

B. 享受税收优惠的债券的收益率比较低

C. 流动性低的债券收益率较高

D. 违约风险高的债券收益率比较低

7. 某公司于 2003 年 1 月 1 日发行 5 年期、到期一次还本付息债券，面值为 1 000 元，票面利率 10%，甲投资者于 2004 年 1 月 1 日以 1 020 元的价格购买该债券并打算持有至到期日，则该投资者进行该项投资的到期收益率为(　　)。

A. 41.18%　　B. 10.12%　　C. 4.12%　　D. 10%

8. 某公司于 2001 年 1 月 1 日发行 5 年期、每年 12 月 31 日付息的债券，面值为 1 000 元，票面利率 10%，甲投资者于 2005 年 7 月 1 日以 1 020 元的价格购买该债券并打算持有至到期日，则该投资者进行该项投资的到期收益率为(　　)。

A. 15.69%　　B. 8.24%　　C. 4.12%　　D. 10%

9. 某公司发行 5 年期债券，债券的面值为 1 000 元，票面利率 5%，每年付息一次，到期还本，投资者要求的必要报酬率为 6%。则该债券的价值为(　　)元。

A. 784.67　　B. 769　　C. 1 000　　D. 957.92

10. 甲公司以 10 元的价格购入某股票，假设持有 1 年之后以 10.5 元的价格售出，在持有期间共获得 1.5 元的现金股利，则该股票的持有期收益率是(　　)。

A. 12%　　B. 9%　　C. 20%　　D. 35%

11. 某种股票为固定成长股票，股利年增长率 6%，预计第一年的股利为 8 元/股，无风险收益率为 10%，市场上所有股票的平均收益率为 16%，而该股票的贝它系数为 1.3，则该股票的内在价值为(　　)元。

A. 65.53　　B. 67.8　　C. 55.63　　D. 71.86

12. 按照组织形态不同，可以将基金分为(　　)。

A. 契约型基金和公司型基金

B. 开放式基金和封闭式基金

C. 股票基金和债券基金

D. 期权基金和期货基金

13. 关于封闭式基金和开放式基金，下列说法错误的是(　　)。

A. 封闭式基金需要在招募说明书中列明其基金规模，开放式基金没有规模限制

B. 封闭式基金的交易价格取决于每单位资产净值的大小

C. 封闭式基金有固定的封闭期，开放式基金没有

D. 封闭式基金只能在证券交易所或者柜台市场出售

14. 假设某基金持有的某三种股票的数量分别为 10 万股、50 万股和 100 万股，每股的收盘价分别为 30 元、20 元和 10 元，银行存款为 2 000 万元，该基金负债有两项：对托管人或管理人应付未付的报酬为 500 万元，应交税金为 500 万元，已售出的基金单位为 2 000 万。则该基金的单位净值为(　　)元。

A. 1.10　　B. 1.15　　C. 1.65　　D. 1.17

15. 投资基金的收益率是通过(　　)的变化来衡量的。

A. 基金净资产的价值　　　　B. 基金认购价

C. 基金赎回价　　D. 基金资产的价值

二、多项选择题

1. 下列各项中属于广义有价证券的是(　　)。

A. 股票　B. 银行本票　C. 提货单　D. 购物券

2. 有效资本市场的前提条件包括(　　)。

A. 信息公开的有效性　B. 信息从被公开到被接收的有效性

C. 投资者对信息做出判断的有效性　D. 投资者实施投资决策的有效性

3. 在(　　)上，存在利用内幕信息获得超额利润的可能。

A. 强势有效市场　B. 次强势有效市场

C. 弱势有效市场　D. 无效市场

4. 弱势有效市场与强式、次强势有效市场的共同点在于(　　)。

A. 信息的公开都是有效的　B. 信息从被公开到被接收是有效的

C. 投资者对信息做出判断是有效的　D. 投资者实施投资决策是有效的

5. 证券投资与实际投资相比的特点包括(　　)。

A. 流动性强　B. 价值不稳定

C. 交易成本低　D. 交易过程复杂、手续繁多

6. 证券投资的系统风险包括(　　)。

A. 流动性风险　B. 利息率风险　C. 再投资风险　D. 购买力风险

7. 证券投资收益包括(　　)。

A. 证券交易的现价　B. 证券交易的原价

C. 证券交易现价与原价的差　D. 定期的股利或利息

8. 企业在选择投资对象时应当遵循的原则包括(　　)。

A. 安全性原则　B. 流动性原则

C. 重要性原则　D. 收益性原则

9. 债券收益率的影响因素包括(　　)。

A. 债券的买价　B. 债券的期限

C. 债券的税收待遇　D. 债券的违约风险

10. 相对于股票投资来说，债券投资的缺点包括(　　)。

A. 市场流动性差　B. 购买力风险大

C. 没有经营管理权　D. 收入不稳定

11. 股票收益的影响因素包括(　　)。

A. 股份公司的经营业绩　B. 股票市价的变化情况

C. 股份公司的股利政策　D. 投资者的经验与技巧

12. 股票投资的优点包括(　　)。

A. 能获得较高的投资收益　B. 能适当降低购买力风险

C. 投资风险小　D. 拥有一定的经营控制权

13. 下列各项中，属于基金投资优点的有(　　)。

A. 具有专家理财优势　B. 具有资金规模优势

C. 不可能承担很大风险　D. 可能获得很高的投资收益

三、判断题

1. 固定收益证券与变动收益证券相比，能更好地避免购买力风险。(　　)

2. 在次强势有效市场上存在两类信息和三类投资者。(　　)

3. 普通股与公司债券相比能够更好地避免购买力风险。(　　)

4. 再投资风险是指市场利率上升而造成的无法通过再投资而实现预期收益的风险。(　　)

5. 短期债券与长期债券相比，利息率风险大，再投资风险小。(　　)

6. 债券的当前收益率和票面收益率一样，不能全面地反映投资者的实际收益。(　　)

7. 普通股投资与优先股投资相比投资风险较大，而收益较低。(　　)

8. 企业进行股票投资就是为了控制被投资企业。(　　)

9. 契约型基金的运营依据是基金契约，其投资者是公司的股东，对公司拥有管理权。(　　)

10. 期权基金的投资风险较期货基金要小。(　　)

四、计算题

1. 某公司发行公司债券，面值为 1 000 元，票面利率为 10%，期限为 5 年。已知市场利率为 8%。要求计算并回答下列问题：

(1) 债券为按年付息、到期还本，发行价格为 1 020 元，投资者是否愿意购买？

(2) 债券为单利计息、到期一次还本付息债券，发行价格为 1 010 元，投资者是否愿意购买？

(3) 债券为贴现债券，到期归还本金，发行价为 700 元，投资者是否愿意购买？

2. 甲公司以 1 020 元的价格购入债券 A，债券 A 是 2001 年 9 月 1 日发行的，5 年期债券，其面值为 1 000 元，票面利率为 8%。请分别回答下列问题：

(1) 如果该债券每年 8 月 31 日付息，计算该债券的本期收益率；

(2) 如果该债券到期一次还本付息，甲公司于 2005 年 5 月 1 购入债券于 2005 年 11 月 1 日以 1 060 元的价格卖掉，计算该债券的持有期收益率；

(3) 如果该债券每年 8 月 31 日付息，甲公司于 2005 年 11 月 1 日购入该债券并持有至到期，计算该债券的到期收益率；

(4) 如果该债券每年 8 月 31 日付息，甲公司于 2004 年 9 月 1 日购入该债券并持有至到期，计算该债券的到期收益率：

	$i=6\%$	$i=7\%$	$i=8\%$	$i=9\%$
$(P/A,i,2)$	1.8334	1.8080	1.7833	1.7591
$(P/F,i,2)$	0.8900	0.8734	0.8573	0.8417

3. ABC 企业计划进行长期股票投资，企业管理层从股票市场上选择了两种股票：甲公司股票和乙公司股票，ABC 企业只准备投资一家公司股票。已知甲公司股票现行市价为每股 6 元，上年每股股利为 0.2 元，预计以后每年以 5% 的增长率增长。乙公司股票现行市价为每股 8 元，每年发放的固定股利为每股 0.6 元。ABC 企业所要求的投资必要报酬率为 8%。

要求：

(1) 利用股票估价模型，分别计算甲、乙公司股票价值并为该企业作出股票投资决策。

(2) 计算如果该公司按照当前的市价购入(1)中选择的股票的持有期收益率。

4. 某公司年初发行债券，面值为 1 000 元，10 年期，票面利率为 8%，每年年末付息一次，到期还本。若预计发行时市场利率为 9%，债券发行费用为发行额的 0.5%，该公司适用的所得税率为 30%，则该债券的资金成本为多少？

项目八　收益分配管理

【知识要点】

1. 掌握利润分配的概念；
2. 了解股利分配政策和影响股利的因素；
3. 了解股利支付的方式。

【能力目标】

1. 能够识别利润分配的顺序；
2. 能够计算发放股票股利后的每股收益。

【案例导入】

光明软件高额现金股利分配案例

北京光明软件股份有限企业于2011年1月18日上市，上市当日开盘价就为每股36元，已经比发行价每股17.68元高出1倍有余，当日最高更是创下了每股42.16元的辉煌价格，并以每股40.28元报收，在这一年中股价一路上扬。

2012年4月28日，光明软件再次吸引了人们的眼球。经股东大会审议通过，2011年度股利分配方案为10股派6元(含税)。刚刚上市一年即大比例分红，一时之间市场上众说纷纭，董事长王某某更是由于其大股东的地位成为漩涡中心，因为按照王某某对光明软件的持股比例推算，他可以从这次股利派现中分得3 312万元。高额的现金股利使股东产生了以下疑问：

(1)这样高额的现金股利发放是在一个什么样的情况下酝酿出炉的?

(2)出于什么样的目的?

(3)是否符合光明软件的企业发展思路?

(4)是否具有大股东套现的嫌疑呢?

任务一　收益分配的认知

收益与分配管理是对企业收益与分配的主要活动及其形成的财务关系的组织与调节，是企业将一定时期内所创造的经营成果合理地在企业内、外部各利益相关者之间进行有效分配的过程。企业通过经营活动取得收入后，要按照补偿成本、缴纳所得税、提取公积金、向投资者分配利润等顺序进行收益分配。对于企业来说，收益分配不仅是资产保值、保证简单再生产的手段，同时也是资产增值、实现扩大再生产的工具。

一、收益分配的意义

收益分配管理作为现代企业财务管理的重要内容之一，对于维护企业与各相关利益主体的财务关系、提升企业价值具有重要意义。主要表现在以下三个方面：

第一，收益分配集中体现了企业所有者、经营者与职工之间的利益关系；

第二，收益分配是企业再生产的条件以及优化资本结构的重要措施；

第三，收益分配是国家建设资金的重要来源之一。

二、收益分配的基本原则

企业的收益分配有广义的收益分配和狭义的收益分配两种。广义的收益分配是指对企业的收入和收益总额进行分配的过程；狭义的收益分配则是指对企业净收益的分配。本章所指收益分配是指企业净收益的分配。

收益分配作为一项重要的财务活动，企业的收益分配应当遵循以下原则：

1. 依法分配原则

企业的收益分配必须依法进行。企业的收益分配涉及国家、企业、股东、债权人、职工等多方面的收益。为了规范企业的收益分配行为，国家颁布了相关法规。这些法规规定了企业收益分配的基本要求、一般程序和分配比例，企业应当认真执行，不得违反。

2. 资本保全原则

企业的收益分配必须以资本的保全为前提。企业的收益分配不是投资者资本金的返还。而是对投资者投入资本的增值部分所进行的分配，企业必须在有可供分配的留存收益的情况下，才能进行收益分配。

【思考】:企业清算时，以企业的资本金进行的分配，是不是收益的分配?

3. 兼顾各方面利益原则

企业的收益分配必须兼顾各方面的利益。企业的收益分配直接关系到各方的切身利益。因此，企业进行收益分配时，应当统筹兼顾，维护各利益相关团体的合法权益。

4. 分配与积累并重原则

企业的收益分配必须坚持分配与积累并重的原则。企业赚取的净收益，一部分对投资者进行分配；另一部分形成企业的积累。积累的留存收益不仅为企业扩大再生产筹措了资金，同时也增强了企业抵抗风险的能力，提高了企业经营的稳定性和安全性，有利于所有者的长远利益。因此，企业在进行收益分配时，应当正确处理分配与积累之间的关系。

5. 投资与收益对等原则

通常而言，企业的收益分配必须遵循投资与收益对等的原则，即企业进行收益分配应当体现"谁投资谁收益"、收益大小与投资比例相适应的原则。投资与收益对等原则是正确处理各投资者利益关系的关键。这样才能从根本上实现收益分配中的公开、公平、公正，保护投资者的利益，提高投资者的积极性。

【思考】:我国上市公司不得用于支付股利的权益资金是(　　)。

A. 资本公积　　B. 任意盈余公积

C. 法定盈余公积　　D. 上年未分配利润

三、收益分配政策应考虑的因素

在确定企业的收益分配政策时，应当考虑的相关因素：

(一)法律因素

为了保护债权人和股东的利益，法律法规会就公司的收益分配作出规定，公司的收益分配政策必须符合相关法律规范的要求。相关要求主要体现在资本保全约束、偿债能力约束、资本积累约束、超额积累利润约束等几个方面。

1. 资本保全的约束

资本保全要求公司股利的发放不能侵蚀公司资本，即公司不能因支付股利而引起资本减少，即不能用资本(包括股本和资本公积)发放股利。资本保全的目的是防止企业任意减少资本结构中的所有者权益的比例，以保护债权人的利益。

2. 偿债能力的约束

偿债能力是指企业按时足额偿还各种到期债务的能力，是企业确定收益分配政策时要考虑的一个基本因素。公司在确定股利分配数量时，一定要考虑现金股利分配对公司偿债能力的影响，保证在现金股利分配后公司仍能保持较强的偿债能力，以维护公司的信誉和举借债务的能力，从而保证公司的正常资金周转。

3. 资本积累的约束

资本积累约束要求企业必须按照一定的比例和基数提取各种公积金(如法定盈余公积金)，股利只能从企业的可供分配收益中支付，可供分配收益是企业当期的净利润按照规定提取各种公积金后的余额和过去积累的留存收益形成的。

4. 超额累积利润的约束

因为资本利得与股利收入的税率不一致，公司通过保留利润来提高其股票价格，则可使股东避税。有些国家的法律禁止公司过度地积累盈余，如:美国《国内收入法》规定，如果国内税务局能够查实企业是故意压低股利支付率以帮助股东逃避缴纳个人所得税，就可对企业的积累盈余处以惩罚性的税率。可见，超额累积利润的约束目的是防止企业大股东逃税，我国法律目前对此尚未作出规定。

(二)公司因素

公司处于长期发展和短期经营的考虑，确定收益分配政策需要考虑的因素：

1. 现金流量

公司资金的正常周转，是公司生产经营得以有序进行的必要条件。因此，保证企业正常的经营活动对现金的需求，是确定收益分配政策的最重要的限制因素。

【思考】:为什么企业在进行收益分配时，必须充分考虑企业的现金流量，而不仅仅是企业的净利润?

2. 投资需求

企业的收益分配政策应当考虑未来投资需求的影响。如果一个公司有较多的投资机会，那么，它更适合采用低股利支付水平的分配政策。相反，如果一个公司的投资机会较少，那么公司具有较强的股利支付能力。

3. 筹资能力

企业收益分配政策受其筹资能力的限制。如果公司具有较强的筹资能力，随时能筹集到所需的资金，那么公司就具有较强的股利支付能力。

4. 资产的流动性

企业现金股利的支付能力，在很大程度上受其资产变现能力的限制。如果一个公司的资产有较强的变现能力，现金的来源就充裕，则它的股利支付能力也比较强。

5. 盈利的稳定性

企业的收益分配政策在很大程度上会受其盈利稳定性的影响。一般来讲，一个公司的盈利越稳定，则其股利支付水平也就越高。

6. 筹资成本

留存收益是企业内部筹资的一种重要方式，它同发行新股或举债相比，具有成本低的优点。因此，很多企业在确定收益分配政策时，往往将企业的净收益作为首选的筹资渠道。

7. 股利政策惯性

一般情况下，企业不宜经常改变其收益分配政策。企业在确定收益分配政策时，应当充分考虑股利政策调整有可能带来的负面影响。

8. 其他因素

企业收益分配政策的确定还会受其他公司因素的影响。如上市公司所处行业也会影响到它的股利政策。或出于达到调整资本结构的目的或达到兼并、反收购的目的等。

(三)股东因素

股东在收入、控制权、税赋、风险及投资机会等方面的考虑也会对企业的收益分配政策产生影响。

1. 稳定的收入

有的股东依赖公司发放的现金股利维持生活，他们往往要求公司能够支付稳定的股利，反对公司留存过多的收益。因此，这些股东也会倾向于多分配股利。

2. 控制权

收益分配政策也会受到现有股东对控制权要求的影响。以现有股东为基础组成的董事会，在长期的经营中可能形成了一定的有效控制格局，他们往往会将股利政策作为维持其控制地位的工具。当公司为有利可图的投资机会筹集所需资金，为避免由于增发新股，可能会有新的股东加入公司中来，而打破目前已经形成的控制格局，股东就会倾向于较低的股利支付水平，以便于从内部的留存收益中取得所需资金。

3. 税赋

公司的股利政策会受股东对税赋因素考虑的影响。一般来讲，股利收入的税率要高于资本利得税率，很多股东会由于对税赋因素的考虑而偏好于低股利支付水平。

4. 投资机会

股东的外部投资机会也是公司制定分配政策必须考虑的一个因素。如果公司将留存收益用于再投资的所得报酬低于股东个人单独将股利收入投资于其他投资机会所得的报酬，则股东倾向于公司不应多留存收益，而应多发放股利给股东。

（四）债务契约与通货膨胀

1. 债务契约

一般来说，股利支付水平越高，留存收益越少，公司的破产风险（财务风险）加大，就有可能损害到债权人的利益。因此，为保证债权人的利益不受损害，债权人通常都会在公司借款合同、债券契约以及租赁合约中加入关于借款公司股利政策的条款，以限制公司股利的发放。

限制条款主要包括以下几个方面：(1)未来的股利只能以签订合同之后的收益来发放，即不能以过去的留存收益来发放股利；(2)营运资金低于某一特定金额时不得发放股利；(3)将利润的一部分以提取偿债基金的形式留存下来；(4)利息保障倍数低于一定水平时不得发放股利。

2. 通货膨胀

通货膨胀会带来货币购买力水平下降固定资产重置资金来源不足。此时，企业往往不得不考虑留用一定的利润，以便弥补由于货币购买力水平下降而造成的固定资产重置资金缺口。因此，在通货膨胀时期，企业一般会采取偏紧的收益分配政策。

【拓展知识】：股利分配对公司股价的影响。

（五）股利理论

关于股利与股票市价之间的关系，存在着不同的观点，并形成了不同的股利理论。股利理论主要包括股利无关论、股利相关论、所得税差异理论及代理理论。

1. 股利无关论

股利无关论（也称 MM 理论）认为，在一定的假设条件限定下，股利政策不会对公司的价值或股票的价格产生任何影响。理由：一个公司的股票价格完全由公司的投资决策的获利能力和风险组合决定，而与公司的利润分配政策无关。

该理论是建立在完全市场理论之上的，假定条件包括：(1)市场具有强式效率；(2)不存在任何公司或个人所得税；(3)不存在任何筹资费用（包括发行费用和各种交易费用）；(4)公司的投资决策与股利决策彼此独立（公司的股利政策不影响投资决策）。

2. 股利相关论

股利相关理论认为，企业的股利政策会影响到股票价格。主要观点包括以下两种：

(1)股利重要论。股利重要论又称“在手之鸟”理论。该理论认为，用留存收益再投资，给投资者带来的收益具有较大的不确定性，并且投资的风险随着时间的推移会进一步增大，因此投资者更喜欢现金股利，而不愿意将收益留存在公司内部，而去承担未来的投资风险。所以公司的股利政策与公司的股票价格是密切相关的，即当公司支付较高的股利时，公司的股票价格会随之上升，公司应保持较高水平的股利支付政策。

(2)信号传递理论。信号传递理论认为，在信息不对称的情况下，公司可以通过股利政策向市场传递有关公司未来获利能力的信息，从而会影响公司的股价。一般来讲，预期未来获利能力强的公司往往愿意通过相对较高的股利支付水平，把自己同预期获利能力差的公司区别开来，以吸引更多的投资者。

对市场上的投资者来讲，股利政策的差异或许是反映公司预期获利能力的极有价值的信号。如果公司连续保持较为稳定的股利支付水平，那么，投资者就可能对公司未来的获利能力与现金流量抱有较为乐观的预期。另外，如果公司的股利支付水平在过去一个较长的时期内相对稳定，而现在却有所变动，投资者将会把这种现象看做公司管理当局将改变公司未来收益率的信号，股票市价将会对股利的变动作出反应。

3. 所得税差异理论

所得税差异理论认为，由于普遍存在的税率的差异及纳税时间的差异，资本利得收入比股利收入更有助于实现收益最大化目标，企业应当采用低股利政策。

由于认为股利收入和资本收入是不同的类型的收入，所以在很多国家，对它们征收的所得税的税率不同。一般地，对资本利得收入征收的税率低于对股利收入征收的税率。另外，即使不考虑税率差异因素的影响，股利收入纳税和资本利得收入纳税的时间上也是存在差异的。相对于股利收入的纳税来说，投资者对资本利得收入的纳税时间选择更具有弹性。这样，即使股利收入和资本利得收入没有税率上的差别，仅就纳税时间而言，由于投资者可以自由后推资本利得收入纳税的时间，所以他们之间也会存在延迟纳税带来的收益差异。

因此，在其他条件不变的情况下，投资者更偏好资本利得收入而不是股利收入。

4. 代理理论

代理理论认为，股利政策有助于减缓管理者与股东之间的代理冲突，也就是说，股利政策是协调股东与管理者之间代理关系的一种约束机制。

根据代理理论，在存在代理问题时，股利政策选择至关重要。较多地派发现金股利至少具有以下几点好处：(1)公司管理者将公司的盈利以股利的形式支付给投资者，则管理者自身可以支配的“闲余现金流量”就相应减少了，这在一定程度上可以抑制公司管理者过度地扩大投资或进行特权消费，从而保护外部投资者的利益；(2)较多的派发现金股利，减少了内部融资，导致公司进入资本市场的监督减少代理成本。因此，高水平的股利支付政策有助于降低企业的代理成本，但同时也增加了企业的外部融资成本。因此，理想的股利政策应当使成本之和最小。

任务二　股利分配政策

股利政策是指在法律允许的范围内，企业是否发放股利、发放多少股利以及何时发放股利的方针及对策。

企业的净收益可以支付给股东，也可以留存在企业内部，股利政策的关键问题是确定分配和留存的比例。

股利政策不仅会影响股东的财富，而且会影响企业在资本市场上的形象及企业股票的价格，更会影响企业的长期利益，因此，合理的股利政策对企业及股东来讲是非常重要的。

企业应当确定适当的股利政策，并使其保持连续性，以便股东据以判断其发展的趋势。在实际工作中，通常有下列几种股利发放政策可供选择：

一、剩余股利政策

剩余股利政策是指公司生产经营所获得的净收益，首先应满足公司的资金需求，如果还有剩余，则再派发股利；如果没有剩余，则不派发股利。

(一)剩余股利政策下股利的确定

公司根据这一政策，应按以下步骤确定其股利分配额：

1. 根据公司的投资计划确定公司的最佳资本结构及最佳资本预算；

2. 根据公司的目标资本结构及最佳资本预算，预计公司资金需求中，所需要的权益资本数额；

3. 尽可能用留存收益，来满足资金需求中所需增加的股东权益数额；

4. 留存收益在满足公司股东权益增加需求后，如果有剩余再用来发放股利。

【例 8－1】假设光明公司 2013 年，在提取了公积金之后的税后净利润为 2 000 万元，预计 2014 年的投资计划需要资金 2 200 万元，公司的目标资本结构为权益资本占 60%，债务资本占 40%。那么，按照目前资本结构的要求，公司投资方案所需的权益资本额为：

分析：权益资本额 = 2 200 × 60% = 1 320（万元）

公司当年全部可用于分派的盈利为 2 000 万元，除了可以满足上述投资方案所需的权益性资本额以外，还有剩余可以用于分派股利。则 2014 年可以发放的现金股利额为：

可以发放的现金股利 = 2 000 － 1 320 = 680（万元）

假设该公司当年流通在外的普通股为 1 000 万股，那么，每股股利为：

每股股利 = 680 ÷ 1 000 = 0.68（元/股）

(二)剩余股利政策的优缺点

1. 剩余股利政策的优点

留存收益优先保证再投资的需要，从而有助于降低再投资的资金成本；保持最佳的资本结构，实现企业价值的长期最大化。

2. 剩余股利政策的缺陷

如果完全遵照执行剩余股利政策，股利发放额就会每年随投资机会和盈利水平的波动而波动。即使在盈利水平不变的情况下，股利也将与投资机会的多寡呈反方向变动：投资机会越多，股利越少；反之，投资机会越少，股利发放越多。而在投资机会维持不变的情况下，股利发放额将因公司每年盈利的波动而同方向波动。剩余股利政策不利于投资者安排收入与支出，也不利公司树立良好的形象，

剩余股利政策一般适用于公司初创阶段。

二、固定或稳定增长的股利政策

固定或稳定增长的股利政策是指公司将每年派发的股利额固定在某一特定水平或是在此基础上，维持某一固定比率逐年稳定增长。

(一)固定或稳定增长股利政策的优点

1. 固定或稳定增长的股利政策可以传递给股票市场和投资者，一个公司经营状况稳定、管理层对未来充满信心的信号，这有利于公司在资本市场上树立良好的形象、增强投资者信

心，进而有利于稳定公司的股价。

2. 固定或稳定增长股利政策，有利于吸引那些打算作长期投资的股东，这部分股东希望其投资的获利能够成为其稳定的收入来源。

（二）固定或稳定增长股利政策的缺点

1. 固定或稳定增长股利政策下的股利分配只升不降，股利支付与公司盈利多少脱离，即不论公司盈利多少，均要按固定的乃至固定增长的比率派发股利。

2. 在公司的发展过程中，难免会出现经营状况不好或短暂的困难时期，如果这时仍执行固定或稳定增长的股利政策，那么派发的股利金额大于公司实现的盈利，必将侵蚀公司的留存收益，影响公司的后续发展，甚至侵蚀公司现有的资本，给公司的财务运作带来很大压力，最终影响公司正常的生产经营活动。

因此，采用固定或稳定增长的股利政策，要求公司对未来的盈利和支付能力能做出较准确的判断。一般来说，公司确定的固定股利额不应太高，要留有余地，以免陷入公司无力支付的被动局面。固定或稳定增长的股利政策一般适用于经营比较稳定或正处于成长期的企业，且很难被长期采用。

只有在确信公司未来的盈利增长不会发生逆转时，才会宣布实施固定或稳定增长的股利政策。

三、固定股利支付率政策

固定股利支付率政策是指公司将每年净收益按某一固定百分比作为股利分派给股东。这一百分比通常称为股利支付率，股利支付率一经确定，一般不得随意变更。固定股利支付率越高，公司留存的净收益越少。在这一股利政策下，只要公司的税后利润一经计算确定，所派发的股利也就相应确定了。

（一）固定股利支付率政策的优点

1. 采用固定股利支付率政策，股利与公司盈余紧密地配合，体现了多盈多分，少盈少分，无盈不分的股利分配原则。

2. 由于公司的获利能力在年度间是经常变动的，因此，每年的股利也应当随着公司收益的变动而变动，公司每年按固定的比例从税后利润中支付现金股利，从企业制度能力角度看，这是一种稳定的股利政策。

（二）固定股利支付率的缺点

1. 传递的信息容易成为公司的不利因素。大多数公司每年的收益很难保持稳定不变，如果公司每年收益状况不同，固定支付率的股利政策将导致公司每年股利分配额的频繁变化。波动的股利向市场传递的信息就是公司未来收益前景不明确、不可靠等，很容易给投资者带来公司经营状况不稳定、投资风险较大的不良印象。

2. 容易使公司面临较大的财务压力。因为公司实现的盈利越多，一定支付比率下派发的股利就越多，但公司实现的盈利多，并不代表公司有充足的现金派发股利，只能表明公司盈利状况较好而已。如果公司的现金流量状况并不好，就很容易给公司造成较大的财务压力。

3. 缺乏财务弹性。股利支付率是公司股利政策的主要内容，模式的选择、政策的制定是公司的财务手段和方法。在不同的阶段，根据财务状况制定不同的股利政策，会更有效地实现公司的财务目标。但在固定股利支付率政策下，公司丧失了利用股利政策的财务方法，缺乏财务弹性。

4. 合适的固定股利支付率的确定难度大。如果固定股利支付率确定得较低，不能满足投资者对投资收益的要求，而固定股利支付率确定得较高没有足够的现金派发股利时，会给公司带来巨大财务压力，另外当公司发展需要大量资金时，也要受其制约。所以确定合适的股利支付率的难度很大。

由于公司每年面临的投资机会、筹资渠道都不同，而这些都可以影响到公司的股利分派，所以，一成不变的奉行一种按固定比率发放股利政策的公司在实际中并不多见，固定股利支付率政策只是较适用于那些处于稳定发展且财务状况也较稳定的公司。

【例 8－2】某公司长期以来采用固定股利支付率政策进行股利分配，确定的股利支付率为 40%。2014 年可供分配的税后利润为 1 000 万元，如果仍然继续执行固定股利支付率政策，公司本年度将要支付的股利为：

$1\ 000 \times 40\% = 400$（万元）

假设：公司下一年度有较大的投资需求，因此，准备在本年度采用剩余股利政策。如果下一年度的投资预算为 1 200 万元，目标资本结构为权益资本占 60%，债务资本占 40%。按照目标资本结构的要求，公司投资方案所需的权益资本额为：

$1\ 200 \times 60\% = 720$（万元）

2014 年可以发放的股利额为：$1\ 000 - 720 = 280$（万元）

四、低正常股利加额外股利政策

低正常股利加额外股利政策，是指企业事先设定一个较低的正常股利额，每年除了按正常股利额向股东发放现金股利外，还在企业盈利情况较好、资金较为充裕的年度向股东发放高于每年度正常股利的额外股利。

（一）低正常股利加额外股利政策的优点

1. 低正常股利加额外股利政策赋予公司一定的灵活性，使公司在股利发放上留有余地和具有较大的财务弹性，每年可以根据公司的具体情况，选择不同的股利发放水平，以完善公司的资本结构，进而实现公司的财务目标。

2. 低正常股利加额外股利政策有助于稳定股价，增强投资者信心。由于公司每年固定派发的股利维持在一个较低的水平上，在公司盈利较少或需用较多的留存收益进行投资时，公司仍然能够按照既定承诺的股利水平派发股利，使投资者保持一个固有的收益保障，这有助于维持公司股票的现有价格。而当公司盈利状况较好且有剩余现金时，就可以在正常股利的基础上再派发额外股利，而额外股利信息的传递则有助于公司股票的股价上扬，增强投资者信心。

可以看出，低正常股利加额外股利政策既吸收了固定股利政策对股东投资收益的保障优点，同时又摒弃其对公司所造成的财务压力方面的不足，所以在资本市场上颇受投资者和公司的欢迎。

（二）低正常股利加额外股利政策的缺点

1. 由于年份之间公司的盈利波动使得额外股利不断变化，或时有时无，各年分派的股利不同，容易给投资者以公司收益不稳定的感觉。

2. 当公司在较长时期持续发放额外股利后，可能会被股东误认为是“正常股利”，而一旦取消了这部分额外股利，传递出去的信号可能会使股东认为这是公司财务状况恶化的表现，进而可能会引起公司股价下跌的不良后果。

所以相对来说，对那些盈利水平随着经济周期而波动较大的公司或行业，这种股利政策也许是一种不错的选择。

【思考】:1. 在下列股利分配政策中，能保持股利与收益之间一定的比例关系，并体现多盈多分、少盈少分、无盈不分原则的是(　　)。

A. 剩余股利政策　　B. 固定或稳定增长股利政策

C. 固定股利支付率政策　　D. 低正常股利加额外股利政策

2. 相对于其他股利政策而言，既可以维持股利的稳定性，又有利于优化资本结构的股利政策是(　　)。

A. 剩余股利政策　　B. 固定股利政策

C. 固定股利支付率政策　　D. 低正常股利加额外股利政策

3. 企业采用剩余股利政策进行收益分配的主要优点是(　　)。

A. 有利于稳定股价　　B. 获得财务杠杆利益

C. 有助于降低再投资的资金成本　　D. 增强公众投资信心

4. 主要依靠股利维持生活的股东最不赞成的公司股利政策是(　　)。

A. 剩余股利政策　　B. 固定或稳定增长的股利政策

C. 固定股利支付率政策　　D. 低正常股利加额外股利政策

5. 计算题:某企业 2014 年实现销售收入 2 480 万元，全年固定成本和费用 570 万元，变动成本率 55%，所得税率 33%。以前年度有 40 万元的亏损需要用本年的净利润弥补，按 10% 提取法定盈余公积金，按 5% 提取任意盈余公积金，向投资者分配利润的比率为可供投资者分配利润的 40%，不存在纳税调整事项。

要求:计算 2014 年的税后利润，提取的盈余公积金以及应向投资者分配的利润。

任务三　股利分配程序与方案

一、利润分配的顺序

根据我国公司法的规定，公司进行利润分配涉及的项目包括盈余公积和股利两部分，公司税后利润分配的顺序是:

1. 弥补企业以前年度亏损。公司的法定公积金不足以弥补以前年度亏损的，在提取法定公积金之前，应当先用当年利润弥补亏损。

2. 提取法定盈余公积金。根据公司的规定，法定盈余公积的提取比例为当年税后利润(弥补亏损后)的 10%。法定盈余公积金已达注册资本的 50% 时可不再提取，法定盈余公积可用于弥补亏损，扩大公司生产经营或转增资本，但企业用盈余公积金转增资本后，法定盈余公积金余额不得低于转增前公司注册资本的 25%。

3. 提取任意盈余公积金。根据公司法定规定，公司从税后利润中提取法定盈余公积金后，经股东会或者股东大会决议，还可以从税后利润中提取任意盈余公积金。

4. 向股东（投资者）分配股利（利润）。根据公司法的规定，公司弥补亏损和提取公积金后的剩余利润，可以向股东（投资者）分配股利（利润），其中有限责任公司股东照实缴的出资比例分取红利，全体股东约定不按照出资比例分取红利的除外，股份有限公司按照股东持有的股份比例分配，但股份有限公司章程规定不按持股比例分配的除外。

根据公司法的规定，股东会、股东大会或者董事会违反相关规定，在公司弥补亏损和提取法定公积金之前向股东分配利润的，股东必须将违反规定分配的利润退还公司，另外，公司持有的本公司股份不得分配利润。

二、股利分配方案的确定

确定股利分配方案需要考虑以下几个方面的内容：

（一）选择股利政策

股利政策不仅会影响股东的利益，也会影响公司的正常运营以及未来的发展，因此，制定恰当的股利政策就显得尤为重要。由于各种股利政策各有利弊，所以公司在进行股利政策决策时，要综合考虑公司面临的各种具体影响因素，适当遵循收益分配的各项原则，以保证不偏离公司目标。

另外，每家公司一般都会有初创阶段、增长阶段、稳定阶段、成熟阶段和衰退阶段等，在不同的发展阶段，公司所面临的财务，经营等问题都会有所不同，比如初创阶段公司的获利能力、现金流入水平、融资能力、对资金的需求等，和公司在经历高速增长阶段之后的成熟阶段相比，是完全不同的，所以公司在制定股利政策时还要与其所处的发展阶段相适应。

公司在不同成长与发展阶段所采用的股利政策可用表 8－1 来描述。

公司发展阶段	特 点	使用的股利政策
公司初创阶段	公司经营风险高，有投资需求且融资能力差	剩余股利政策
公司快速发展阶段	公司快速发展，投资需求大。	低正常股利加额外股利政策
公司稳定增长阶段	公司业务稳定增长，投资需求减少，净现金流入量增加，每股净收益呈上升趋势	固定或稳定增长型股利政策
公司成熟阶段	公司盈利水平稳定，公司通常已经积累了一定的留存收益和资金	固定支付率股利政策
公司衰退阶段	公司业务锐减，获利能力和现金获得能力下降	剩余股利政策

（二）确认股利支付水平

股利支付水平通常用股利支付率来衡量。股利支付率是当年发放股利与当年净利润之比，或每股股利除以每股收益，股利支付率制定往往使公司处于两难境地，低股利支付政策虽然有利于公司对收益的留存，有利于扩大投资规模和未来持续发展，但显然在资本市场的吸引力会大大降低，进而影响公司未来的增资扩股；而高利率支付政策有利于增强公司股票的吸引力，有助于公司在公开市场上筹措资金，但由于留存收益的减少，又会给企业资金周转带来影响，加重公司财务负担。

是否对股东派发股利以及股利支付率高低的确定，取决于企业对下列因素的权衡：(1)企业所处的成长周期；(2)企业的投资机会；(3)企业的筹资能力及筹资成本；(4)企业的资本结构；(5)股利的信号传递功能；(6)借款协议及法律原则；(7)股东偏好；(8)通货膨胀等因素。

（三）确定股利支付形式

按照股份有限公司对其股东支付股利的不同方式，股利可分为不同的种类，常见的有以下四类：

1. 现金股利

现金股利，是以现金支付的股利，它是股利支付的最常见的方式，发放现金股利将同时减少公司的资产负债表上的留存收益和现金，所以公司选择支付现金股利时，除了要有足够的留存收益之外，还要有足够的现金。

2. 财产股利

财产股利，是以现金以外的其他资产支付的股利，主要是以公司所拥有的其他公司的有价证券，如公司债券、公司股票等，作为股利发放给股东。

3. 负债股利

负债股利，是以负债方式支付的股利，通常以公司的应付票据支付股利，有时也以发行公司债券的方式支付股利

财产股利和负债股利实际上都是现金股利的替代方式，但目前这两种股利方式在我国公司实务中极少使用。

4. 股票股利

股票股利，是公司以增发股票的方式所支付的股利，我国实务中通常也称其为“红利”。股票股利会增加流通在外的股票数量，同时降低股票的每股价值，它不会改变公司股东权益的总额，但会改变股东权益的构成。

【例 8－3】某上市公司在 2014 年发放股票股利前，其资产负债表上股东权益账户情况如下(单位:万元)：

股东权益：	
普通股(面值 1 元流通在外 2 000 万股)	2 000
资本公积	4 000
盈余公积	2 000
未分配利润	3 000
股东权益合计	11 000

假设该公司宣布发放 30% 的股票股利，现有股东每持有 10 股，既可获得赠送的 3 股普通股，该公司发放的股票股利为 600 万股，随着股票股利的发放，未分配利润中有 600 万股的资金要转移到普通股的股本账户上去，因而普通股股本由原来的 2 000 万元增加到 2 600 万元，而未分配利润的余额由 3 000 万元减少至 2 400 万元，但该公司的股东权益总额并未发生变化，仍是 11 000 万元，股票股利发放之后的资产负债表上股东权益部分如下：

股东权益：

普通股(面值1元流通在外2 600万股)	2 600
资本公积	4 000
盈余公积	2 000
未分配利润	2 400
股东权益合计	11 000

假设一位股东派发股票股利之前持有公司的普通股3 000股，那么，他拥有的股权比例为：

3 000股÷2 000万股=0.015元/股

派发股利之后，他拥有的股票数量和股份比例为：

3 000股+900股=3 900股

3 900股÷2 600万股=0.015元/股

通过上例可以说明，由于公司的净资产不变，而股票股利派发前后每一位股东持股比例也不发生变化，那么他们各自持有股所代表的净资产也不会改变。

表面上看来，除了所持股数同比例增加之外，股票股利好像并没有给股东带来直接收益，事实上并非如此，理论上，派发股票股利之后的每股价格会成比例降低，保持股东的持有价值不变，但实务中这并非是必然的结果，因为市场和投资者普遍认为，公司发放股票股利往往预示着公司会有较大的发展和成长，这样的信息传递不仅会稳定股票价格甚至可能使股价不降反升。另外，如果股东把股票股利出售，变成现金收入，还会给他带来资本利得的纳税上的好处。所以股票股利对股东来说并非像表面上看到的那样毫无意义。对公司来讲，股票股利的优点主要有：

(1)发放股票股利既不需要向股东支付现金，又可以在心理上给股东以从公司取得投资回报的感觉，因此，股票股利有派发股利之“名”，而无派发股利之“实”。如果公司资金紧张，没有多余的现金派发股利，而又面临市场或股东要求分配股利压力时，股票股利不失为一种好的选择。

(2)发放股票股利可以降低公司股票市场价格，一些公司在其股票价格较高，不利于股票交易和流通时，通过发放股票股利来适当降低股价水平，促进公司股票的交易和流通。

(3)发放股票股利，可以降低股价水平，如果日后公司将要以发行股票的方式筹资，则可以降低发行价格，有利于吸引投资者。

(4)发放股票股利可以传递公司未来发展前景良好的信息，增强投资者的信心。

(5)股票股利降低每股市价的时候，会吸引更多的投资者成为公司的股东，从而可以使股权更为分散，有效地防止公司被恶意控制。

三、股利的发放

公司在选择了股利政策、确定了股利支付水平和方式后，应当进行股利的发放。公司股利的发放必须遵循相关的要求，按照日程安排来进行。一般情况下，股利的支付需要按照下列日程来进行：

1. 预案公布日

上市公司分派股利时，首先要由公司董事会制定分红预案，包括本次分红的数量、分红的方式，股东大会召开的时间、地点及表决方式等，以上内容由公司董事会向社会公开发布。

2. 宣布日

董事会制定的分红预案必须经过股东大会讨论。只有讨论通过之后，才能公布正式分红方案及实施的时间。

3. 股权登记日

这是由公司在宣布分红方案时确定的一个具体日期。凡是在此指定日期收益之前取得了公司股票，成为公司在册股东的投资者都可以作为股东享受公司分派的股利。在此日之后取得股票的股东则无权享受已宣布的股利。

4. 除息日

在除息日，股票的所有权和领取股息的权利分离，股利权利不再从属于股票，所以在这一天购入公司股票的投资者不能享有已宣布发放的股利。另外，由于失去了“附息”的权利，除息日的股价会下跌，下跌的幅度约等于分派的股息。

5. 股利发放日

在这一天，公司按公布的分红方案向股权登记日在册的股东实际支付股利。

【例 8-4】某上市公司于 2014 年 4 月 10 日公布 2013 年度的最后分红方案，其发布的公告如下：“2014 年 4 月 9 日在北京召开的股东大会，通过了 2014 年 4 月 2 日董事会关于每股分派 0.2 元的 2013 年股息分配方案。股权登记日为 4 月 25 日，除息日 4 月 26 日，公司在 5 月 10 支付股息。”

特此公告。

确定股权登记日及股利发放日？

任务四　股票分割

一、股票分割

（一）股票分割的含义

股票分割，又称股票拆细，即将一张较大面值的股票拆成几张较小面值的股票。一般实务中，如果上市公司认为自己公司的股票市场价格太高，不利于其良好的流动性，有必要将其降低，就可能进行股票分割。

股票分割对公司的资本结构不会产生任何影响，一般只会使发行在外的股票总数增加，资产负债表中股东权益各账户（股本、资本公积、留存收益）的余额都保持不变，股东权益的总额也保持不变。因此，股票分割与股票股利非常相似，都是在不增加股东权益的情况下增加了股票的数量，所不同的是，股票股利虽不会引起股东权益总额的改变，但股东权益构成项目之间的比例会发生变化，而股票分割之后，股东权益总额及其构成项目的金额都不会发生任何变化，变化的只是股票的数量和面值。

（二）股票分割的作用

1. 促进股票的流通和交易。

股票分割会使公司股票每股市价降低，买卖该股票所必需的资金量减少，易于增加该股票在投资者之间的换手，并且可以使更多的资金实力有限的潜在股东变成持股的股东。因此，股票分割可以促进股票的流通和交易。

2. 提高投资者对公司的信心。

股票分割可以向投资者传递公司发展前景良好的信息，有助于提高投资者对公司的信心。

3. 股票分割可以为公司发行新股做准备，促进新股的发行。

公司股票价格太高，会使许多潜在的投资者力不从心，而不敢轻易对公司的股票进行投资。在新股发行之前，利用股票分割降低股票价格，可以促进新股的发行。

4. 股票分割有助于公司并购政策的实施，增加对被并购方的吸引力。

【例 8－5】假设有甲乙两家公司，甲公司股票每股市价为 60 元，乙公司股票每股市价为 6 元，甲公司准备通过股票交换的方式对乙公司实施并购，如果甲公司以 1 股股票换取乙公司的 10 股股票，可能会使乙公司的股东在心理上难以承受。

分析：如果甲公司进行股票分割，则乙公司的股东在心理上可能会容易接受一些。因此，通过股票分割的办法改变被并购企业股东的心理差异，更有利于企业并购方案的实施。

5. 股票分割带来的股票流通性的提高和股东数量的增加，会在一定程度上加大对公司股票恶意收购的难度。

【拓展知识】股票反分割

如果公司认为其股票价格过低，不利于其在市场上的声誉和未来的再筹资时，为提高其股票的价格，会采取反分割措施，实质上就是公司将流通在外的股票数进行合并。反分割显然会降低股票的流通性，加大投资者入市的门槛，它向市场传递的信息通常都是不利的。

【例 8－6】某上市公司在 2014 年终，其资产负债表股东权益账户情况如下（单位：万元）：

股东权益：	
普通股（面值 10 元，流通在外 1 000 万股）	10 000
资本公积	20 000
盈余公积	4 000
未分配利润	5 000
股东权益合计	39 000

要求：(1) 假设该公司宣布发放 30% 的股票股利，即现有股东每持有 10 股，即可获得赠送的 3 股普通股。发放股票股利后，股东权益有何变化？每股净资产是多少？

(2) 假设该公司按照 1∶5 的比例进行股票分割。股票分割后，股东权益的变化？每股的净资产是多少？

解答：(1) 发放股票股利后股东权益情况如下：

股东权益：	
普通股（面值 10 元，流通在外 1 300 万股）	13 000
资本公积	20 000
盈余公积	4 000
未分配利润	2 000
股东权益合计	39 000

每股的净资产为：39 000 ÷ (1 000 + 300) = 30（元/股）

(2)股票分割后股东权益情况如下：

股东权益：

普通股(面值2元，流通在外5 000万股)	10 000
资本公积	20 000
盈余公积	4 000
未分配利润	5 000
股东权益合计	39 000

每股的净资产为：39 000 ÷（1 000 × 5）= 7.8(元/股)

二、股票回购

(一)股票回购及其法律规定

股票回购，是指上市公司出资将其发行的流通在外的股票以一定价格购买回来予以注销或作为库存股的一种资本运作方式。

我国《公司法》规定，公司不得收购本公司股份。但是，有下列情形之一的除外：

1. 减少公司注册资本；
2. 与持有本公司股份的其他公司合并；
3. 将股份奖励给本公司职工；
4. 股东因对股东大会做出的公司合并、分立决议持异议，要求公司收购其股份的。

(二)股票回购的动机

在证券市场上，股票回购的动机主要有以下几点：

1. 现金股利的替代

对股东来讲，需要现金的股东可以选择出售股票，不需要现金的股东可以选择继续持有股票。对公司来讲，派发现金股利会对公司产生未来的派现压力，而股票回购属于非正常股利政策，不会对公司产生未来的派现压力。因此，当公司有富余资金，但又不希望通过派现方式进行分配的时候，股票回购可以作为现金股利的一种替代。

2. 提高每股收益

由于财务上的每股收益指标是以流通在外的股份数作为计算基础，有些公司为了自身形象、上市需求和投资人渴望高回报等原因，采取股票回购的方式来减少实际支付股利的股份数，从而提高每股收益指标。

3. 改变公司的资本结构

股票回购可以改变公司的资本结构，提高财务杠杆水平。无论是用现金回购还是举债回购股份，都会提高财务杠杆水平，改变公司的资本结构。

4. 传递公司的信息以稳定或提高公司的股价

由于信息不对称和预期差异，证券市场上的公司股票价格可能被低估，而过低的估价将会对公司产生负面影响。因此，如果公司认为公司的股价被低估时，可以进行股票回购，以向市场和投资者传递公司真实的投资价值，稳定或提高公司的股价。一般情况下，投资者认为股票回购意味着公司认为其股票价值被低估而采取的应对措施。

5. 巩固既定控制权或转移公司控制权

许多股份公司的大股东为了保证其所代表股份公司的控制权不被改变，往往采取直接或间接的方式回购股份，从而巩固既有的控制权。另外，有些公司的法定代表人并不是公司大股东的代表，为了保证不改变在公司中的地位，也为了能在公司中实现自己的意志，往往也采取股票回购的方式分散或削弱原控股股东的控制权，以实现控制权的转移。

6. 防止敌意收购

股票回购有助于公司管理者避开竞争对手企图收购的威胁，因为它可以使公司流通在外的股份数变少，股价上升，从而使收购方要获得控制公司的法定股份比例变得更为困难。而且，股票回购可能会使公司的流动资金大大减少，财务状况恶化，这样的结果也会减少收购公司的兴趣。

7. 满足认股权的行使

在企业发行可转换债券、认股权证或实行经理人员股票期权计划及员工持股计划的情况下，采取股票回购的方式既不会稀释每股收益，又能满足认股权的行使。

8. 满足企业兼并与收购的需要

在进行企业兼并与收购时，产权交换的实现方式包括现金购买及换股两种。如果公司有库藏股，则可以用公司的库藏股交换并购公司的股权，这样可以减少公司的现金支出。

(三)股票回购的影响

1. 股票回购对上市公司的影响

(1)股票回购需要大量资金支付回购的成本，容易造成资金紧张，资产流动性降低，影响公司的后续发展。

(2)公司进行股票回购，无异于股东退股和公司资本的减少，在一定程度上削弱了对债权人利益的保障。

(3)股票回购可能使公司的发起人股东更注重创业利润的兑现，而忽视公司长远的发展，损害公司的根本利益。

(4)股票回购容易导致公司操纵股价。公司回购自己的股票，容易导致其利用内幕消息进行操作，或操纵财务信息，加剧公司行为的非规范化，使投资者蒙受损失。

2. 股票回购对股东的影响

对于投资者来说，与现金股利相比，股票回购不仅可以节约个人税收，而且具有更大的灵活性。

(四)股票回购的方式

股票回购包括公开市场回购、要约回购及协议回购三种方式。

1. 公开市场回购

公开市场回购，是指公司在股票的公开交易市场上以等同于任何潜在投资者的地位，按照公司股票当前市场价格回购股票。这种方式的缺点是，在公司市场回购时很容易推高股价，从而增加回购成本，另外交易税和交易佣金也是不可忽视的成本。

2. 要约回购

要约回购，是指公司在特定期间向市场发出的以高出股票当前市场价格的某一价格，回购既定数量股票的要约。这种方式赋予所有股东向公司出售其所持股票的均等机会。与公开市场回购相比，要约回购通常被市场认为是更积极的信号，原因在于要约价格存在高出股票当前价格的溢价。但是，溢价的存在也使得回购要约的执行成本较高。

3. 协议回购

协议回购，是指公司以协议价格直接向一个或几个主要股东回购股票，协议价格一般低于当前的股票市场价格。

【思考】:1. 关于发放股票股利，下列说法正确的有(　　)。

A. 不会导致股东权益总额发生变化，但会导致股东权益内部结构发生变化，会增加普通股股数，减少未分配利润。

B. 不需要向股东支付现金

C. 可以降低公司股票的市场价格，促进公司股票的交易和流通，可有效地防止公司被恶意控制

D. 可以传递公司未来发展前景良好的信息，增强投资者的信心，可以降低日后公司发行股票的发行价格，有利于吸引投资者

2. 下列表述正确的有(　　)。

A. 董事会可以直接向社会公布分红方案

B. 股权登记日和除息日不是同一天，股权登记日在除息日之前

C. 在股权登记日之后取得股票的股东无权享受已宣布的股利

D. 在除息日购入股票的投资者不能分享已宣布发放的股利，因此，除息日的股价会下跌

3. 发放股票股利和进行股票分割都会导致(　　)。

A. 普通股股数增加　　B. 股东持股比例上升

C. 资产总额增加　　D. 每股收益下降

4. 关于发放股票股利和股票分割的作用，下列说法正确的有(　　)。

A. 都可以促进股票的流通和交易　　B. 都有助于提高投资者对公司的信心

C. 都可以有效地防止公司被恶意收购　　D. 不会导致股东持股比例发生变化

5. 我国《公司法》规定，经股东大会决议通过，以下情况可以收购本公司股票的有(　　)。

A. 将股份奖励给本公司职工

B. 减少公司注册资本

C. 与持有本公司股份的其他公司合并

D. 股东因对购东大会作出的公司合并、分立决议持异议，要求公司收购其股份

6. 股票回购对上市公司的影响包括(　　)。

A. 公司操纵股价　　B. 公司股票的市价下降

C. 损害公司的根本利益　　D. 削弱对债权人利益的保障

【课后专业测评】

一、单项选择题

1. 利润分配应遵循的原则中(　　)是正确处理投资者利益关系的关键。

A. 依法分配原则　　　　B. 兼顾各方面利益原则

C. 分配与积累并重原则　　D. 投资与收益对等原则

2. 下列在确定公司利润分配政策时应考虑的因素中，不属于股东因素的是(　　)。

A. 规避风险　　　　B. 稳定股利收入

C. 防止公司控制权旁落　　D. 公司未来的投资机会

3. (　　)的依据是股利无关论。

A. 剩余股利政策　　　　B. 固定股利政策

C. 固定股利支付率政策　　D. 低正常股利加额外股利政策

4. (　　)认为用留存收益再投资带给投资者的收益具有很大的不确定性，并且投资风险随着时间的推移将进一步增大，所以投资者更喜欢现金股利。

A. 在手之鸟理论　　　　B. 信号传递理论

C. 代理理论　　　　　　D. 股利无关论

5. 剩余股利政策的优点是(　　)。

A. 有利于树立良好的形象　　　　B. 有利于投资者安排收入和支出

C. 有利于企业价值的长期最大化　　D. 体现投资风险与收益的对等

6. 某公司 2005 年度净利润为 4 000 万元，预计 2006 年投资所需的资金为 2 000 万元，假设目标资金结构是负债资金占 60%，企业按照 15% 的比例计提盈余公积金，公司采用剩余股利政策发放股利，则 2005 年度企业可向投资者支付的股利为(　　)万元。

A. 2 600　　B. 3 200　　C. 2 800　　D. 2 200

7. (　　)适用于经营比较稳定或正处于成长期、信誉一般的公司。

A. 剩余股利政策　　　　B. 固定股利政策

C. 固定股利支付率政策　　D. 低正常股利加额外股利政策

8. (　　)既可以在一定程度上维持股利的稳定性，又有利于企业的资本结构达到目标资本结构，使灵活性与稳定性较好的结合。

A. 剩余股利政策　　　　B. 固定股利政策

C. 固定股利支付率政策　　D. 低正常股利加额外股利政策

9. 上市公司发放现金股利的原因不包括(　　)。

A. 投资者偏好　　　　B. 减少代理成本

C. 传递公司的未来信息 D. 减少公司所得税负担

10. (　　)是领取股利的权利与股票相互分离的日期。

A. 股利宣告日　　B. 股权登记日　　C. 除息日　　D. 股利支付日

11. 股票股利与股票分割影响的区别在于(　　)。

A. 股东的持股比例是否变化　　B. 所有者权益总额是否变化

C. 所有者权益结构是否变化　　D. 股东所持股票的市场价值总额是否变化

12. 股票回购的方式不包括(　　)。

A. 向股东标购　　　　　B. 用普通股换回债券

C. 与少数大股东协商购买　　D. 在市场上直接购买。

13. 股票回购的负面效应不包括(　　)。

A. 造成资金短缺　　B. 发起人忽视公司的长远发展

C. 导致内部操纵股价　　D. 降低企业股票价值

14. 某公司现有发行在外的普通股200万股，每股面值1元，资本公积300万元，未分配利润800万元，股票市价10元，若按10%的比例发放股票股利并按市价折算，公司报表中资本公积的数额将会增加(　　)万元。

A. 180　B. 280　C. 480　D. 300

二、多项选择题

1. 在确定利润分配政策时须考虑股东因素，其中主张限制股利的是(　　)。

A. 稳定收入考虑　B. 避税考虑　C. 控制权考虑　D. 规避风险考虑

2. 影响利润分配的其他因素主要包括(　　)。

A. 控制权　　B. 超额累积利润约束

C. 债务合同限制　　D. 通货膨胀限制

3. 公司以支付现金股利的方式向市场传递信息，通常也要付出较为高昂的代价，这些代价包括(　　)。

A. 较高的所得税负担　　B. 重返资本市场后承担必不可少的交易成本

C. 摊薄每股收益　　D. 产生机会成本

4. 尽管以派现方式向市场传递利好信号需要付出很高的成本，但仍然有很多公司选择派现作为股利支付的主要方式，其原因主要有(　　)。

A. 声誉激励理论　　B. 逆向选择理论

C. 交易成本理论　　D. 制度约束理论

5. 股利无关论是建立在“完美且完全的资本市场”的假设条件之上的，这一假设包括(　　)。

A. 完善的竞争假设　　B. 信息完备假设

C. 存在交易成本假设　　D. 理性投资者假设

6. 固定股利支付率政策的优点包括(　　)。

A. 使股利与企业盈余紧密结合　　B. 体现投资风险与收益的对等

C. 有利于稳定股票价格　　D. 缺乏财务弹性

7. 企业选择股利政策类型时通常需要考虑的因素包括(　　)。

A. 企业所处的成长与发展阶段　　B. 股利信号传递功能

C. 目前的投资机会　　D. 企业的信誉状况

8. 企业确定股利支付水平需要考虑的因素包括(　　)。

A. 企业所处的成长与发展阶段　　B. 企业的控制权结构

C. 顾客效应　　D. 通货膨胀因素

9. 关于股票股利的说法正确的是(　　)。

A. 发放股票股利便于今后配股融通更多的资金和刺激股价

B. 发放股票股利不会引起所有者权益总额的变化

C. 发放股票股利会引起所有者权益内部结构的变化

D. 发放股票股利没有改变股东的持股比例，但是改变了股东所持股票的市场价值总额

10. 股票回购的动机包括(　　)。

A. 改善企业资金结构　　B. 满足认股权的行使

C. 分配超额现金　　D. 清除小股东

11. 影响股票回购的因素包括(　　)。

A. 税收因素　　B. 投资者对股票回购的反应

C. 对股票市场价值的影响　　D. 对公司信用等级的影响

三、判断题

1. 资本积累约束要求企业发放的股利或投资分红不得来源于原始投资(或股本),而只能来源于企业当期利润或留存收益。(　　)

2. 处于成长期的公司多采取多分少留的政策,而陷入经营收缩的公司多采取少分多留的政策。(　　)

3. 股利分配的信号传递理论认为股利政策是协调股东与管理者之间代理关系的一种约束机制。(　　)

4. 股利分配的税收效应理论认为股利政策不仅与股价相关,而且由于税赋的影响,企业应采用高股利政策。(　　)

5. 股份有限公司利润分配的顺序是:提取法定公积金、提取法定公益金、提取任意公积金、弥补以前年度亏损、向投资者分配利润或股利。(　　)

6. 法定公积金按照本年实现净利润的10%提取,法定公积金达到注册资本的50%时,可不再提取。(　　)

7. 只要企业有足够的现金就可以支付现金股利。(　　)

8. 通常在除息日之前进行交易的股票,其价格高于在除息日后进行交易的股票价格。(　　)

9. 股票分割可能会增加股东的现金股利,使股东感到满意。(　　)

10. 出于稳定收入考虑,股东最不赞成固定股利支付率政策。(　　)

11. 在公司的高速发展阶段,企业往往需要大量的资金,此时适应于采用剩余股利政策。(　　)

四、计算题

1. 某公司2014年度的税后利润为1 000万元,该年分配股利500万元,2016年拟投资1 000万元引进一条生产线以扩大生产能力,该公司目标资本结构为自有资金占80%,借入资金占20%。该公司2015年度的税后利润为1 200万元。

要求:

(1)如果该公司执行的是固定股利政策,并保持资金结构不变,则2016年度该公司为引进生产线需要从外部筹集多少自有资金?

(2)如果该公司执行的是固定股利支付率政策,并保持资金结构不变,则2016年度该公司为引进生产线需要从外部筹集多少自有资金?

(3)如果该公司执行的是剩余股利政策,则2015年度公司可以发放多少现金股利?

2. 正保公司年终进行利润分配前的股东权益情况如下表所示:

单位:万元

股本(面值3元已发行100万股)	300
资本公积	300

未分配利润	600
股东权益合计	1 200

回答下列互不关联的两个问题：

(1)如果公司宣布发放10%的股票股利，若当时该股票市价为5元，股票股利的金额按照当时的市价计算，并按发放股票股利后的股数发放现金股利每股0.1元。则计算发放股利后的股东权益各项目的数额。

(2)如果按照1股换3股的比例进行股票分割，计算进行股票分割后股东权益各项目的数额。

项目九 财务预算

【知识要点】

1. 理解财务预算的概念、内容、作用；
2. 了解固定预算、增量预算和定期预算的含义、内容；
3. 掌握财务预算的编制程序和方法。

【能力目标】

1. 能够利用固定预算法和弹性预算法编制财务预算；
2. 能够编制现金预算表。

【案例导入】

光明集团财务预算管理

光明集团于十年前从德国引进年产6 000吨的CPE装置，经过四次改造，目前已达年产5万吨，仅这一产品就为企业年创销售收入6亿多元，无论从产量还是数量上都已经超过同行业先进国家。但是集团董事长陈某某认识到：企业好比有两个轮子，如果只有一个轮子在转动，那这个企业只能在原地打转，而不会前进。企业没有正确的财务管理，只有好的产品是不行的，关键是我们能不能管好这个产品。因此，光明集团于五年前确立了以财务管理为中心的企业管理机制。

实施以财务管理为中心，要从组织上、制度上、行为上和监督上体现出来。光明集团成立了财务预算处，具体负责企业的全面预算管理，用全面预算控制这个新的概念来代替计划经济下旧的管理体制。通过一系列具体措施，做好了财务管理的基础工作，这些都是和全面预算控制有机地结合在一起的。

【思考】:1. 财务预算的作用？

2. 怎样建立健全集团财务预算管理体系？

任务一 财务预算的认知

“凡事预则立，不预则废”。预算是企业在预测、决策的基础上，以数量和金额的形式反映企业未来一定时期内经营、投资、财务等活动的具体计划，是为实现企业目标而对各种资源和企业活动的详细安排。

一、预算的特征

预算具有两个特征：首先，编制预算的目的是促成企业以最经济有效的方式实现预定目标，因此，预算必须与企业的战略或目标保持一致；其次，预算作为一种数量化的详细计划，它是对未来活动的细致、周密安排，是未来经营活动的依据，数量化和可执行性是预算最主要的特征。因此，预算是一种可据以执行和控制经济活动的、最为具体的计划，是对目标的具体化，是将企业活动导向预定目标的有力工具。

二、预算的分类

企业预算可以按不同标准进行多种分类：

（一）根据预算内容不同，可以分为业务预算（即经营预算）、专门决策预算和财务预算

1. 业务预算是指与企业日常经营活动直接相关的经营业务的各种预算。它主要包括销售预算、生产预算、材料采购预算、直接材料消耗预算、直接人工预算、制造费用预算、产品生产成本预算、经营费用和管理费用预算等。

2. 专门决策预算是指企业不经常发生的、一次性的重要决策预算。专门决策预算直接反映相关决策的结果，是实际中选方案的进一步规划。如资本支出预算。

3. 财务预算是指企业在计划期内反映有关预计现金收支、财务状况和经营成果的预算。财务预算作为全面预算体系的最后环节，它是从价值方面总括地反映企业各项业务预算与专门决策预算的结果，也就是说，业务预算和专门决策预算中的资料都可以用货币金额反映在财务预算内，这样一来，财务预算就成为了各项业务预算和专门决策预算的整体计划，故亦称为总预算，其他预算则相应称为辅助预算或分预算。显然，财务预算在全面预算中占有举足轻重的地位。

（二）从预算指标覆盖的时间长短划分，企业预算可分为长期预算和短期预算

通常将预算期在1年以内（含1年）的预算称为短期预算，预算期在1年以上的预算则称为长期预算。预算的编制时间可以视预算的内容和实际需要而定，可以是1周、1月、1季、1年或若干年等。在预算编制过程中，往往应结合各项预算的特点，将长期预算和短期预算结合使用。

一般情况下，企业的业务预算和财务预算多为以1年期的短期预算，年内再按季或月细分，而且预算期间往往与会计期间保持一致。

三、预算体系

各种预算是一个有机联系的整体。一般将由业务预算、专门决策预算和财务预算组成的预算体系，称为全面预算体系。

四、财务预算的含义

财务预算是一系列专门反应企业未来一定预算期内预计财务状况和经营成果，以及现金收支等价值指标的各种预算的总称。具体包括现金预算、预计利润表和预计资产负债表等内容。

五、财务预算的作用

财务预算的作用主要表现在以下四个方面：

1. 明确各部门工作目标

财务预算作为一种以价值尺度编制的计划，规定了企业一定时期的总目标以及各级各部门的具体财务目标。这样就可使各个部门从价值上了解本部门的经济活动与整个企业经营目标之间的关系，明确各自的职责及其努力方向，从各自的角度去完成企业总的战略目标。

2. 协调企业内部各个部门关系

财务预算可以把企业各方面的工作纳入统一计划，促使企业内部各部门的预算相互协调，环环相扣，达到平衡，在保证企业总体目标最优的前提下，组织各自的生产经营活动。例如，多数日常业务预算需要在反映具体业务的同时，与其他部门协调并且反映现金收支情况。

3. 控制各部门日常活动

编制预算是企业经营管理的起点，也是控制日常经济活动的依据。在预算的执行过程中，各部门应通过计量、对比，及时揭露实际脱离预算的差异并分析其原因，以便采取必要措施，消除薄弱环节，保证预算目标的顺利完成。

4. 可以作为各部门业绩考核的标准

企业财务预算确定的各项指标，也是考核各部门工作成绩的基本尺度。在评定各部门工作业绩时，要根据财务预算的完成情况，分析偏离预算的程度和原因，划清责任，赏罚分明，促使各部门为完成预算规定的目标努力工作。

任务二　资金需要量的预测

一、资金需要量预测

企业在筹资之前，应当采用一定的方法预测资金需求量，只有这样，才能使筹集的资金既能保证满足生产经营需要，又不会有太多的闲置。企业资金需要量的预测可以采用定性预测法、比率预测法及资金习性预测法。

(一)定性预测法

定性预测法是指利用直观的资料，依靠个人经验和主观分析、判断能力，对未来资金需要量做出预测的方法。

其预测过程是：首先，由熟悉生产经营情况和财务情况的专家，根据过去所积累的经验进行分析判断，提出预测的初步意见；然后，通过召开座谈会或发出各种表格等形式征求意见，对上述预测的初步意见进行修正补充。这样经过一次或几次以后，得出预测的最终结果。

定性预测法优点：简单、十分实用；缺点：它不能揭示资金需要量与有关因素之间的数量关系，例如，预测资金需要量应和企业生产经营规模相联系。生产规模扩大，销售数量增加，会引起资金需求量增加；反之，则会使资金需求量减少。

（二）比率预测法

比率预测法是指依据财务比率与资金需求量之间的关系，预测未来资金需要量的方法。能用于资金预测的比率可能会很多，如存货周转率、应收账款周转率等，但最常用的是资金与销售额之间的比率。

1. 销售额比率法是指以资金与销售额的比率为基础，预测未来资金需求量的方法。应用销售额比率法预测资金需求量时，是以下列假定为前提的：

（1）企业的部分资产和负债与销售额同比率变化；

（2）企业的各项资产，负债与所有者权益结构以达到最优。

销售额比率法的计算公式为：

$$对外筹资需求量 = \frac{A}{S_1}(\Delta S) - \frac{B}{S_1}(\Delta S) - EP(S_2)$$

$$或：对外筹资需求量 = \frac{\Delta S}{S_1}(A - B) - EP(S_2)$$

式中，A 为随销售变化而变动的资产（变动资产）；B 为随销售变化而变动的负债（变动负债）；S_1 为基期销售额；S_2 为预测期销售额；ΔS 为销售的变动额；P 为销售净利率；E 为留存收益比率；A/S_1 为变动资产占基期销售额的百分比；B/S_1 为变动负债占基期销售额的百分比。

应用销售额比率法预测资金需要量通常需经过以下步骤：

（1）预计销售额增长率或销售增长额；

（2）确定随销售额变动而变动的资产和负债项目；

（3）确定需要增加的资金数额。

【例 9－1】某公司 2014 年 12 月 31 日的资产负债表如表 9－1 所示。

资产负债表(简表)　　2014 年 12 月 31 日　　单位:万元

资产	金额	负债与所有者权益	金额
货币资金	5 000	应付账款	50 000
应收账款	15 000	其他应付款项	10 000
存货	30 000	短期借款	25 000
		应付债券	10 000
固定资产	30 000	股本	20 000
		留存收益	10 000
合计	80 000	合计	80 000

假定该公司 2014 年的销售收入为 100 000 万元，销售净利率为 10%，股利支付率为 60%，公司现有生产能力尚未饱和，增加销售无需追加固定资产投资。经预测，2015 年公司销售收入将提高到 120 000 万元，企业销售净利率和利润分配政策保持不变。

应用销售额比率法的预测资金需求如下：

(1)预计销售额增长率：

销售额增长率 =(120 000 - 100 000) ÷ 100 000 × 100% =20%

(2)确定随销售额变动而变动的资产和负债项：

预计随销售增加而自动增加的项目列示在表 9 - 2 中。

表 9 - 2　　销售额比率表

资产	占销售收入(%)	负债与所有者权益	占销售收入(%)
现金	5	应付费用	10
应收账款	15	应付账款	5
存货	30	短期借款	不变动
固定资产	不变动	公司债券	不变动
		实收资本	不变动
		留存收益	变动(需计算)
合计	50	合计	15

在表 9 - 2 中，不变动是指该项目不随销售的变化而变化。

(3)确定需要增加的资金数额。

从表 9 - 2 中可以看出，销售收入每增加 100 元，必须增加 50 元的资金占用，但同时增加 15 元的资金来源，从 50% 的资金需求中减去 15% 自动产生的资金来源，还剩下 35% 资金需求，因此每增加 100 元的销售收入，该公司必须取得 35 元的资金来源。本例中，销售收入从 100 000 万元增加到 120 000 万元，增加了 20 000 万元，按照 35% 的比率可预测将增加 7 000万元的资金需求。

(4)根据有关财务指标的约束条件，确定对外筹资数额。

上述7 000 万元的资金需求有些可通过企业内部来筹集。依题意，该公司2015 年净利润为120 000×10%，公司股利支付率为60%，则将有40%的利润即4 800 万元留存下来(即留存收益率为40%)，从7 000 万元中减去4 800 万元的留存收益，则还有2 200 万元的资金必须向外界来融通。

(5)根据上述资料，可求得2015 年该公司对外筹资数额为：

50% ×20 000 −15% ×20 000 −10% ×40% ×120 000 =2 200(万元)

(三)资金习性预测法

资金习性法预测法是指根据资金习性预测未来资金需求量的方法。这里所说的资金习性，是指资金的变动与产销量变动之间的依存关系。按照资金习性，可以把资金区别分为不变资金、变动资金和半变动资金。

1. 不变资金是指在一定的产销量范围内，不受产销量变动的影响而保持固定不变动的那部分资金。这部分资金包括：为维持正常营业而占用的最低数额现金，原材料的保险储备，必要的成品储备，以及厂房、机器设备等固定资产占用的资金。

2. 变动资金是指随产销量的变动而同比例变动的那部分资金，它一般包括直接构成产品实体的原材料，外购件等占用的资金。另外，在最低储备以外的现金、存货、应收账款等也具有变动资金的性质。

3. 半变动资金是指虽然受产销量变化的影响，但不成比例变动的资金，如，一些辅助材料所占用的资金。半变动资金可采用一定的方法划分为不变资金和变动资金两部分。

资金习性预测法有两种形式：一种是根据资金占用总额同产销量的关系来预测资金需求量；另一种是采用先分项后汇总的方式预测资金需求量。

假设，产销量为自变量 x，资金占用量为因变量 y. 他们之间的关系可用下式表示：

$$y = a + bx$$

式中，a 为不变资金，b 为单位产销量所需变动资金(其数值可采用高低点法或回归直线法求得)。

(1)高低点法。资金预测的高低点法是指根据企业一定期间资金占用的历史材料，按照资金习性原理和 $y = a + bx$ 直线方程式，选用最高收入期和最低收入期的资金占用量之差，同这两个收入期的销售额之差进行对比，先求 b 的值，然后再代入原直线方程，求出 a 的值，从而估计推测资金发展趋势。其计算公式为：

b = (最高收入期资金占用量 − 最低收入期资金占用量)/(最高销售收入 − 最低销售收入)

a = 最高收入期资金占用量 − b × 最高销售收入

= 最低收入期资金占用量 − b × 最低销售收入

【例9−2】某企业历史上现金占用与销售收入之间的关系如表9−3 所示：

表 9－3　　现金与销售收入变化情况表　　单位：元

年度	销售收入（x_I）	现金占用（y_I）
2011	2 000 000	110 000
2012	2 400 000	130 000
2013	2 600 000	140 000
2014	2 800 000	150 000
2015	3 000 000	160 000

根据以上资料采用高低点法计算如下：

$b = (160\ 000 - 110\ 000) \div (3\ 000\ 000 - 2\ 000\ 000) = 0.05$

$a = 160\ 000 - 0.05 \times 3\ 000\ 000 = 10\ 000$（万元）

或 $= 110\ 000 - 0.05 \times 2\ 000\ 000 = 10\ 000$（万元）

同时，存货、应收账款、流动负债、固定资产等也可以根据历史资料做同样的划分，然后汇总列与表 9－4 中。

项目	年度不变资金（a）	每元销售收入所需变动资金（b）
流动资产		
现金	10 000	0.05
应收账款	60 000	0.14
存货	100 000	0.22
小 计	170 000	0.41
减：流动负债		
应付账款及应付费用	80 000	0.11
净资金占用	90 000	0.30
固定资产		
厂房、设备	150 000	0
所需资金合计	600 000	0.30

根据表 9－4 的资料得出预测模型为：

$y = 600\ 000 + 0.30x$

如果 2015 年的预计销售收入为 3 500 000 万元，则

$y = 600\ 000 + 0.30 \times 3\ 500\ 000 = 1\ 650\ 000$（万元）

高低点法简便易行，在企业资金变动趋势比较稳定的情况下，较为适宜。

（2）回归直线法。回归直线法是指根据若干期业务量和资金占用的历史资料，运用最小平方法原理计算不变资金和单位销售额变动资金的一种资金习性分析法。其计算公式为：

$$a = \frac{\sum X_i^2 \sum Y_i - \sum X_i \sum X_i Y_i}{n \sum X_i^2 - (\sum X_i)^2}$$

$$b = \frac{\sum Y_i - na}{\sum X_i}$$

【例 9－3】某企业产销量和资金变化情况如表 9－5 所示。2016 年预计销售量为 150 万

件，试计算 2016 年资金需要量。

表 9－5　　产销量与资金变化情况

年度	产销量(X_i)(万件)	资金占用(Y_i)(万元)
2010	120	100
2011	110	95
2012	100	90
2013	120	100
2014	130	105
2015	140	110

(1)根据表 9－5 整理出表 9－6。

表 9－6　　资金需要量预测表(按总额预测)

年度	产销量(X_i)(万件)	资金占用量(Y_i)(万元)	X_iY_i	X_i^2
2010	120	100	12 000	14 400
2011	110	95	10 450	12 100
2012	100	90	9 000	10 000
2013	120	100	12 000	16 900
2014	130	105	13 650	19 600
2015	140	110	15 400	
合计 $n=6$	$\sum X_i = 720$	$\sum Y_i = 600$	$\sum X_iY_i = 72\ 500$	$\sum X_i^2 = 87\ 400$

(2)把表 9－6 的有关资料代入公式：

$$\frac{\sum X_i^2 \sum Y_i - \sum X_i \sum X_iY_i}{n\sum X_i^2 - (\sum X_i)^2} = 40(\text{万元})$$

$$b = \frac{\sum Y_i - na}{\sum X_i} = 0.5$$

或：

(3) 把 $a = 40$　　$b = 0.5$　　代入 $y = a + bx$ 得：

$$Y = 40 + 0.5X$$

(4)把 2016 年预计销售量 150 万件代入上试，得出 2016 年资金需要量为：

$$Y = 40 + 0.5 \times 150 = 115(\text{万元})$$

从理论上讲，回归直线法是一种计算结果最为精准的方法。

任务三　财务预算的编制方法

财务预算是一系列专门反映企业未来一定预算期内预计的财务状况和经营成果，以及现金收入、支出等价值指标的各种预算的总称。

一、固定预算方法与弹性预算方法

编制预算的方法按其业务量的数量特征不同，可分固定预算方法与弹性预算方法

固定预算方法与弹性预算方法主要用于产品成本、费用和利润的预算编制，两者之间存在静态与动态之别。

(一)固定预算方法

固定预算方法简称固定预算，又称静态预算，是指在编制预算时，只根据预算期内正常的、可实现的某一固定业务量(如生产量、销售量)水平作为唯一基础来编制预算的一种方法。

固定预算方法的优点是简便易行。

固定预算方法的缺点是：

第一，过于机械呆板，适应性差。在该种方法下，不管未来预算期内实际业务量水平是否发生波动，都只按事先预计的某一个确定的业务量水平作为编制预算的基础。

第二，可比性差。当实际业务量与编制预算所依据的预计业务量发生较大差异时，有关预算指标的实际数与预算数之间就会因业务量基础不同而失去可比性。

因此，固定预算方法适合业务量比较稳定的企业和非盈利性组织，而且多用于生产预算、成本和费用预算、利润预算等。

【例 9 － 4】ABC 公司采用完全成本法，其预算期生产的某种产品的预计产量为 1000 件，按固定预算方法编制的该产品成本预算如表 9 － 7 所示。

表 9－7　成本预算(按固定预算编制)　单位:元

成本项目	总成本	单位成本
直接材料	5 000	5
直接人工	1 000	1
制造费用	2 000	2
合计	8 000	8

该产品预算期的实际产量为 1 400 件，实际发生总成本为 11 000 元，其中:直接材料 7 500 元，直接人工 1 200 元，制造费用 2 300 元，单位成本为 7.86 元。

该企业根据实际成本资料和预算成本资料编制的成本预计报告如表 9 －8 所示 。

表 9－8　成本业绩报告

成本项目	实际成本	预算成本		差异	
		未按产量调整	按产量调整	未按产量调整	按产量调整
直接材料	7 500	5 000	7 000	+2 500	+500
直接人工	1 200	1 000	1 400	+200	－200
制造费用	2 300	2 000	2 800	+300	－500
合计	11 000	8 000	11 200	+3 000	－200

分析:从该表中可以看出:实际成本与未按产量调整的预算成本相比，超支较多;实际成

本与按产量调整后的预算成本相比，又节约不少。

在产量从1 000件增加到1 400件的情况下，如果不按变动后的产量对预算成本进行调整，就会因业务量不一致而导致所计算的差异缺乏可比性；但是如果所有成本项目都按实际常量进行调整，也不够科学。因为制造费用中包括一部分固定制造费用，它们是不随产量变动的，即使按照产量调整了固定预算，也不能准确说明企业预算的执行情况。

(二)弹性预算方法

弹性预算方法简称弹性预算，又称变动预算或滑动预算、动态预算法，是指在成本性态分析的基础上，为克服固定预算方法的缺点而设计的，以业务量、成本和利润之间的依存关系为依据，以预算期可预见的各种业务量水平为基础编制系列预算的方法。

与固定预算方法相比，弹性预算方法具有预算范围宽和可比性强的优点。

1. 弹性成本预算的编制

理论上，该方法适用于编制全面预算中所有与业务量有关的预算，但实务中，主要用于编制弹性成本费用预算和弹性利润预算，尤其是编制费用预算。

(1)弹性成本预算的编制程序：弹性成本预算主要是针对制造费用、销售费用及管理费用等项目编制的弹性预算。至于直接材料、直接人工等直接成本可采用标准成本进行控制，故通常无需编制弹性预算。

①选择业务量的计量单位。编制弹性预算，要选用一个最能代表本部门生产经营活动水平的业务量作为计量标准。编制弹性预算所依据的业务量可以是产量、销售量、直接人工工时、机器工时、材料消耗量或直接人工工资等。如，以手工操作为主的车间，就应选人工工时；制造单一产品或零件的部门，可选实物数量；制造多种产品或零部件的部门，可选人工工时或机器工时等。

弹性成本预算的基本公式为：

成本的弹性预算 = 固定成本成本预算数 + ∑(单位成本预算数 × 预计业务量)

②确定适用的业务量范围。弹性预算的业务量范围，应视企业或部门的业务量变化情况而定，一般来说，可定在正常生产能力的70% ~110%之间，或以历史上最高和最低业务量为其上下限。

③按照成本性态分析的方法，将编制弹性预算的成本划分为固定成本和变动成本两类，确定该项成本中的固定成本总额和单位变动成本。

④根据某项成本中的固定成本和单位变动成本数计算确定其在相关范围内多种业务量水平下的预算额。

(2)弹性成本预算的具体编制方法。编制弹性成本预算可以选择公式法和列表法两种具体方法。

①公式法，是指通过确定成本公式 $y = a + bx$ 中的 a 和 b 来编制弹性预算的方法。

在公式法下，如果事先确定了有关业务量的变动范围，只要根据有关成本项目的 a 和 b 参数，就可以很方便地推算出业务量在允许范围内任何水平上的各项预算成本。

【例9 -5】已知：A公司按公式法编制的制造费用弹性预算如表9 -9所示。其中较大的混合成本项目已经被分解。

表9 -9 A公司预算期制造费用弹性预算(直接人工工时变动范围70 000 ~120 000小时)

项目	a	b
管理人员工资	15 000	
保险费	5 000	
设备租金	8 000	
维修费	6 000	0.25
水电费	500	0.15
辅助材料	4 000	0.3
辅助工工资		0.45
检验员工资		0.35
合计	38 500	1.5

根据表 9－9，可利用 $y = 38\,500 + 1.5x$，计算出人工小时在 70 000～120 000 范围内，任一业务量基础上的制造费用预算总额。

这种方法的优点是在一定范围内不受业务量波动影响，编制预算的工作量较小。缺点是在进行预算控制和考核时，不能直接查处特定业务量下的总成本预算额，而且按细目分解成本比较麻烦，同时又有一定误差。

在实际工作中可以将公式法与列表法结合起来应用。

②列表法，是指通过列表的方式，在相关范围内每隔一定业务量范围计算相关数值预算，来编制弹性成本预算的方法。

【例 9－6】A 公司按列表法编制的制造费用弹性预算如表 9－10 所示。

表 9－10　　A 公司预算期制造费用弹性预算

直接人工小时	70 000	80 000	90 000	100 000	110 000	120 000
占正常生产能力百分比	70%	80%	90%	100%	110%	120%
变动成本项目合计	56 000	64 000	72 000	80 000	88 000	96 000
辅助工人工资	31 500	36 000	40 500	45 000	49 500	54 000
检验员工资	24 500	28 000	31 500	35 000	38 500	42 000
混合成本项目合计	59 500	66 500	73 500	80 500	87 500	94 500
维修费	23 500	26 000	28 500	31 000	33 500	36 000
水电费	11 000	12 500	14 000	15 500	17 000	18 500
辅助材料	25 000	28 000	31 000	34000	37 000	40 000
固定成本项目合计	28 000	28 000	28 000	28 000	28 000	28 000
管理人员工资	15 000	15 000	15 000	15 000	15 000	15 000
保险费	5 000	5 000	5 000	5 000	5 000	5 000
设备租金	8 000	8 000	8 000	8 000	8 000	8 000
总计	143 500	158 500	173 500	188 500	203 500	218 500

表 9 － 10 中的业务量间距为 10%，在实际工作中可以选择更小的间距（如 5%）。

列表法的主要优点是可以直接从表中查得各种业务量下的成本预算，便于预算的控制和考核，可以在一定程度上弥补公式法的不足。但这种方法工作量较大，且不能包括所有业务量条件下的费用预算，故使用面较窄。

二、增量预算方法与零基预算方法

编制成本费用预算的方法按其出发点的特征不同，可分为增量预算方法和零基预算方法两大类。

增量预算法和零基预算法主要用于销售费用和管理费用的编制，两者的差别在于编制预算的基础不同。

(一)增量预算法

增量预算法又称调整预算法，是指以基期成本费用水平为基础，结合预算期业务量水平及有关影响成本因素的未来变动情况，通过调整有关原有费用项目而编制预算的一种方法。

增量预算法源于以下假设前提：

1. 现有的业务活动是企业必需的；

2. 原有的各项开支都是合理的；

3. 以现有的业务活动和各项活动的开支水平，确定预算期各项活动的预算数(即未来预算期的费用变动是在现有费用的基础上调整的结果)。

增量预算法的缺点：一是受原有费用项目限制，可能导致保护落后；二是滋长预算中的“平均主义”和“简单化”；三是不利于企业未来发展。

【例9－6】某企业上年的制造费用为50 000元，考虑到本年生产任务增大10%，按增量预算编制计划年度的制造费用。

计划年度的制造费用预算 $=50\ 000\times(1+10\%)=55\ 000$(元)

(二)零基预算法

零基预算又称零底预算法，是指“以零为基础编制计划和预算”的方法。采用该法在编制成本费用预算时，不考虑以往会计期间所发生的费用项目或费用数额，而是将所有的预算支出均以零为出发点，一切以实际需要与可能出发，逐项审议预算期内各项费用的内容及开支标准是否合理，在综合平衡的基础上编制费用预算的一种方法。

零基预算法的缺点：工作量大，重点不突出，编制时间较长。优点：不受已有费用项目和开支水平的限制；能够调动各方面降低费用的积极性；有助于企业的发展。此法适用于产出较难辨认的服务性部门费用预算的编制。

零基预算法编制费用预算的具体步骤是：

(1)根据企业预算期利润目标、销售目标和生产指标等，分析预算各期费用项目，并预测费用水平。

(2)拟定预算期各项费用的预算方案、权衡轻重缓急，划分费用支出等级并排列先后顺序。

(3)根据企业预算期预算的费用控制总额目标，按照费用支出等级及顺序，分解落实相应的费用控制目标，编制相应的费用预算。

三、定期预算方法与滚动预算方法

编制预算的方法按其预算期的时间特征不同，可分为定期预算方法和滚动预算方法两大类。

(一)定期预算方法

定期预算方法简称定期预算，是指在编制预算时以不变的会计期间(如日历年度)作为预算期的一种编制预算的方法。

采用定期预算的优点:能够使预算期间与会计年度相配合;便于考核和评价预算的执行结果。缺点:具有盲目性(远期指导性差);滞后性(灵活性差)和间断性(连续性差)。

(二)滚动预算方法

滚动预算方法简称滚动预算，又称连续预算或永续预算，是指在编制预算时，将预算期与会计年度脱离，随着预算的执行不断延伸补充预算，逐期向后滚动，是预算期永远保持为一个固定期间的一种预算编制方法。

滚动预算按其预算编制和滚动时间的单位不同可分为逐月、逐季滚动和混合滚动三种方式。

1. 逐月滚动方式

逐月滚动方式是指在预算编制过程中，以月份为预算的编制和滚动单位，每个月调整一次预算的方法。

例如，2014 年 1 月至 12 月的预算执行过程中，需要在 1 月末根据当月预算的执行情况，修订 2 月至 12 月的预算，同时补充下一年 2015 年 1 月份的预算;到 2 月末可根据当月预算的执行情况，修订 3 月至 2015 年 1 月的预算，同时补充 2015 年 2 月份的预算;以此类推。

按照逐月滚动方式编制的预算比较精确，但工作量太大。

2. 逐季滚动方式

逐季滚动方式是指在预算编制过程中，以季度为预算的编制和滚动单位，每一季度调整一次预算的方法。

例如，在 2014 年第 1 季度至第 4 季度的预算执行过程中，需要在第 1 季度末根据当季预算的执行情况，修订第 2 季度至第 4 季度的预算;同时补充 2015 年第 1 季度的预算;第 2 季度末根据当季度的预算执行情况，修订第 3 季度至 2015 年第 1 季度的预算，同时补充 2015 年第 2 季度的预算;以此类推。

逐季滚动编制的预算比逐月滚动的工作量小，但预算精确度较差。

3. 混合滚动方式

混合滚动方式是指在预算编制过程中，同时使用月份和季度作为预算的编制和滚动单位的方法。它是滚动预算的一种变通方式。

例如，对 2014 年 1 月份至 3 月份的头三个月逐月编制详细预算，其余 4 月份至 12 月份分别按季度编制粗略预算;3 月末根据第 1 季度预算的执行情况，编制 4 月份至 6 月份的详细预算，并修订第 3 至第 4 季度的预算，同时补充 2015 年第 1 季度的预算;以此类推。

在实际工作中，采用哪一种滚动预算方式应视企业的实际需要而定。与传统的定期预算相比，按滚动方法编制的预算具有透明度高、及时性强、连续性好以及完整性和稳定性突出的优点;其主要缺点是预算工作量较大。因此，滚动预算法尤其适用于连续性强的业务或项目的预算安排，如基本建设工程项目和大型机器采购安装项目。

任务四　财务预算的编制

一、现金预算的概念及内容

现金预算又称现金收支预算，是为了反映企业在预算期间预计的现金收支的详细情况的预算。一般包括年度、季度和月份以及旬或周的预算。

二、现金预算的内容

现金预算的内容包括四部分：

1. 现金收入：包括预算期间的期初现金余额和本期预计可能产生的现金收入。其主要来源是销售收入和应收账款的回收，可从销售预算的附表中获得该项资料。

2. 现金支出：包括预算期间内预计可能发生的一切现金支出。如：支付购材料款；支付人工工资；制造费用和销售及管理费用等。这些材料可以从直接材料预算、直接人工预算、制造费用预算、销售及管理费用预算中获得。此外，还有购置设备、缴纳所得税及支付股利等项目支出，可从专门决策预算中获得该项资料。

3. 现金溢余或短缺：列示现金收入合计与现金支出合计的差额。差额为正，说明收大于支（现金溢余）；差额为负，现金不足（短缺），要向银行取得新的借款。

4. 资金的筹集和运用：现金收支差额与期末余额均要通过协调资金筹措及运用来调整。应当在保证各项支出所需要资金供应的前提下，注意保持期末现金余额在合理的上下限度内波动。企业不仅要定期筹措到抵补收支差额的现金，还必须保证有一定的现金储备。当收支差额为正值（结余），在偿还了利息和借款本金之后仍超过现金余额上限时，就应拿出一部分钱用于有价证券投资（作为短期投资）。但一旦发现还本付息之后的收支差额低于现金余额下限，就应抛出一部分有价证券来补足现金短缺。如果现金收支差额为负值（短缺），可采取暂缓还本付息、抛弃有价证券或向银行借款等措施筹措资金。

编制现金预算对于加强预算期间现金流量的控制有重要意义，同时，它也是编制资本支出预算和一次专门业务预选的重要依据。

三、现金预算的编制

现金预算需要根据经营现金收入预算表、直接材料采购现金支出预算、应交税金及附加预算、直接人工预算、制造费用现金支出预算、销售费用现金支出预算和管理费用现金支出预算等相关数据进行编制。

为了掌握财务预算编制的基本方法以及各项预算之间的相互关系，下面举例加以说明。

（一）销售预算

销售预算是指为规划一定预算期内因组织销售活动而引起的预计销售收入而编制的一种日常业务预算。是关于预算期销售数量、销售价格和销售收入的预算。销售预算是整个预算的编制起点，其他预算的编制都以销售预算作为基础。通常销售预算是在销售预测的基础上，根据企业年度目标利润确定的销售量和销售额来编制。销售预算的主要内容有销售量、单价和销售收入。同时，为了更便于编制财务预算，还应在编制销售预算的同时，编制与销售收入有关的经营现金收入预算表，以反映全年及各季销售所得的现销含税收入和回收以前期应收账款的现金收入。因此，销售预算中还应包括预计现金收入的数据。

销售预算的编制是依据产品市场预测资料、销售合同和未交货的订货量等历史资料以及价格决策确定的销售价格和销售货款收回的规定等。

销售预算需要在销售预测的基础上，根据企业年度目标利润确定的预计销售量和销售价格等参数进行编制。

以下例子均以光明股份公司系列资料为例，进行了简化，目的是便于掌握原理。

例题：销售预算编制

【例 9－7】假定光明股份公司只产销甲产品，其单位售价为 200 元/件。根据合同和市场预测，预算年度（2014 年）销售量为 630 件，其中一季度 100 件，二季度 150 件，三季度 200 件，四季度 180 件。在每季度销售收入中，本季度收到现金 60%，另外 40% 现金要到下季度才能收到。上季度（2013 年）应收账款余额 6 200 元在本年第一季度收回现金。

根据上述资料，可编制销售预算如表 9－11 所示。

表 9－11　**光明股份公司销售预算**　单位：元

季　度		一	二	三	四	全年
预计销售额		100	150	200	180	630
预计单位售价		200	200	200	200	200
销售收入		20 000	30 000	40 000	36 000	126 000
预计现金收入	上年应收账款	6 200				
	第一季度（20 000）	12 000	8 000			20 000
	第二季度（30 000）		18 000	12 000		30 000
	第三季度（40 000）			24 000	16 000	40 000
	第四季度（36 000）				21 600	21 600
	现金收入	18 200	26 000	36 000	37 600	117 800

（二）生产预算

生产预算是指为规划一定预算期内预计生产量水平而编制的一种日常业务预算。是预算期产品销售数量、期末存量和生产数量的预算。依据“以销定产”的原则，生产预算是在销售预算的基础上编制的，其主要内容有销售量、期初和期末存货、生产量。

生产预算是所有日常业务预算中唯一只使用实物量计量单位的预算，可以为进一步编制有关成本和费用预算提供实物量数据。

实际工作中，企业应根据各种产品预计的销售量分别编制各种产品的生产预算。由于企业的生产和销售不能做到“同步同量”，必须设置一定的存货，以保证均衡生产。因此，预算期间除必须备有充足的产品以备销售外，还应考虑预算期初存货和预算期末存货等因素。

根据销售预算确定的预计销售量，结合产成品的期初结存量和预计期末结存量编制生产预算。产品的生产量与销售量之间的关系，可按下式计算：

预计生产量＝预计销售量＋预计期末存货－预计期初存货

上式中，预计销售量可以在销售预算中找到；预计期初存货量等于上季期末存货量；预计期末存货量应根据长期销售趋势来确定，在实践中，一般按事先估计的期末存货量占下期销售量的比例进行估量。

在编制预算时，应注意保持生产量、销售量、存货量之间合理的比例关系，以避免储备不足、产销脱节或超储积压等。

例题：生产预算编制

【例9－8】依上例，假定光明股份公司预算期初有甲产品存货10件，预计期末留存20件，其他各季度末存货按下季度预计销售量的10%确定。现编制光明股份公司的生产预算如表9－12所示。

表9－12 **光明股份公司生产预算** **单位：元**

季　度	一	二	三	四
预计销售量	100	150	200	180
加：预计期末存货	15	20	18	20
合计	115	170	218	200
减：预计期初存货	10	15	20	18
预计生产量	105	155	198	182

（三）直接材料预算

直接材料预算是指为规划一定预算期因组织生产活动和材料采购活动预计发生的直接材料需用量、采购数量和采购成本而编制的一种经营预算。

直接材料预算以生产预算、材料消耗定额和预计材料采购单价等信息为基础，并考虑期初、期末材料存货水平。

直接材料预算包括需用量预算和采购预算两部分。预计各季度"采购量"根据下式计算确定：

预计采购量＝生产需用量×预计生产量

"预计生产量"的数据来自生产预算；"单位产品材料用量"的数据来自标准成本资料或消耗定额资料；年初和年末的材料存货量，是根据当前情况和长期销售预测估计的，各季度"期末材料存量"根据下季度生产量的一定百分比确定，各季度"期初材料存量"是上季度的期末存货。

例题：直接材料预算编制

【例9－9】依前各例，假定光明股份公司预算期期初存量预计为300千克，年末存量预计为10千克/件，计划单价5元/件。另假定每季度的购料款当季付50%，余款在下季度付讫，上年应付购料款余额2 350元将在预算期第一季度支付。现编制光明股份公司直接材料预算表如表9－13所示。

表 9－13　　光明股份公司直接材料预算　　单位：千克、元

季　度		一	二	三	四	全年
预计生产量		105	155	198	182	640
单位产品材料用量		10	10	10	10	10
生产需用量		1 050	1 550	1 980	1 820	6 400
加：期末库存		310	396	364	400	400
合计		1 360	1 946	2 344	2 220	6 800
减：期初库存		300	310	396	364	300
预计采购量		1 060	1 636	1 948	1 856	6 500
采购单价		5	5	5	5	5
采购金额		5 300	8 180	9 740	9 280	32 500
预计现金支出	上年应收账款	2 350				2 350
	第一季度	2 650	2 650			5 300
	第二季度		4 090	4 090		8 180
	第三季度			4 870	4 870	9 740
	第四季度				4 640	4 640
	合计	5 000	6 740	8 960	9 510	30 210

注：同编制生产预算一样，编制直接材料采购预算应注意材料的采购量、消耗量和库存量保持合理的比例关系，以避免材料的供应不足或超储积压。

为了便于以后编制现金预算，通常要编制与材料采购有关的各季度预计材料采购现金支出预算。

（四）直接人工预算

直接人工预算是指为规划一定预算期内人工工时的消耗水平和人工成本水平而编制的一种经营预算。是预算期产品生产直接耗用人工及费用的预算。

直接人工预算的主要依据是已知的标准工资率、标准单位直接人工工时、其他直接费用计提标准和生产预算中的预计生产量等资料。

通常情况下，企业生产每种产品往往需要不同工种的工人，故直接人工预算的编制也应先按不同产品不同工种分别计算人工成本，然后予以合计。

直接人工预算也是以生产预算为基础编制的，其主要内容有预计产量、单位产品工时、人工总工时、每小时人工成本和人工总成本。单位产品工时和每小时人工工时数据，来自标准成本资料。人工总工时和人工总成本由直接人工预算表中计算生成。

计算公式如下：

预计直接人工成本总额＝工时耗用总额×单位产品工时定额

例题：直接人工预算编制

【例 9－10】）依前各例，假定光明股份公司预算期内生产甲产品所需直接人工只有一个工种，单位产品的工时定额为 10 小时/件，单位工时的标准工资率为 2 元/小时。现编制光明

股份公司直接人工预算如表 9－14 所示。

表 9－14　　光明股份公司直接人工预算

季度	一	二	三	四	全年
预计产量	105	155	198	182	640
产品单位工时	10	10	10	10	10
总工时	1 050	1 550	1 980	1 820	6 400
单位工时成本	2	2	2	2	2
总成本	2 100	3 100	3 960	3 640	12 800

注:由于各期直接人工成本中的直接工资一般均由现金开支，因此在西方，通常不单独编制列示与此相关的预计现金支出预算。在我国企业中，由其他直接费用形成的应付福利费则不一定在提取的当期用现金开支，应当进行适当的调整，以反映预计的福利费开支情况。

(五)制造费用预算

制造费用预算是指为规划一定预算期内除直接材料和直接人工预算以外预计发生的其他生产费用水平而编制的一种日常业务预算。是预算期产品生产所需制造费用的预算。在企业存在不同的产品品种和基本生产车间、辅助生产车间的情况下，应按照产品品种和生产车间分别编制具体的制造预算，并汇总编制企业全部制造费用预算。

制造费用预算通常分为变动制造费用和固定制造费用两部分。当以变动成本法为基础编制制造费用预算时，可按变动性制造费用和固定性制造费用两部分内容分别编制。

变动性制造费用则根据单位产品预定分配率乘以预计的生产量进行预计，其中，变动性制造费用预算分配率的计算公式为:

变动性制造费用预算分配率＝变动性制造费用预算总额÷相关分配标准预算总数

式中，分母可在预算生产量或预算直接人工工时总数中选择，多品种条件下，一般按后者进行分配。

固定性制造费用可在上年的基础上根据预期变动加以适当修正进行预计，并作为期间成本直接列入利润表内作为收入和扣除项目。

变动制造费用以生产预算为基础来编制。固定制造费用，需要逐项进行预计，通常与本期产量无关，可按各期生产需要等情况加以预计，然后求出全年数。

例题:制造费用预算编制

【例 9－11】编制光明股份公司制造费用预算表，如表 9－15 所示。

表 9－15　　光明股份公司制造费用预算

季度	一	二	三	四	全年
变动制造费用:					
直接人工	105	155	198	182	640
间接材料	105	155	198	182	640
修理费	210	310	396	364	1 280
水电费	105	155	198	182	640

续表

小计	525	775	990	910	3 200
固定费用:					
修理费	1 000	1 140	900	900	3 940
折旧	1 000	1 000	1 000	1 000	4 000
管理人员工资	200	200	200	200	800
保险费	75	85	110	190	460
税金	100	100	100	100	400
小计	2 375	2 525	2 310	2 390	9 600
合计	2 900	3 300	3 300	3 300	12 800
减:折旧	1 000	1 000	1 000	1 000	4 000
现金支出	1 900	2 300	2 300	2 300	8 800

为了便于以后编制产品成本预算，需要计算小时费用率：

变动制造费用分配率 = 3 200 ÷ 6 400 = 0.5（元/小时）

固定制造费用分配率 = 9 600 ÷ 6 400 = 1.5（元/小时）

本预算需要在生产预算、直接材料预算、直接人工预算和制造费用预算的基础上编制；同时，根据每个季度制造费用数额扣除折旧费后，即可得出“现金支出的费用”。

（六）产品成本预算

产品成本预算，是生产预算、直接材料预算、直接人工预算、制造费用预算的汇总。其主要内容是产品的单位成本和总成本。单位产品的有关数据，来自直接材料预算、直接人工预算和制造费用预算。生产数量、期末存量来自生产预算，销售数量来自销售预算。生产成本、存货成本和销货成本等数据，根据单位成本和有关数据计算得出。产品成本的计算有变动成本法和全部成本法两种方法。

【例 9－12】编制光明股份公司甲产品单位成本预算、存货成本和销货成本预算表，如表 9－16 所示。

表 9－16　　光明股份公司产品成本预算　　单位:元

成本项目	单位成本			生产成本	期末库存	销售成本
	单位	投入量	成本			
直接材料	5	10 千克	50	32 000	1 000	31 500
直接人工	2	10 小时	20	12 800	400	12 600
变动制造费用	0.5	10 小时	5	3 200	100	3 150
固定制造费用	1.5	10 小时	15	9 600	300	9 450
合计			90	57 600	1 800	56 700

（七）销售及管理费用预算

销售费用预算，是指为了实现销售预算所需支付的费用预算。它以销售预算为基础，分析销售收入、销售利润和销售费用的关系，力求实现销售费用的最有效使用。管理费用预算是企业一般管理费用的预算。在编制管理费用预算时，要分析企业的业务成绩和一般经济状况，务必做到费用合理化。

【例 9-13】编制光明股份公司的销售及管理费用预算合并表，如表 9-17 所示。

表 9-17　光明股份公司销售费用和管理费用预算　单位:元

项目	金额
销售费用:	
销售人员工资	2 000
广告费	5 500
包装、运输费	3 000
保管费	2 700
小 计	13 200
管理费用:	
管理人员工资	4 000
保险费	800
办公费	1 400
福利费	600
小 计	6 800
合 计(全年)	20 000
每 季 现 金 支 出	5 000

(八)现金预算

【例 9-14】编制光明股份公司现金预算表，如表 9-18 所示。

表 9-18　光明股份公司现金预算　单位:元

季度	一	二	三	四	全年
期初现金余额	8 000	8 200	6 060	6 290	8 000
加:销售现金收入	18 200	26 000	36 000	37 600	117 800
可供使用现金	26 200	34 200	42 060	43 900	125 800
减各项现金支出					
直接材料(　)	5 000	6 740	8 960	9 510	30 210
直接人工	2 100	3 100	3 960	3 640	12 800
制造费用	1 900	2 290	2 300	2 300	8 790
销售及管理费用	5 000	5 000	5 000	5 000	20 000
所得税	4 000	4 000	4 000	4 000	16 000
购买设备		10 000			10 000

续表

支付股利		8 000		8 000	16 000
现金支出合计	18 000	39 130	24 220	32 450	11 380
现金多余或不足	8 200	-4 940	17 840	11 440	12 000
向银行借款		11 000			11 000
还银行借款			11 000		11 000
借款利息			550		550
期末现金余额	8 200	6 060	6 290	11 440	11 440

该例中，该企业需要保留的现金余额为6 000元，不足此数时需要向银行借款。假设银行借款的金额要求是1 000元的倍数，那么，第二季度借款额为：

借款额＝最低现金余额＋现金不足额

＝6 000＋4 940

＝10 940（元）

所以，第二季度应向银行借款11 000元。

第三季度现金多余，可用于偿还借款。一般按每期期初借入，每期期末归还来预计利息。故该例借款期为6个月。假设借款利率为10%，则应计利息为550元，即：

利息＝11 000×10%×6/12＝550（元）

还款后，仍须保持最低现金余额，否则，只能部分归还借款。现金预算的编制，以各项营业预算和资本预算为基础，它反映各预算期的收入款项和支出款项，并作对比说明。

其目的在于资金不足时筹措资金，资金多余时及时处理现金余额，并且提供现金收支的控制限额，发挥现金管理的作用。

【课后专业测评】

一、单项选择题

1. 下列预算中，属于财务预算的是（　　）。

A. 销售预算　　B. 生产预算　　C. 产品成本预算　　D. 资本支出预算

2. 某企业编制第四季度的直接材料消耗与采购预算，预计季初，材料存量为500千克，季度生产需用量为2 500千克，预计期末存量为300千克，材料采购单价为10元，若材料采购货款有40%当期付清，另外60%在下季度付清，则该企业预计资产负债表年末“应付账款”项目为（　　）

A. 1 080元　　B. 13 800元　　C. 23 000元　　D. 1 620元

3. 不需另外预计现金支出和收入，直接参加现金预算汇总的预算是（　　）

A. 材料预算　　B. 销售预算　　C. 人工预算　　D. 期间费用预算

4. 下列预算中，在编制时不需以生产预算为基础的是（　　）

A. 变动制造费用预算　　B. 销售费用预算

C. 产品成本预算　　D. 直接人工预算

5. 下列预算中，不能够既反映经营业务又反映现金收支内容的有（　　）

A. 销售预算　　　　　　　　B. 生产预算
C. 直接材料消耗及采购预算　　D. 制造费用预算
6. 年度预算的编制关键和起点是(　　)
A. 生产预算　B. 现金预算　C. 销售预算　D. 直接材料预算
7. 直接材料预算的主要编制基础是(　　)
A. 销售预算　B. 现金预算　C. 生产预算　D. 产品成本预算
8. 下列各项弹性成本预算中，计算工作量大，但结果相对较精确的编制方法是(　　)
A. 公式法　B. 列表法　C. 图示法　D. 因素法
9. 在成本习性分析的基础上，分别按一系列可能达到的预计业务量水平编制的能适应多种情况的预算是指(　　)
A. 固定预算　B. 弹性预算　C. 增量预算　D. 滚动预算

二、多项选择题

1. 产品成本预算，是下列哪些预算的汇总(　　)
A. 生产　　B. 直接材料　　C. 直接人工
D. 制造费用　　E. 销售
2. 编制生产预算中的"预计生产量"项目时，需要考虑的因素有(　　)
A. 预计销售量　　B. 预计期初存货
C. 预计期末存货　　D. 前期实际销量　　E. 生产需用量
3. 与生产预算有直接联系的预算是(　　)
A. 直接材料预算　　B. 变动制造费用预算
C. 销售费用预算　　D. 直接人工费 E. 管理费用预算
4. 下列各项中，属于经营预算内容的有(　　)
A. 生产预算　　B. 产品成本预算
C. 销售费用预算　　D. 资本支出预算　　E. 制造费用预算
5. 下列预算中，在编制时需要以生产预算为基础的是(　　)
A. 变动制造费用预算　　B. 销售费用预算　　C. 产品成本预算
D. 直接人工预算　　E. 直接材料预算
6. 经营预算中使用了现金量编制的预算是(　　)
A. 销售预算　　B. 生产预算　　C. 直接材料预算
D. 直接人工预算　　E. 制造费用预算
7. 预算利润表的编制需要的相关数据有(　　)
A. 销售预算　　B. 直接材料预算
C. 直接人工项算　　D. 产成品预算　　E. 生产预算

三、案例分析题

A 公司 2005 年 8 月 31 日的资产负债表的部分数据如下(单位:元)

现金	40 000
应收账款	79 600
存货	160 000
固定资产	32 000

资产总额 599 600

补充资料如下：

(1)销售额的预算数:9 月份 120 000 元，10 月份 140 000 元；

(2)预计销售当月，可收回货款 60%，次月收回 39.8%，其余的 0.2%收不回来；

(3)毛利为销售额的 30%，每月进货为下月计划销售额的 70%，并用现金支付；

(4)每月现金支付的其他费用为 20 000 元，每月折旧 6 000 元。

根据上述资料回答下列问题：

(1)2005 年 9 月份预算的现金期末余额是：

A. 157 600 元　　B. 120 000 元

C. 73 600 元　　D. 39 600 元

(2)2005 年 9 月份预计利润总额是：

A. 36 000 元　　B. 30 000 元

C. 16 000 元　　D. 10 000 元

(3)2005 年 9 月 30 日应收账款的计划净额是：

A. 120 000 元　　B. 72 000 元

C. 48 000 元　　D. 47 760 元

项目十　财务控制

【知识要点】

1. 理解财务控制的概念、作用；
2. 了解成本中心、利润中心、投资中心的概念特征、类型等；
3. 熟悉责任中心的概念、特征。

【能力目标】

1. 能够识别财务控制的种类；
2. 能够计算成本中心的考核指标；
3. 能够计算利润中心的考核指标。

【案例导入】

光明软件股份公司财务管理经验分析

在经济转轨变型、企业迅猛发展的过程中，光明股份有限公司（以下简称光明股份）紧跟时代前进步伐，紧密结合企业生产经营实际，坚持企业管理以财务管理为中心，财务管理以资金管理为中心，并以企业价值最大化为终极目标，不断加强和改进财务管理，逐步建立健全了一套适应现代企业发展需要的、具有光明股份公司特色的财务管理体系，促进了企业发展。

光明股份公司财务管理经验的核心内容主要包括五个方面：以企业价值最大化为导向、以企业预算管理为基本方法、以标准成本管理为基础、以现金流量控制为核心和以信息化技术为支撑的全面财务管理控制体系。在这五个方面中，其中四个方面涉及财务控制，因此企业要想取得长期的发展，在做好相应的决策和计划的同时，一定要进行相应的财务控制。控制是实现计划的手段。整个企业的工作，如果离开了控制，就不可能取得理想的发展。

光明股份公司在会计管理、固定资产管理、经费管理等方面也都有较大的改进和加强，企业财务管理工作人员从整体素质上得到了很大提高，为提高企业经济效益做出了应有的贡献。目前，他们正在按照公司的总体部署，进一步改进、完善和提高，不断加强控制，为光明的进一步发展做出新贡献。

【思考】:光明股份公司在财务管理活动中，是怎样进行有效控制点？

任务一　财务控制的认知

一个企业完整的财务管理工作包括财务预测、财务决策、财务计划(预算)和财务控制等几个关键环节。

一、财务控制的含义及特征

(一)财务控制的含义

财务控制，是指按照一定的程序与方法，确保企业及其内部机构和人员全面落实和实现财务预算的过程。财务控制是内部控制的一个重要组成部分，是内部控制的核心，是内部控制在资金和价值方面的体现。

财务控制是指对企业的资金投入及收益过程和结果进行衡量与校正，目的是确保企业目标以及为达到此目标所制定的财务计划得以实现。现代财务理论认为企业理财的目标以及它所反映的企业目标是股东财富最大化(在一定条件下也就是企业价值最大化)。财务控制总体目标是在确保法律法规和规章制度贯彻执行的基础上，优化企业整体资源综合配置效益，确定资本保值和增值的委托责任目标与其他各项绩效考核标准来制定财务控制目标，是企业理财活动的关键环节，也是确保实现理财目标的根本保证，所以财务控制将服务于企业的理财目标。

(二)财务控制的特征

1. 以价值控制为手段。财务控制以实现财务预算为目标。财务预算所包括的现金预算、预计利润表和预计资产负债表，都是以价值形式予以反映的。财务控制必须借助价值手段进行。

2. 以不同岗位、部门和层次的不同经济业务为综合控制对象;财务控制以价值为手段，可以将不同岗位、不同部门、不同层次的业务活动综合起来进行控制。

3. 以现金流量控制为日常控制的内容。由于日常的财务活动过程表现为组织现金流量的过程，因此控制现金流量成为日常财务控制的主要内容。在控制过程中要以现金预算为依据，通过编制现金流量表来考核评价现金流量的运行状况。

二、财务控制的分类

1. 按照财务控制的内容，可分为一般控制和应用控制两类。

2. 按照财务控制的功能，可分为预防性控制、侦查性控制、纠正性控制、指导性控制和补偿性控制。

3. 按照财务控制的时序，可分为事前控制、事中控制和事后控制三类。

三、财务控制的基本原则

(1) 目的性原则；
(2) 充分性原则；
(3) 及时性原则；
(4) 认同性原则；
(5) 经济性原则；
(6) 客观性原则；
(7) 灵活性原则；
(8) 适应性原则；
(9) 协调性原则；
(10) 简明性原则。

四、财务控制的作用

财务控制的作用是由它在财务管理中的地位决定的，具体来说有以下几个方面：

1. 财务控制是实现财务计划、执行财务预算的基本手段。在财务管理的过程中，任何一项责任的落实和实现都离不开财务控制，财务控制是财务管理的经常性工作，是实现财务计划、执行财务预算的基本手段。它与财务预测、财务决策、财务预算和财务分析等环节共同构成财务管理的循环。

2. 财务控制是财务预测、财务决策和财务预算得以落实的保证。财务预测、财务决策、财务预算为财务控制指明方向、提供依据、规划控制的措施，而财务控制则保证预测、财务决策和财务预算的落实执行。如果没有财务控制，财务决策、财务预算就无法得到落实执行，财务管理的目标也就难以实现。

3. 财务控制能保证、促进、监督和协调财务管理目标的实现。由于财务控制是借助于价值的手段对企业的经营活动所实施的控制，在企业整个经济控制系统中是一种连续性、系统性和综合性最强的控制，在企业的经济控制系统中处于举足轻重的地位，有着保证、促进、监督和协调等重要功能，对财务管理目标的实现有决定性的作用。

任务二　责任中心

建立责任中心，编制和执行责任预算，考核和监控责任预算的执行情况是企业实行财务控制的一种有效的手段，又称为责任中心财务控制。

一、责任中心的含义与特征

责任中心就是承担一定经济责任，并享有一定权利和义务的企业内部（责任）单位（部门、单位或个人）。

企业为了实行有效的内部协调与控制，通常都按照统一领导、分级管理的原则，在企业内部合理划分责任单位，明确各责任单位应承担的经济责任、应有的权利，促使各责任单位尽其责任协同配合实现企业预算总目标。同时，为了保证预算的贯彻落实和最终实现，必须把总预算中确定的目标和任务，按照各责任中心逐层进行指标分解，形成责任预算，使各个责任中心据以明确目标和任务。

责任预算执行情况的揭示和考评可以通过责任会计来进行确认、计量和报告。责任会计就是围绕各个责任中心，把衡量工作成果的会计同企业生产经营的责任制紧密结合起来，成为企业内部会计控制体系的重要组成部分。由此可见，建立责任中心是实行责任预算和责任会计的基础。

责任中心通常具有以下特征：

1. 责任中心是一个责权利结合的实体。正确划分责任中心，保证每个责任中心都要对企业一定的财务指标承担完成的责任；同时，赋予责任中心与其所承担责任的范围和大小相适应的权力，并规定出相应的业绩考核标准和评价标准。

2. 责任中心应具有承担经济责任的条件。责任中心要有履行经济责任中各条款的行为能力；责任中心一旦不能履行经济责任，能对其后果承担责任。

3. 责任中心所承担的责任和行使的权力都应是可控的。每个责任中心只能对其责权范围内可控的成本、收入、利润和投资负责，在责任预算和业绩考评中也只应包括他们能控制的项目。可控是相对于不可控而言的，不同的责任层次，其可控的范围是不同的。一般而言，层次越高，其可控范围也就越大。

4. 责任中心应具有相对独立的经营业务和财务收支活动。它是确定经济责任的客观对象，是责任中心得以存在的前提条件，便于独立核算其各自的工作成果。

5. 责任中心应便于进行责任会计核算。责任中心不仅要划清责任而且要进行单独核算，只有既划清责任又能进行单独核算企业的内部单位，才能作为一个责任中心。

根据企业内部责任单位的权责范围及业务活动的特点不同，即按其责任和控制范围的大小不同，责任中心可以分为成本中心、利润中心和投资中心三大类型。

二、成本中心

（一）成本中心的含义

成本中心是对成本或费用承担责任的责任中心，它不会形成可以用货币计量的收入，因而不对收入、利润或投资负责，即一个责任中心，如果不形成或不考核其收入，而着重考核其所发生的成本和费用，这类中心称为成本中心。成本中心往往是没有收入的，成本中心一般包括负责产品生产的生产部门、劳务提供部门以及给予一定费用指标的管理部门。例如，一个生产车间、一个分厂、各班组等。任何发生成本的责任领域，都可以确认为成本中心。

成本中心的应用范围最广，从一般意义出发，企业内部凡有成本费用发生，需要对成本负责，并能实施成本控制的单位，都可以设立成本中心。如：工业企业，上至工厂一级，下至车间、班组，甚至个人都有可能成为成本中心。成本中心的规模不一，多个较小的成本中心可以共同组成一个较大的成本中心。从而在企业形成一个逐级控制，并层层负责的成本中心体系。但是，规模大小不一和层次不同的成本中心，其控制和考核的内容也不尽相同。

（二）成本中心的类型

成本中心分为技术性成本中心和酌量性成本中心。也可以分为标准成本中心和费用中心。

1. 技术性成本中心（标准成本中心）

技术性成本是指发生的数额通过技术分析可以相对可靠地估算出来的成本，如产品生产过程中发生的直接材料、直接人工、间接制造费用等。其特点是这种成本的发生可以为企业提供一定的物质成果，投入量与产出量之间有着密切的联系。技术成本可以通过弹性预算予以控制。该中心必须是所生产的产品稳定而明确，并且已经知道单位产品所需要的投入量的责任中心。该中心的典型代表是制造业工厂、车间、工段、班组等。

2. 酌量性成本中心（费用中心）

酌量性成本是否发生以及发生数额的多少是由管理人员的决策所决定的，主要包括各种管理费用和某些间接成本项目，如，研究开发费用、广告宣传费用、职工培训费用等。这种费用发生主要是为企业提供一定的专业服务，一般不能直接产生可以用货币计量的成果。投入量与产出量之间没有直接关系。酌量性成本的控制应着重于预算总额的审批上。该中心适用于那些产出物不能用财务指标来衡量，或者投入和产出之间没有密切关系的单位。这些单位包括一般行政管理部门，如会计、人事、劳资等；研究开发部门，如设备改造、新产品研制等；以及某些销售部门，如广告、宣传、仓储等。

（三）成本中心的特点

成本中心相对于其他责任中心（利润中心、投资中心）有其自身的特点，主要表现在：

1. 成本中心只考评成本费用而不考评收益

成本中心一般不具备经营权和销售权，其经济活动的结果不会形成可以用货币计量的收入。但有的成本中心可能有少量的收入。从整体上讲，其产出与投入之间不存在密切的对应关系，这些收入不作为主要的考核内容，也不必计算这些收入。概括地说，成本中心只以货币形式计量投入，而不以货币形式计量产出。

2. 成本中心只对可控成本承担责任

成本费用按照责任主体对其是否能控制，分为可控成本与不可控成本。凡是责任中心能控制其发生及其数量的成本称为可控成本；凡是责任中心不能控制其发生及数量的成本称为不可控成本。可控成本总是针对特定责任中心来说的，具体来说，可控成本必须同时具备以下四个条件：一是可以预计。即成本中心能够事先知道将发生哪些成本以及在何时发生。二是可以计量。即成本中心能够对发生的成本数额进行计量。三是可以施加影响。即成本中心能够通过自身的行为来调节成本。四是可以落实责任。即成本中心能够将有关成本的控制责任分解落实，并进行考核评价。凡不能同时具备上述四个条件的成本称为不可控成本。

3. 成本的可控与不可控是相对而言的

成本的可控与否应以特定的责任中心和特定的时期作为出发点，这与责任中心所处管理层次的高低、管理权限及控制范围的大小和经营期间的长短有直接关系。

首先，成本的可控与否，与责任中心的权力层次有关。某些成本对于较高层次的责任中心来说是可控的，对于其下属的较低层次的责任中心而言，就可能是不可控的。对企业来说，几乎所有的成本都是可控的，而对于企业下属各层次、各部门乃至个人来说，则既有各自的可控成本，又有各自的不可控成本。其次，成本的可控与否，与责任中心的管辖业务范围有关。某项成本就某一责任中心来看是不可控的，而对另外一个责任中心就可能是可控的，这不但取决于该责任中心的业务内容，也取决于该责任中心所管辖的业务内容的范围。如，产品试制费，从产品生产部门看是不可控的，而对研发部门来说就是可控的；但如果新产品试制归口由生产部门负责进行，则试制费又成为了生产部门的可控成本。最后，某些从短期看属于不可控成本、从较长的期间看，又成为了生产部门的可控成本。如，现有生产设备的折旧，就具体使用它的部门来说，折旧是不可控的；但当现有设备不能继续使用，要用新的设备来代替它时，新设备的折旧则取决于设备更新所选用设备的价格及正常使用寿命，从这时看，新设备的折旧又成为可控成本。

另外，需要注意：在责任控制中，应尽可能把各项成本落实到各成本中心，使之成为各成本中心的可控成本。而对那些一时难以确认为某一特定成本中心的可控成本，则可以通过各种方式与有关成本中心协商，共同承担风险，以此克服由于风险责任或难以控制而产生的种种问题和矛盾，避免出现相互推诿和扯皮现象。对确实不能确认为某一成本中心的成本费用，则应由企业控制或承担。

这里需要说明的是，成本不仅可按可控性进行分类，也可按其他标志进行分类。一般说来，成本中心的变动成本大多是可控成本，而固定成本大多是不可控成本；直接成本大多是可控成本，间接成本大多是不可控成本。但也不完全如此，还应结合有关情况具体分析。例如：管理人员工资属固定成本，但其发生额可以在一定程度上为部门负责人所决定或影响，因而，也可能成为可控成本；从成本的发生同各个成本中心的关系来看，各成本中心直接发生的成本属于直接成本，其他部门分配的成本属于间接成本。

三、利润中心

（一）利润中心的含义

一个责任中心，如果能同时控制生产和销售，既要对成本负责又要对收入负责，但没有责任或没有权利决定该中心资产投资的水平，因而可以根据其利润的多少来评价该中心的业绩，那么，该中心称为利润中心。利润中心往往处于企业内部的较高的层次，如分公司、分厂、分店，一般具有独立的收入来源或能视同为一个有独立收入的部门，一般还具有独立的经营权。利润中心与成本中心相比，其权力和责任都相对较大，它不仅要降低成本，而且更要寻求收入的增长，并使之超过成本的增长。即利润中心对成本的控制是联系着收入进行的，它强调相对成本的节约。

（二）利润中心的类型

利润中心分为自然利润中心和人为利润中心两种。

1. 自然的利润中心

它是指可以直接对外销售产品，在市场上进行购销业务，并取得收入的利润中心。这种利润中心本身直接面对市场，具有产品销售权、价格制定权、材料采购权和生产决策权。它虽然是企业内部的一个部门，但其功能同独立企业相近。最典型的形式就是公司内部的事业部，每个事业部均有销售、生产、采购的机能，具有很大的独立性，能独立的控制成本并取得收入。

2. 人为的利润中心

它是指只对内部责任单位提供产品或服务，取得“内部销售收入”的利润中心。这种利润中心一般不直接对外销售产品。成为人为利润中心应具备两个条件：一是该中心可以向其他责任中心提供产品或服务；二是能为该中心的产品确定合理的内部转移价格。如：企业内部的辅助部门，包括修理、供电、供水、供气等部门。

需要说明的是，通常利润中心被看成是一个可以由利润衡量其一定时期业绩的组织单位，但是，并不是可以计量利润的组织单位都是真正意义上的利润中心。但工业企业的大多数成本中心都可以转化为人为的利润中心。人为的利润中心一般也应具备相对独立的经营权，即能自主决定本利润中心的产品或服务的种类、产品或服务的质量、作业方法、人员调配和资金的使用等。

四、投资中心

(一)投资中心的含义

投资中心是指某些分散经营的单位或部门，其经理所拥有的自主权不仅包括自定价格、确定产品和生产方法等短期经营决策权，而且还包括投资规模和投资类型等投资决策权。投资中心的经理既要对成本、收入和利润负责，又要对投资效果负责。投资中心同时也是利润中心。因此，不仅要衡量其利润，而且要衡量其资产并把利润与其所占用的资产联系起来。

(二)投资中心与利润中心的区别

1. 享有权利不同

利润中心没有投资决策权，它只是在企业投资形成后进行具体的经营；而投资中心则不仅在产品生产和销售上享有较大的自主权，而且能够相对独立地运用所掌握的资产，有权购建或处理固定资产，扩大或缩减现有的生产能力。

2. 考核办法不同

考核利润中心业绩时，不须联系投资多少或占用资产的多少，即不进行投入产出的比较；相反，考核投资中心业绩时，必须将所获得的利润与所占用的资产进行比较，加以考核、评价。

3. 在组织形式上

成本中心一般不是独立法人，利润中心可以是，也可以不是独立法人，而投资中心一般都是独立法人。投资中心是最高层次的责任中心，它具有最大的决策权，也承担最大的责任。投资中心的管理特征是具有较高程度的分权管理。一般而言，大型集团所属的子公司、分公司，事业部往往都是一个投资中心。

注意，由于投资中心独立性较高，它一般应向公司的总经理或董事会直接负责。对于投资中心不应干预过多，应使其享有充分的投资权和经营权；投资中心在资产和权益方面应与其他责任中心划分清楚。如果对投资中心干预过多，或者投资中心的资产和权益与其责任中心划分不清，就会出现互相扯皮现象，也就无法对其进行准确的考核。失去划分该中心应有的作用。

任务三　责任中心的评价与考核

责任业绩考核是指以责任报告为依据，分析、评价各责任中心责任预算的实际执行情况，以此找出差距，查明原因，借以考核各责任中心工作成果，实施奖罚，促使各责任中心积极纠正行为偏差，完成责任预算的过程。

上述责任预算是指以责任中心为主体，以可控成本、收入、利润和投资等为对象而编制的预算。它是企业总预算的补充和具体化。责任预算由各责任中心的各种责任指标组成。这些责任指标包括:①主要指标:各责任中心所涉及的考核指标，也是必须保证实现的指标;②其他指标:为保证主要指标实现设定的，或是根据企业其他总目标分解的辅助指标，通常有生产率、设备完好率、出勤率、材料消耗率和职工培训等指标。

上述责任报告是指对各个责任中心执行责任预算情况进行的系统概括和总结。责任报告亦称业绩报告、绩效报告，它是根据责任会计记录编制的反映责任预算实际执行情况，揭示责任预算与实际执行情况差异的内部会计报告。责任会计以责任预算为基础，对责任预算的执行情况进行系统的反映，用实际完成情况同预算目标进行对比，以此评价和考核各个责任中心的工作成果。责任中心的业绩评价和考核应通过编制责任报告来完成。

责任报告的形式主要有报表、数据分析和文字说明等。将责任预算、实际执行结果及其形成的差异用报表予以列示是责任报告的基本形式。注意，在提示差异时，还必须对重大差异予以定量分析和定性分析。

在企业的不同管理层上，责任报告的侧重点应有所不同。最低层次的责任中心的责任报告应当最详细，随着层次的升高，责任报告的内容应以更为概括的形式来表现。根据责任报告，可进一步对责任预算执行差异的原因和责任进行具体分析，以充分发挥反馈作用，以使上层责任中心和本责任中心对有关生产经营的活动实施有效的控制和调节，促使各个责任中心根据自身特点，卓有成效地开展有关活动以实现责任预算。

为了编制各责任中心的责任报告，必须以责任中心为对象组织会计核算工作。进行责任会计核算，具体做法有两种:一种做法是由各责任中心指定专人把各责任中心日常发生的成本、收入以及各责任中心相互之间的结算和转账业务记入单独设置责任会计的账户内，然后定期计算盈亏。因其与财务会计分开核算，称为“双轨制”。另一种做法是简化日常核算，不另设置专门的责任会计账户，而是在传统财务会计的各明细账户内，为各责任中心分别设置账户进行登记、核算，称为“单轨制”。

各责任中心的业绩考核有狭义和广义之分。狭义的业绩考核仅指对各责任中心的价值指标，如成本、收入、利润以及资产占用等责任指标的完成情况进行考评。广义的业绩考核除这些价值指标外，还包括对各责任中心的非价值责任指标的完成情况进行考核。

一、对成本中心的评价与考核

成本中心没有收入来源，只对成本负责，因而也只考核其责任成本。由于不同层次成本费用控制的范围不同，计算和考核的成本费用指标也不尽相同，层次越高计算和考评的指标就越多，考核内容也越多。

成本中心业绩考核是以责任报告为依据，将实际成本与预算成本或者责任成本进行比较，确定两者差异的性质、数额以及形成的原因，并对差异进行分析，根据差异分析结果对各成本中心进行奖罚，以督促各成本中心努力降低成本。

一般说来，标准责任中心的考核指标，是既定产品质量和数量条件下的标准成本。标准责任中心不对生产能力的利用程度负责，而只对既定产量的投入量承担责任。值得强调的是，如果标准责任中心的产品没有达到规定的质量，或者没有按计划生产，则会对其他单位产生不利影响。因此，标准责任中心必须按规定的质量、时间标准和计划产量来进行生产。

确定费用中心的考核指标是一件困难的工作。由于缺少度量其产出的标准，以及投入和产出之间的关系不密切，运用传统财务技术来评价这些中心的业绩非常困难。费用中心的业绩涉及财务预算、工作质量和服务水平。因此，通常使用费用预算来评价费用中心的成本控制业绩。在考核预算完成情况时，要利用有经验的专业人员对该费用中心的工作质量和服务水平作出有根据的判断，才能对费用中心的控制业绩作出客观评价。

成本中心的考核指标主要采用绝对指标和相对指标，包括成本(费用)变动额和变动率两个指标，其计算公式是：

成本(费用)变动额＝实际责任成本(费用)－预算责任成本(费用)

成本(费用)变动率＝成本(费用)变动额÷预算责任成本(费用)×100%

注意：在进行成本中心考核时，如果预算产量与实际产量不一致，应注意按弹性预算的方法先行调整预算指标，然后，再按上述指标计算。

【例10－1】光明企业内部某车间为成本中心，生产甲产品，预算产量9 000件，预算单位成本100元，实际产量10 000件，实际单位成本90元。计算成本变动额和变动率。

成本变动额＝90×10 000－100×10 000＝－100 000(元)

成本变动率＝〔－100 000÷(100×10 000)〕×100%＝－10%

计算结果表明，该成本中心的成本降低额为100 000元，降低率为10%。

二、对利润中心的评价与考核

(一)利润中心业绩考核

对于利润中心进行考核的指标主要是利润。但是，任何一个单独的业绩衡量指标都不能够反映出某个组织单位的所有经济效果，利润指标也不例外。因此，尽管利润指标具有综合性，利润计算具有强制性和较好的规范化程序，但仍需要一些非货币的衡量方法作为补充，包括：生产率、产品质量、市场地位、社会责任等。

利润中心既对成本负责，又对收入和利润负责，在进行考核时，应以销售收入、边际贡献和息税前利润为重点进行分析、评论。特别是应通过一定期间实际利润与预算利润进行对比，分析差异及其形成原因，明确责任，借以对责任中心的经营得失和有关人员的功过做出正确评价和奖罚。

(二)利润中心的考核指标

利润中心的考核指标为利润，通过比较一定期间实际实现的利润与责任预算所确定的利润，可以评价其责任中心的业绩。这里需要注意，在考核利润中心业绩时，也只是计算和考核该利润中心权责范围内的收入和成本。凡不属于本利润中心权责范围内的收入和成本，应予以剔除，不能作为本利润中心的考核依据。但由于成本计算方式不同，各利润中心的利润指标表现形式也不相同。

在评价利润中心业绩时，考核指标计算一般有两种方式：

1. 利润中心只计算可控成本，不分担不可控成本，亦即不分摊共同成本

这种方式主要适用于共同成本难以合理分摊或无须进行共同成本分摊的场合，按这种方式计算出的的利润不是通常意义上的利润，而是相当于“边际贡献”。企业各利润中心的“边际贡献”之和，减去未分配的共同成本，经过调整后才是企业真正意义的利润总额。采用这种考核指标计算方式的“利润中心”，实质上已不是真正意义上的利润中心，而是边际贡献中心。人为利润中心适合采取这种计算方式。

2. 利润中心不仅计算可控成本，也计算不可控成本

这种方式适合于共同成本易于并能够合理分摊或不存在共同成本分摊的情况。这种利润中心考核指标在计算时，如果采用完全成本法，利润中心可以直接计算出税前利润。各利润中心的税前利润之和，就是整个企业的利润总额。自然利润中心适合采取这种考核指标计算方式。如果采用变动成本法，应先计算出边际贡献，再减去固定成本，才是税前利润。

（三）利润中心考核指标的计算方法

利润中心对利润负责，必然要考核和计算成本，以便正确计算利润，作为对利润中心业绩评价与考核的可靠依据。对利润中心的成本计算，考核指标至少有 4 种选择：边际贡献；可控边际贡献；部门边际贡献；税前部门利润。

1. 当利润中心不计算共同成本或不可控成本时，其考核指标是利润中心边际贡献。

利润中心边际贡献 = 该利润中心销售收入总额 − 可控成本总额（或变动成本总额）

需要说明的是，如果可控成本中包含可控固定成本，就不完全等于变动成本总额。但一般而言，利润中心的可控成本是变动成本。

2. 而当利润中心计算共同成本或不可控成本，并采取变动成本法计算成本时，其考核指标包括：利润中心边际贡献总额；利润中心负责人可控利润总额；利润中心可控利润总额；税前部门利润等。

利润中心边际贡献总额 = 该利润中心销售收入总额 − 该利润中心变动成本总额

利润中心负责人可控利润总额 = 该利润中心边际贡献总额 − 该利润中心负责人可控固定成本

利润中心可控利润总额 = 该利润中心负责人可控利润总额 − 该利润中心负责人不可控固定成本

税前部门利润 = 利润中心可控利润总额 − 公司管理费用

因此，公司利润总额等于各利润中心可控利润总额之和减公司不可分摊的各种管理费用、财务费用等。

为了考核利润中心负责人的经营业绩，应正确划分利润中心负责人的可控成本和不可控成本。在考核利润中心负责人业绩时，应将其不可控的固定成本从中剔除。

【例 10 − 2】：光明企业的甲车间是一个人为的利润中心，本期实现内部销售收入总额 150 万元，销售变动成本为 100 万元，该利润中心负责人可控固定成本为 8 万元，该利润中心负责人不可控的且应由该中心负担的固定成本为 12 万元，应分配的公司管理费用 10 万元。

则该利润中心实际考核指标分别为：

利润中心边际贡献总额 = 150 − 100 = 50（万元）

利润中心负责人可控利润总额 = 50 - 8 = 42(万元)

利润中心可控利润总额 = 42 - 12 = 30(万元)

税前部门利润 = 30 - 10 = 20(万元)

三、对投资中心的评价与考核

(一)投资中心业绩考核

投资中心不仅要对成本、收入和利润负责，还要对投资效果负责。因此，投资中心业绩考核，除收入、成本和利润指标外，考核重点应放在投资利润率和剩余收益两项指标上。

从管理层次看，投资中心是最高层次的责任中心，它具有最大的决策权，也承担最大的责任。投资中心业绩考核的内容或指标涉及各个方面，是一种较为全面的考核。考核时通过将实际数与预算数比较，找出差异，进行差异分析，查明差异的成因和性质，并据以进行奖罚。由于投资中心层次高、涉及的管理控制范围广，内容复杂，考核时应力求原因分析深入、依据确凿、责任落实具体，这样才可以达到考核的效果。

(二)投资中心的考核指标

投资中心的经理不仅能控制除公司分摊管理费用外的全部成本和收入，而且能控制占用的资产，因此，不仅要衡量其利润，而且要衡量其资产并把利润与其所占用的资产联系起来。在此基础上，根据投资中心应按投入产出之比进行业绩评价与考核的要求，除考核利润指标外，更需要计算和分析利润与投资额的关系性指标，评价投资中心业绩的指标通常有以下三种选择:即投资利润率、剩余收益和现金回收率。

1. 投资利润率

投资利润率又称投资收益率，是指投资中心所获得的利润与投资额之间的比率，可用于评价和考核由投资中心掌握、使用的全部净资产的获利能力。其计算公式为:

投资利润率 = 利润 ÷ 投资额 × 100%

投资报酬率可以分解为投资周转率和销售利润率两者的乘积，并可进一步分解为资产的明细项目和收支的明细项目，从而对整个部门经营状况作出评价。

投资利润率 = 销售收入 ÷ 投资额 × 成本费用 ÷ 销售收入 × 利润 ÷ 成本费用 = 资本周转率 × 销售成本率 × 成本费用利润率

以上公式中投资额是指投资中心的总资产扣除负债后的余额，即投资中心的净资产。所以，该指标也可以称为净资产利润率，即供应的每一元资产对整体利润贡献大小，或投资中心对所有者权益的贡献程度。

为了考核投资中心的总资产运用状况，也可以计算投资中心的总资产息税前利润率。它是投资中心的息税前利润除以总资产占用额。总资产是指生产经营占用的全部资产。因资金来源中包含了负债，相应分子也要采用息税前利润，它是利息加利润总额。投资利润率按总资产占用额计算，主要用于评价和考核由投资中心掌握、使用的全部资产的获利能力。需要说明的是，由于利润或息税前利润是期间性指标，故上述投资额或总资产占用额应按平均投资额或平均占用额计算。

投资利润率是根据现有的会计资料计算的，比较客观，可用于部门之间以及不同行业之间的比较。投资利润率是广泛采用的评价投资中心业绩的指标，它的优点主要有:一是投资利润率能反映投资中心的综合获利能力。从投资利润的分解公式可以看出，投资利润率的高低与收入、成本、投资额和周转能力有关，提高投资利润率应通过增收节支、加速周转、减少投入来实现。二是投资利润率具有横向可比性。投资利润率将各投资中心的投入与产出进行比较，剔除了因投资额不同而导致利润差异的不可比因素，有利于进行各投资中心经营业绩的比较。三是投资利润率可以作为选择投资机会的依据，有利于调整资产的存量，优化资源配置。四是以投资利润率作为评价投资中心经营业绩的尺度，可以正确引导各投资中心的经营管理行为，使其行为长期化。由于该指标反映了投资中心运用资产并使用资产的增值能力，如果投资中心资产运用不当，会增加投资占用规模，就会降低利润。因此，以投资利润率作为评价与考核的尺度，将促使各投资中心盘活闲置资产，减少不合理资产占用，及时处理过时、变质、毁损、不使用的资产，提高投资利润率。

投资利润率虽能综合反映一个投资中心全部经营成果，但是该指标也有其局限性。一是世界性的通货膨胀，使企业资产账面价值失真、失实，以致相应的折旧少计，利润多计，使计算的投资利润率无法揭示投资中心的实际经营能力。二是使用投资利润率往往会使投资中心只顾本身利益而放弃对整个企业有利的投资的机会，造成投资中心的近期目标与整个企业的长远目标相背离。各投资中心为达到较高的投资利润率，可能会采取减少投资的行为。三是投资利润率的计算与资本支出预算所用的现金流量分析方法不一致，不便于投资项目建成投产后与原定目标的比较。

【例 10－3】假设企业某个部门的资产额为 20 000 元，部门边际贡献为 4 000 元，那么投资报酬率则为 20%，即投资报酬率＝4 000÷20 000＝20%

假设前边提到的企业资金成本率为 15%，该部门面临一个投资报酬率为 16% 的投资机会，投资额为 10 000 元，每年净利 1 600 元。尽管对整个企业来说，由于投资报酬率高于资本成本，应当利用这个投资机会，但是它却使这个部门的投资报酬率由过去的 20% 下降到 18.67%：

即投资报酬率＝(4 000＋1 600)÷(20 000＋10 000)＝18.67%

投资报酬率指标的不足也是十分明显的：部门经理会放弃高于资本成本而低于目前部门投资报酬率的机会，或者减少现有的投资报酬率较低但高于资金成本的某些资产，使部门的业绩获得较好评价，但却伤害了企业整体的利益。

同样道理，当情况与此相反，假设该部门现有一项资产价值 5 000 元，每年获利 800 元，投资报酬率为 17%，超过了资金成本，部门经理却愿意放弃该项资产，以提高部门的投资报酬率，使这个部门的投资报酬率由过去的 20% 上升到 21.33%，即

投资报酬率＝(4 000－800)÷(20 000－5 000)＝21.33%

注意：当使用投资报酬率作为业绩评价标准时，部门经理可以通过加大分式分子或减少分式的分母来提高这个比率(投资报酬率)。实际上，减少分母更容易实现。这样做，就会失去不是最有利但可以扩大企业总净利的项目。从引导部门经理采取与企业总体利益一致的决策来看，投资报酬率并不是一个很好的指标。因此，为了克服投资利润率的某些缺陷，应采用剩余收益作为评价指标。

2. 剩余收益

为了克服由于使用比率指标来衡量部门业绩带来的次优化问题，许多企业采用绝对数指标来实现利润与投资之间的联系，这就是剩余收益指标。剩余收益是一个绝对数指标，是指

投资中心获得的利益减其最低投资收益后的余额。最低投资收益是投资中心的投资额(或资产占用额)按规定或预期的最低报酬率计算的收益。其计算公式如下:

剩余收益 = 利润 - 投资额 × 预期的最低投资报酬率

如果预期指标是总资产息税前利润时,则剩余收益计算公式应作相应调整,即保证前后指标一致。其计算公式如下:

剩余收益 = 息税前利润 - 总资产占用额 × 预期总资产息税前利润率

这里所说的预期的最低报酬率或总资产息税前利润率通常是指企业为保证其生产经营正常、持续进行所必须达到的最低报酬水平。

以剩余收益作为投资中心经营业绩评价指标时,只要投资中心的某项投资,其投资利润率大于预期的最低投资报酬率,那么该项投资便是可行的。

剩余收益指标具有以下优点:一是体现了投入与产出的关系。由于减少投资(或降低资产占用)同样可以达到增加剩余收益的目的,因而与投资利润率一样,该指标也可用于全面评价与考核投资中心的业绩。二是避免本位主义,剩余收益指标避免了投资中心狭隘的本位倾向,即单纯追求投资利润率而放弃一些对企业整体有利的投资机会。可以使业绩评价与企业的目标协调一致,引导部门经理采用高于企业资本成本的决策。三是采用剩余收益指标还有一个好处,就是允许使用不同的风险调整资本成本。以剩余收益作为衡量投资中心工作成果的尺度,投资中心将会尽量提高剩余收益,有利于增加剩余收益绝对额,而不只是尽量提高投资利润率。

【例 10 - 4】根据前边例【10 - 3】的资料计算:

目前部门剩余收益 = 4 000 - 20 000 × 15% = 1 000(元)

采纳增资方案后剩余收益 = (4 000 + 1 600) - (20 000 + 10 000) × 15% = 1 100(元)

采纳减资方案后剩余收益 = (4 000 - 800) - (20 000 - 5 000) × 15% = 950(元)

部门经理会采纳增资的方案而放弃减资的方案,这正是与企业总目标相一致的。

当然,剩余收益是绝对数指标,不便于不同部门之间进行比较。因此,许多企业在使用该指标时,事先建立与每个部门资产结构相适应的剩余收益预算指标,然后通过实际与预算对比来评价部门业绩。

投资利润率与剩余收益两个指标的差别可以举例说明如下:

【例 10 - 5】某公司下设投资中心甲和投资中心乙。假定甲投资中心面临一个投资机会,其投资额为 1 000 万元,可获利润 140 万元,投资利润率为 14%,假定全公司预期最低平均投资利润率为 12%。有关资料如表 10 - 1 所示。

表 10 - 1 甲、乙投资中心的相关信息表 金额单位:万元

投资中心	利润	投资	投资利润率	剩余收益
甲	150	1 000	15%	30
乙	90	1 000	9%	
全公司	240	2 000	12%	

要求:评价甲投资中心是否接受这个投资机会。

解答:若甲投资中心接受该投资,则甲、乙投资中心的相关数据重新计算在表 10 - 2 中。

表 10－2　　甲、乙投资中心的相关数据计算表　　金额单位：万元

投资中心	利润	投资	投资利润率	剩余收益
甲	150＋140＝290	1 000＋1 000＝2 000	14.5%	50
乙	90	1 000	9%	
全公司	380	3 000	12.67%	

(1)用投资利润率指标来衡量业绩

就全公司而言，接受投资后，投资利润率增加了0.67%，应该接受该项投资。但是，由于甲投资中心投资利润率下降了0.5%，该投资中心甲就应该不接受这项投资。

(2)用剩余收益指标来衡量业绩

甲责任中心接受新投资前的剩余收益＝150－1 000×12%＝30(万元)

甲责任中心接受新投资后的剩余收益＝290－2 000×12%＝50(万元)

所以，若以剩余收益指标来衡量投资中心的业绩，则甲投资中心应该接受这项投资。

3. 现金回收率

为了使各投资中心项目评估和业绩评估趋于一致，我们可以选择业绩评价以现金流量为基础。即以现金流量为基础的业绩评价指标(现金回收率和剩余现金流量)。其计算公式如下：

(1)现金回收率

现金回收率＝营业现金流量÷总资产

公式中的分子是指年现金收入与现金支出的差额，分母是指部门资产的历史成本平均值。假设某部门营业的现金流量为6 000元，资产的历史成本平均值为30 000元，则现金回收率为20%：

现金回收率＝6 000÷30 000＝20%

由于现金回收率是一个相对数指标，也会引起部门经理投资决策的次优化，出现与投资报酬率类似的缺点。为了克服这个缺点，可以同时使用剩余现金流量指标来评价部门业绩。

(2)剩余现金流量

剩余现金流量＝经营现金流入－部门资产×资金成本率

假设前述企业的资金成本率为15%，则：剩余现金流量＝6 000－30 000×15%＝1 500(元)

综上所述，责任中心根据其控制区域和权责范围的大小，分为成本中心、利润中心和投资中心三种类型。它们各自不是孤立存的，每个责任中心承担各自的经营管理责任。各责任中心的经营目标与企业总体的经营目标应保持相一致，保证企业总体的经营目标的实现。

任务四　内部转移价格

一、内部转移价格的作用

内部转移价格是指企业内部各责任中心之间进行内部结算和责任结转时所采用的价格标准。企业内部各部门之间相互提供产品或劳务时，需要制定内部转移价格。该内部转移价格

对于提供产品或劳务的部门来说表示收入，对于使用部门来说则表示成本。因此，内部转移价格会影响这两个部门的获利水平，影响这两个部门的业绩考核与评价。制定一个合理的内部转移价格至关重要。

制定内部转移价格的目的有两个：一是防止成本转移带来部门之间责任转嫁，有利于各责任中心进行业绩考核与评价。二是作为一种价格，引导各级部门采取明智的决策，生产部门据此确定提供产品的数量，使用部门据此确定所需要的产品数量。

二、制定内部转移价格的基本原则

企业制定内部转移价格时，必须考虑全局性原则、公平性原则、自主性原则和重要性原则。

1. 全局性原则

强调企业整体利益高于各责任中心的局部利益，当各责任中心利益与企业整体利益冲突时，企业和各责任中心应本着企业价值最大化的要求，制定内部转移价格。

2. 公平性原则

要求内部转移价格的制定应公平合理，应充分体现各责任中心的经营努力或经营业绩，防止某些责任中心因价格优势而获得额外的利益，某些责任中心因价格劣势而遭受额外损失，便于各责任中心在公平的前提下进行考核评价。

3. 自主性原则

是指在确保企业整体利益的前提下，只要可能，就应通过各责任中心的自主竞争或讨价还价来确定内部转移价格，真正在企业内部实现市场模拟，使内部转移价格能为各责任中心所接受，充分调动各责任中心的积极性。

4. 重要性原则

即内部转移价格的制定应当体现“大宗细，零星简”的要求。如，对原材料、半成品、产成品等重要物质的内部转移价格制定从细，而对劳保用品、修理用备件等数量繁多、价值低廉的物资，其内部转移价格制定从简。

三、内部转移价格的类型

可以考虑的内部转移价格有以下几种类型：

1. 市场价格

市场价格是根据产品或劳务的市场价格作为基价的价格。在中间产品存在完全竞争市场的情况下，市场价格减去对外的销售费用，是理想的内部转移价格。采用市场价格，一般假定各责任中心处于独立自主的状态，可自由决定从外部或内部进行购销，同时产品或劳务有客观的市价可采用。

2. 以市场为基础的协商价格

如果中间产品存在非完全竞争的外部市场，可以采用协商的办法确定转移价格。以市场为基础的协商价格也可称为议价，是企业内部各责任中心以正常的市场价格为基础，通过定期共同协商所确定的为双方所接受的价格。采用协商价格的前提是责任中心转移的产品应有在非竞争性市场买卖的可能性，在这种市场内买卖双方有权自行决定是否买卖这种中间产品。成功的协议价格依赖于下列条件：一是要有一个某种形式的外部市场，两个部门经理可以自由地选择接受或拒绝某一价格。二是在谈判者之间共同分享所有的信息资料。三是企业最高管理层要进行必要的干预。如果买卖双方不能自行决定，或当价格协商的双方发生矛盾而又不能自行解决，或双方协商订价不能导致企业最优决策时，企业高一级的管理层要进行必要的干预。但是，协商价格的上限是市价，下限是单位变动成本，具体价格应由各相关责任中心在这一范围内协商议定。当产品或劳务没有适当的市价时，也只能采用议价方式来确定。

3. 双重价格

双重价格就是针对各责任中心分别采用不同的内部转移价格所制定的价格。如对产品的供应方，可按协商的市场计价；对使用方则按供应方的产品（半成品）单位变动成本计价。其差额最终进行会计调整。

对责任中心双重价格的使用有两种形式：一是双重市场价格，就是当某种产品或劳务在市场上出现几种不同价格时，供应方采用最高市场价格，使用方采用最低市场价格；二是双重转移价格，就是供应方按市场价格或议价作为基础，而使用方按供应方的单位变动成本作为计价的基础。

这里需注意，双重价格的好处既可较好满足供应方和使用方的不同需要，也可激励双方在经营上充分发挥主动性和积极性。

4. 成本转移价格

成本转移价格就是以产品或劳务的成本为基础而制定的内部转移价格。由于成本的概念不同，成本转移价格也有多种不同形式，其中用途较为广泛的成本转移价格有四种：

（1）标准变动成本，它是以产品（半成品）或劳务的标准变动成本作为内部转移价格，这种方式能够明确提示成本与产量的关系，便于考核各责任中心的业绩，也利于经营决策。不足之处是产品（半成品）或劳务中不包含固定成本，不能反映劳动生产率变化对固定成本的影响，不利于调动各责任中心提高产量的积极性。

（2）标准变动成本加成，即按产品（半成品）或劳务的标准成本加计一定的合理利润作为计价的基础。

（3）变动成本加固定费转移价格，这种方法要求中间产品的转移用单位变动成本来定价，同时，还应向使用部门收取固定费，作为长期以低价获得中间产品的一种报偿。

（4）标准成本，即以产品（半成品）或劳务的标准成本作为内部转移价格。它适用于成本中心产品或半成品的转移。

5. 全部成本转移价格

企业以全部成本或者以全部成本加上一定利润作为内部转移价格，可能是最差的选择。

【课后专业测评】

一、单项选择题

1. 成本中心的可控成本是指（　　）

A. 产品成本　　B. 生产成本　　C. 责任成本　　D. 标准成本

2. 最适合作为企业内部利润中心业绩评价指标的是（　　）

A. 部门营业收入　　B. 部门税后利润　　C. 部门可控边际贡献　　D. 部门税前利润

3. 在中间产品存在完全竞争市场的情况下，最理想的内部转移价格是（　　）

A. 市场价格　　　　　　　　　　B. 以市场为基础的协商价格

C. 变动成本加固定费用转移价格　　D. 全部成本转移价格

4. 计算评价投资中心业绩的现金回收率指标所使用的“总资产”，是指该投资中心资产的(　　)

A. 成本期初数　　B. 成本期末数　　C. 历史成本平均数　　D. 可变现价值

5. 对利润中心负责人的业绩评价，应重点考核其(　　)

A. 边际贡献　　B. 可控边际贡献　　C. 部门边际贡献　　D. 部门税前利润

6. 一个责任中心，如果该中心对成本、收入和利润负责，该中心则是(　　)

A. 成本中心　　B. 利润中心　　C. 投资中心　　D. 结算中心

7. 某一利润中心某年的销售收入 10 000 元，已销产品的变动成本为 5 000 元，可控固定间接费用 1 000 元，不可控固定间接费用 1 500 元，分配来的公司管理费用为 1 200 元。那么，该利润中心的“可控边际贡献”为(　　)

A. 5 000 元　　B. 4 000 元　　C. 3 000 元　　D. 2 000 元

8. 利润中心不具有(　　)

A. 价格制定权　　B. 投资决策权　　C. 销售决策权　　D. 生产决策权

9. 从业绩考核的角度看，内部转移价格中最差的选择是(　　)

A. 市场价格　　　　　　B. 以市场为基础的协商价格

C. 全部成本转移价格　　D. 变动成本价固定费转移价格

10. 企业制定内部转移价格时，理想的选择是(　　)

A. 市场价格　　　　　　　　B. 以市场为基础的协商价格

C. 变动成本加固定费转移价格　　D 全部成本转移价格

11. 即对成本负责，又对收入、收益、投资负责的单位或部门，一般称为(　　)

A. 责任中心　　B. 投资中心　　C. 利润中心　　D. 成本中心

12. “现金回收率”指标适合于评价(　　)

A. 自然利润中心　　B. 人为利润中心　　C. 成本中心　　D. 投资中心

13. 投资中心的考核指标中，能使部门的业绩评价与企业的目标协调一致，避免次优化问题的指标是(　　)

A. 投资报酬率　　B. 剩余收益　　C. 现金回收率　　D. 可控边际贡献

14. 某投资中心的资产额为 20 000 元，企业的资本成本为 15%，剩余收益为 1 000 元，则其投资报酬率为(　　)

A. 15%　　B. 20%　　C. 25%　　D. 30%

15. 各责任中心责任成本的计算范围是(　　)

A. 各责任中心应计入产品成本的费用

B. 各责任中心应计入产品成本的变动成本

C. 各责任中心的直接材料、直接人工、制造费用

D. 各责任中心的可控成本

二、多项选择题

1. 影响剩余收益指标的主要因素有(　　)

A. 资本成本　　B. 营业现金流量　　C. 部门边际贡献　　D. 部门资产

2. 下列有关成本责任中心的说法中，正确的是(　　)

A. 成本责任中心不对生产能力的利用程度负责

B. 成本责任中心不进行设备购置决策

C. 成本责任中心不对固定成本负责

D. 成本责任中心应严格执行产量计划，不应超产或减产

3. 成本中心的特点主要表现在(　　)

A. 着重考核其成本费用，不考核其收入　　B. 只对可控成本承担责任

C. 只对责任成本进行考核和控制　　D. 往往不形成收入，或没有收入

4. 利润中心的考核指标主要有(　　)

A. 部门税前利润　　B. 部门边际贡献　　C. 边际贡献　　D. 可控边际贡献

5. 如果需要制定企业内部转移价格，可以考虑的转移价格有(　　)

A. 市场价格　　B. 以市场为基础的协商价格

C. 变动成本加固定费转移价格　　D. 全部成本转移价格

6. 以市场为基础的协商价格作为企业内部各组织单位之间相互提供产品的转移价格，需要具备下列条件(　　)

A. 某种形式的外部市场　　B. 各组织单位之间共享的信息资源

C. 准确的中间产品的单位变动成本资料　　D. 最高管理层对转移价格的适当干预

7. 用剩余收益指标评价投资中心的业绩，其优点是(　　)

A. 允许使用不同的风险调整资本成本　　B. 有利于不同部门之间的比较

C. 可使对部门经理的业绩评价与企业总目标一致　　D. 有利于进行现金流量分析

8. 投资中心具备的特征有(　　)

A. 拥有投资决策权　　B. 处于责任中心的最高层次

C. 承担最大的责任　　D. 一般都是独立法人

三、判断题

1. 在其他因素不变的条件下，一个投资中心的剩余收益的大小与企业资本成本的高低呈反向变动(　　)

2. 以“全部成本转移价格”作为内部转移价格，能够引导部门经理作出有利于企业的明智决策，因此，是业绩评价的良好尺度(　　)

3. 可控成本总是针对特定责任中心来说的。一项成本，对某个责任中心来说是可控的，对另外的责任中心则是不可控的(　　)

4. 以可控边际贡献作为业绩评价的依据，可能更适合评价该部门对企业利润和管理费用的贡献，而不适合于部门经理的评价(　　)

5. 成本中心是指既能控制收入又能控制成本的责任单位(　　)

6. 以市场价格作为内部转移价格，就是直接将市场价格用作结算。(　　)

7. 从整个企业的空间范围和很长的时间范围来观察，所有成本都是人的某种决策或行为的结果，都是可控的。(　　)

8. 考核某一部门对企业利润和管理费用的贡献，应通过部门税前利润来考核。(　　)

9. 作为评价投资中心业绩的“剩余收益”指标的特点之一是允许使用不同的风险调整资金成本。(　　)

四、计算题

1. 某公司的某一部门的销售收入为25 000元，变动成本为16 000元，可控固定成本1 300元，不可控固定成本2 000元，分配公司管理费用1 000元，部门占用的资产额为32 500元，企业的资本成本为15%。

要求:试计算投资报酬率和剩余收益。

2. 某公司甲投资中心的本年数据资料如下:

部门销售收入	28 000元
销货成本和变动销售费	16 000元
部门的折旧费	2 500元
部门可控的间接费用	1 600元
分配的公司管理费	2 000元
本中心占用资产	60 000元
公司的平均资本成本	10%

要求:计算该投资中心的投资报酬率、剩余收益、现金回收率。

五、综合题

1. 顺畅公司有三个业务类似的投资中心，使用相同的预算进行控制，其2009年的有关资料如表10－3。

表10－3　　单位:万元

项目	预算数	实际数		
		A部门	B部门	C部门
销售收入	200	180	210	200
营业利润	18	19	20	18
营业资产	100	90	100	100

在年终进行业绩评价时，董事会对三个部门的评价发生分歧:有人认为C部门全面完成预算，业绩最佳;有人认为B部门销售收入和营业利润均超过预算，并且利润最大，应是最好的;还有人认为A部门利润超过预算并节省了资金，是最好的。

要求:假设该公司资本成本是16%，请你对这三个部门的业绩进行分析评价并排出优先次序。

项目十一　财务分析

【知识要点】

1. 能够理解企业财务分析的意义和内容；
2. 合理运用财务分析方法对企业的财务状况、经营成果以及未来发展趋势进行分析和评价；
3. 会运用综合财务分析方法。

【能力目标】

1. 能够分析和评价企业偿债能力；
2. 能够分析和评价企业资产营运能力；
3. 能够分析和评价企业获利能力；
4. 能够分析和评价企业发展能力。

【案例导入】

光明公司财务分析

光明公司成立于1990年，其注册资本为2 000万元。其经营范围为生产和销售某型号机器零配件。该公司2012年的主要财务指标与同行业财务指标资料如下：

表 11-1　　光明公司主要财务指标与同行业财务指标资料对比表

财务比率	京华公司	行业平均数
流动比率	1.76	1.76
资产负债率	50.3%	52%
已获利息倍数	2.98	3.9
存货周转率	7.89 次	7 次
平均收现期	80 天	40 天
固定资产周转率	6.5 次	13.5 次
总资产周转率	2 次	3.2 次
销售净利率	2.71%	2.3%
资产净利率	3.9%	4.4%
权益净利率	8.73%	9.26%

根据对光明公司和同行业主要财务指标比较分析，您认为：

1. 该公司偿债能力水平如何？
2. 该公司运营能力如何？
3. 该公司获利能力如何？
4. 该公司在经营管理上可能存在哪些问题？
5. 本案例对你有何启示？

任务一　财务分析的认知

财务分析是财务管理工作的一个关键环节，在实际工作中有重大的意义，因此，只有明确了财务分析的意义与内容，掌握了财务分析方法的种类及原理，才能为实施具体财务分析奠定坚实的基础。

一、企业财务分析的基本内含

(一)财务分析的含义

财务分析是以企业财务报表等相关资料为依据，采用一系列专门的方法，对企业过去和现在的有关筹资活动、投资活动、经营活动的盈利能力、运营能力、偿债能力和发展能力等情况进行分析和评价，为企业的投资者、债权人、经营者及其他关心企业的组织或个人了解企业过去、评价企业现状、预测企业未来，做出正确决策与评估提供准确信息或依据的经济应用学科。

财务信息的需求者主要包括企业所有者、企业债权人、企业经营决策者和政府等。不同主体出于不同的利益考虑，对财务分析信息的要求也不同：企业所有者关心其资本保值和增值状况，较为重视企业获利能力分析；企业债权人关心其债权的安全性，较为重视企业偿债能力分析；企业经营决策者关心的是企业的全部财务分析信息；政府对企业财务分析的关注点因其身兼多重身份而不同。

企业对外发布的财务报告，是根据全体信息使用者的一般要求设计的，并不符合特定报表使用人的特定需求。尽管企业的经营规模、经营状况、经营特点不同，作为运用价值形式进行的财务分析，总的来看，财务分析的基本内容包括偿债能力分析、营运能力分析、获利能力分析、发展能力分析和综合能力分析。

(二)财务分析的目的

财务分析的目的受财务分析主体和服务对象的制约，不同的财务分析主体进行分析的对象是不同的。财务分析的目的可以从以下几个方面进行。

1. 从企业投资者角度

企业投资者，必然高度关注资本的保值和增值状况。需要分析公司的盈利能力；破产风险和竞争能力；筹资状况；股价变动和发展前景等。

2. 从企业债权人角度

债权人在进行财务分析时，最关心的是企业是否有足够的支付能力，以保证其债务本息能够及时、足额地得以偿还。需要分析贷款的报酬和风险，短期偿债能力，长期偿债能力，盈利状况和资本结构。

3. 从企业经营者角度

企业经营者为了满足不同利益主体的需要，协调各方面的利益关系，需要进行内容广泛的财务分析，几乎包括外部使用人关心的所有问题，以期发现其中存在的问题，及时采取对策，规划和调整市场定位目标、策略，进一步挖掘潜力，保持经济的持续稳定增长。

4. 从企业供应商角度

供应商在决定是否与企业建立长期的合作关系时，需要分析公司的长期盈利能力和偿债能力。

5. 从政府角度

为履行政府职能，政府借助财务分析，检查企业是否存在违法违纪、浪费国家资金的问题；通过综合分析，对企业的发展后劲以及对社会的贡献程度进行分析和考察。

6. 从其他利益相关人角度

企业职工通常他们更看重工作岗位的稳定性、工作环境的安全性以及获取报酬的前景。因此，他们比较关心企业的获利能力和偿债能力。

(三)财务分析的意义

财务分析对不同的信息使用具有不同的意义。具体表现在如下方面：

1. 可以判断企业的财务实力

通过对资产负债表和利润表有关资料进行分析，计算相关指标，可以了解企业的资产结构和负债水平是否合理，从而判断企业的偿债能力、营运能力及获利能力等财务实力。

2. 可以评价和考核企业的经营业绩，揭示财务活动存在的问题

通过指标的计算、分析和比较，能够评价和考核企业的盈利能力和资产周转状况，揭示其经营管理的各个方面和各个环节问题，找出差距，以促使经营者不断改进工作。

3. 可以挖掘企业潜力，寻求提高企业经营管理水平和经济效益的途径

企业进行财务分析的目的不仅仅是发现问题，更重要的是分析问题和解决问题。通过财务分析，对存在的问题应提出解决的策略和措施，以达到扬长避短，提高经营管理水平和经济效益的目的。

4. 可以评价企业的发展趋势

通过财务分析，预测其生产经营的前景及偿债能力，从而为企业进行生产经营决策、投资者进行投资决策和债权人进行信贷决策提供重要的依据。

（四）财务分析的内容

在现代企业中，不同利益主体出于不同的利益考虑，对财务分析信息有着不同的要求。但就企业总体来看，财务分析可归纳为偿债能力分析、运营能力分析、盈利能力分析、发展能力分析和综合能力分析五个方面，它们相辅相成，共同构成了企业财务分析的基本内容。

1. 偿债能力分析

偿债能力是指企业对债务的清偿能力或保证程度。清偿能力的分析是判断企业财务状况稳定与否的重要内容。企业偿债能力强，说明企业可以通过举债筹集资金来获取利益；反之，偿债能力差，说明企业资金紧张，难以偿还到期债务，甚至危及企业生存。

2. 运营能力分析

运营能力是指企业使用资产的效率。有效的经营可以提高资产利用效率，使企业增加收入，加速资金周转。运营能力的大小对企业获利能力的持续增长与偿债能力的不断提高有着决定性影响。

3. 获利能力分析

获利能力是指企业赚取利润和使企业的资金增值的能力。获利是企业经营理财的核心，获利能力的大小是衡量企业经营好坏的重要标志。

4. 发展能力分析

发展能力是指企业依靠自身积累资金或向外界筹集资金来扩大其经营规模的能力。一般情况下，企业的获利能力越大，其发展潜力就越大。

5. 综合能力分析

综合能力是将企业的偿债能力、运营能力、获利能力以及发展能力等各项指标有机的结合在一起，作为一项完整的体系，相互配合使用，从整体上把握企业的财务状况和经营情况的优劣。一般情况下，企业的综合能力越强，经营状况就越好。

二、财务分析的方法

（一）比较分析法

比较分析法，是通过对比两期或连续数期财务报告中的相同指标，确定其增减变动的方向、数额和幅度，来说明企业财务状况或经营成果变动趋势的一种方法。比较分析法可以分析引起变化的主要原因、变动的性质，并预测企业未来的发展趋势.

1. 比较分析法的方式

（1）重要财务指标的比较。重要财务指标的比较是指将不同时期财务报告中的相同指标或比率进行纵向比较、与同行业平均水平或先进企业进行横向比较，直接观察其增减变动情况及变动幅度，考察其发展趋势，预测其发展前景。主要有以下两种方法：

①定基动态比率。定基动态比率，是以某一时期的数额为固定的基期数额而计算出来的动态比率。其计算公式为：

$$定基动态比率=\frac{分析期数额}{固定基期数额}\times 100\%$$

②环比动态比率。环比动态比率，是以每一分析期的数据与上期数据相比较计算出来的动态比率。其计算公式为：

$$环比动态比率=\frac{分析期数额}{前期数额}\times 100\%$$

(2)会计报表的比较。会计报表的比较是指将连续数期的会计报表的金额并列起来，比较各指标不同期间的增减变动金额和幅度，据以判断企业财务状况和经营成果发展变化的一种方法。具体包括资产负债表比较、利润表比较和现金流量表比较等。

(3)会计报表项目构成的比较。会计报表项目构成的比较方法是在会计报表比较的基础上发展而来的，是以会计报表中的某个总体指标作为100%，再计算出各组成项目占该总体指标的百分比，从而比较各个项目百分比的增减变动，以此来判断有关财务活动的变化趋势。

2. 比较分析法的注意事项

(1)用于对比的各个时期的指标其计算口径必须保持一致。

(2)应剔除偶发性项目的影响，使分析所利用的数据能反映正常的生产经营状况。

(3)应运用例外原则对某项有显著变动的指标做重点分析，以便采取对策，趋利避害。

(二)比率分析法

比率分析法是通过计算各种比率指标来确定财务活动变动程度的方法，主要类型有结构比率、效率比率、相关比率三类。

1. 结构比率

结构比率，是某项财务指标的各组成部分数值占总体数值的百分比，反映部分与总体的关系。如：资产构成比率、负债构成比率等。利用构成比率，可以考察总体中某个部分的形成和安排是否合理，以便协调各项财务活动。

其计算公式为：

$$结构比率=\frac{某个组成部分数值}{总体数值}\times 100\%$$

2. 相关比率

相关比率，是同一时期财务报表及有关资料中两项相关数值的比率，反映有关经济活动的相互关系。利用相关比率指标，可以考察企业相互关联的业务安排得是否合理，以保障经营活动顺畅进行。如：营业利润率、资产负债率等。

采用比率分析法的注意事项：(1)对比项目的相关性；(2)对比口径的一致性；(3)衡量标准的科学性。

3. 效率比率

效率比率，是某项财务活动中所费与所得的比率，反映投入与产出的关系。利用效率比率指标，可以进行得失比较，考察经营成果，评价经济效益。如：成本利润率、销售利润率等。

(三)因素分析法

因素分析法是依据分析指标与其影响因素的关系，从数量上确定各因素对分析指标影响方向和影响程度的一种方法。有连环替代法和差额分析法。

1. 连环替代法

连环替代法，是将分析指标分解为各个可以计量的因素，并根据各个因素之间的依存关系，顺次用各因素的实际值替代基准值，据以测定各因素对分析指标的影响。

【例 11－1】某企业 2014 年 9 月某种原材料费用的实际数是 61 600 元，而其计划数是 54 000 元。实际比计划增加 7 600 元。

由于原材料费用是由产品产量、单位产品材料消耗量和材料单价三个因素的乘积组成，因此，把材料费用这一总指标分解为三个因素，然后逐个分析各个因素对材料费用总额的影响程度。三个影响因素的数值如表 11－1 所示。

表 11－1

项目	单位	计划数	实际数
产品产量	件	1 000	1 100
单位产品材料消耗量	千克	9	8
材料单价	元	6	7
材料费用总额	元	54 000	61 600

根据表 11－1 中资料，材料费用总额实际数比计划数增加 7 600 元。运用连环替代法，可以计算各因素变动对材料费用总额的影响。

计划指标：1 000 ×9 ×6 =54 000(元) ①

第一次替代:1 100 ×9 ×6 =59 400(元) ②

第二次替代:1 100 ×8 ×6 =52 800(元) ③

第三次替代:1 100 ×8 ×7 =61 600(元) ④

实际指标：

②－① =59 400 －54 000 =5 400(元) 产量增加的影响

③－② =52 800 －59 400 = －6 600(元) 材料节约的影响

④－③ =61 600 －52 800 =8 800(元) 价格提高的影响

5 400 －6 600 +8 800 =7 600(元) 全部因素的影响

2. 差额分析法

差额分析法是连环替代法的一种简化形式，是利用各个因素的实际值与基准值之间的差额，来计算各因素对分析指标的影响。

【例 11－2】仍以表 11－1 资料为例，采用差额分析法计算确定各因素变动对材料费用的影响。

(1)由于产量增加对材料费用的影响：(1 100 －1 000) ×9 ×6 =5 400(元)

(2)由于材料消耗节约对材料费用的影响:(8 －9) ×1 100 ×6 = －6 600(元)

(3)由于价格提高对材料费用的影响:(7 －6) ×1 100 ×8 =8 800(元)

(4)全部因素的影响为:5 400 －6 600 +8 800 =7 600(元)

3. 因素分析法的注意事项

(1)因素分解的关联性。构成经济指标的因素，必须是客观上存在着的因果关系，要能够反映形成该项指标差异的内在构成原因。

(2)因素替代的顺序性。确定替代因素时，必须根据各个因素的依存关系，遵循一定的顺序并依次替代，不可随意加以颠倒。

(3)顺序替代的连环性。该方法在计算每一因素变动的影响时，都是在前一次计算的基础上进行，并采用连环比较的方法确定因素变化影响结果。

(4)计算结果的假定性。因素分析法计算的各因素变动的影响数，会因替代顺序不同而有差别，因此，该方法是在某种假定前提下进行的影响因素分析。

三、财务分析的局限性

(一)资料来源的局限性

财务分析资料来源的局限性主要体现为：报表数据的时效性、报表数据的真实性、报表数据的可靠性、报表数据的可比性和报表数据的完整性。

(二)财务分析方法的局限性

财务分析方法存在一定的局限性，因为各种财务分析方法均是对过去经济事项的反映，随着环境的变化，这些比较标准也会发生变化，主要有以下方面：

1. 比较分析法的局限性：在实际操作时，比较的对象必须具备可比性才有意义。

2. 比率分析法的局限性：该法是针对单个指标进行分析，综合程度较低；比率指标是以财务报表的历史数据为基础计算的，这使得提供的信息与决策之间的相关性大打折扣。

3. 因素分析法的局限性：在计算各因素对综合经济指标的影响额时，主观假定各因素的变化顺序而且规定每次只有一个因素发生变化，这些假定往往与事实不符。

(三)财务分析指标的局限性

财务分析指标的局限性主要体现为：财务指标体系不严密、财务指标所反映的情况具有相对性、财务指标的评价标准不统一、财务指标的计算口径不一致。

四、财务分析的步骤

财务分析是一项比较复杂的工作，必须按照一定的步骤来进行。其分析步骤如下：

1. 确立分析目的

进行财务分析首先要明确为什么进行财务分析。只有明确了财务分析的目的，才能正确地收集整理资料，选择正确的分析方法，从而得出正确的结论。

2. 明确分析范围

由于分析的主体或目的不同，财务分析更多是对企业的财务状况或经营成果中的某一个方面进行分析，其他方面的分析仅起参考作用，这就要求分析者明确分析范围，将有限的精力放在分析重点上，以节约成本。

3. 收集整理分析资料

财务分析资料是财务分析的重点，资料收集整理的及时性、完整性、准确性对分析的正确性有重要的影响。财务分析主要依据企业的财务数据，因而财务报表是需要收集的最主要的资料。除此之外，还要收集企业内部的供产销等方面的有关资料及企业外部宏观经济信息、行业情况信息、其他同类企业的经营状况等方面的信息。

4. 确定分析标准

财务分析可以以经验数据、历史数据、同行业数据和本企业预定的数据为标准，分析者可以根据分析目标选择一个或多个作为分析标准，并将企业真正的财务状况和经营业绩与分析标准相比较，从而进行判断。

5. 选择分析方法

财务分析的目标不同，应选择的分析方法也不同。常用的分析方法有比较分析法、比率分析法、因素分析法等。这些方法各有特点，在进行财务分析时可以结合使用。

6. 得出分析结论，编写财务分析报告

采用特定的方法计算出有关指标后，与分析标准对比，并将分析的结论用书面文字的形式表示出来，这就是财务分析报告。财务分析报告不仅是对财务分析工作的总结，还可作为历史信息，供以后进行财务分析时参考，保证财务分析的连续性。

任务二　偿债能力分析

财务分析的依据是企业财务报表，主要有资产负债表、利润表、现金流量表和所有者权益变动表。运用财务比率分别对企业的偿债能力、营运能力、获利能力和发展能力进行分析，重点是要掌握各项财务比率的计算，并能够合理运用财务比率对企业的相关能力进行评价。

现以光明股份公司的资料为例，分别对企业的偿债能力比率、营运能力比率、获利能力比率、发展能力比率进行介绍。

表 11－2　　　　**资产负债表**

编制单位:光明股份公司　　　　2014 年 12 月 31 日　　　　单位:万元

资　产	期末余额	年初余额	负债和所有者权益（或股东权益）	期末余额	年初余额
流动资产:			流动负债:		
货币资金	410	220	短期借款	300	210
交易性金融资产	30	15	交易性金融负债		
应收票据			应付票据		
应收账款	1 600	1 500	应付账款	1 800	1 900
预付款项	280	230	预收款项	410	320
应收利息			应付职工薪酬		
应收股利			应交税费		
其他应收款			应付利息		
存货	2 100	2 000	应付股利		
一年内到期的非流动资产			其他应付款	100	100

续表

其他流动资产			一年内到期的非流动负债		
流动资产合计	4 420	3 965	其他流动负债		
非流动资产：			流动负债合计	2 610	2 530
可供出售金融资产			非流动负债：		
持有至到期投资			长期借款	1 200	1 300
长期应收款			应付债券		
长期股权投资	500	500	长期应付款		
投资性房地产			专项应付款		
固定资产	2 600	2 500	预计负债		
在建工程			递延所得税负债		
工程物资			其他非流动负债		
固定资产清理			非流动负债合计		
生产性生物资产			负债合计	3 810	3 830
油气资产			所有者权益（或股东权益）：		
无形资产	650	550	实收资本（或股本）	3 100	2 800
开发支出			资本公积		
商誉			减：库存股		
长期待摊费用			盈余公积	500	400
递延所得税资产			未分配利润	760	485
其他非流动资产			所有者权益（或股东权益）合计	4 360	3 685
非流动资产合计	3 750	3 550			
资产总计	8 170	7 515	负债和所有者权益（或股东权益）总计	8 170	7 515

表 11－3　　　　　　　　　　　　　利润表

编制单位：光明股份公司　　　　　　　2014 年 12 月　　　　　　　　　单位：万元

项　目	本年数	上年数
一、营业收入	8 600	7 500
减：营业成本	6 300	5 600
营业税金及附加	490	420
销售费用	200	160
管理费用	300	200
财务费用	170（利息 120）	150（利息 100）
资产减值损失		
加：公允价值变动收益（损失以“－”填列）		
投资收益（亏损以“－”号填列）	40	30
其中：对联营企业和合营企业的投资收益		
二、营业利润（亏损以“－”号填列）	1 180	1 000
加：营业外收入	50	40
减：营业外支出	30	40
其中：非流动资产处理损失		
三、利润总额（亏损总额以“－”号填列）	1 200	1 000
减：所得税（税率 25%）	300	250
四、净利润（净亏损以“－”号填列）	900	750

补充报表资料：

（1）资产负债表：2013 年年初应收账款为 1 450 万元，存货 1 900 万元，流动资产余额 3 800 万元，资产 6 500 万元，所有者权益 3 000 万元。

（2）现金流量表：2013 年度、2014 年度经营活动产生的现金流量净额分别为 1 700 万元、1 200 万元。

一、短期偿债能力比率

短期偿债能力比率是指企业流动资产对流动负债及时足额偿还的保证制度，是衡量企业当期财务能力，特别是流动资产变现能力的重要标志。

反映企业短期偿债能力的财务比率主要有：流动比率、速动比率和现金流动负债比率。

（一）流动比率

流动比率是流动资产与流动负债的比率，它表明企业每一元流动负债有多少流动资产作为偿还保证，反映企业用可在短期内转变为现金的流动资产偿还到期流动负债的能力。其计算公式为：

$$流动比率 = \frac{流动资产}{流动负债} \times 100\%$$

【例 11－3】根据表 11－2 的资料，光明股份公司 2014 年初的流动比率为：

$$流动比率=\frac{3\ 965}{2\ 530}\times100\%=1.57$$

运用流动比率时，决策依据如下：

(1)一般情况下，流动比率越高，反映企业短期偿债能力越强，债权人的权益越有保证。

(2)国际上通常认为，流动比率为 2 较为适当。

(3)流动比率只有和同行业平均流动比率、本企业历史的流动比率进行比较，才能知道这个比率是高还是低。

运用流动比率时，注意事项如下：

(1)流动比率过低，表明企业可能难以按期偿还债务。但也不是绝对的，如：交通运输企业，其资产大多数是固定资产，流动资产相对较少，流动比率较低也是正常的。

(2)流动比率过高，而货币资金严重短缺，表明流动资产可能存在长期化问题。可能是存货积压、应收账款增多且收款期延长所致。因此，企业应在分析流动比率的基础上，进一步对现金流量加以考察。

(3)流动比率过高，可能闲置货币资金的持有量过多，必然造成企业机会成本的增加和获利能力的降低。

(4)要注意企业有没有人为粉饰流动比率的状况。如：企业期末大量生产产品。

(5)流动比率是否合理，不可一刀切。要注意时期差别、行业差别。

(二)速动比率

速动比率是企业速动资产与流动负债的比率。所谓速动资产，是指流动资产减去变现能力较差且不稳定的存货、预付账款、一年内到期的非流动资产和其他流动资产等之后的余额。

速动比率比流动比率能够更加准确、可靠地评价企业资产的流动性及其偿还短期负债的能力。其计算公式为：

速动比率

$$=\frac{速动资产}{流动负债}\times100\%$$

$$=\frac{流动资产-存货-预付账款-一年内到期的非流动资产-其他流动资产}{流动负债}$$

$$=\frac{(货币资金+交易性金融资产+应收账款+应收票据+应收利息+应收股利+其他应收款)}{流动负债}$$

【例 11－4】根据表 11－2 的资料，光明股份公司 2014 年初的速动比率为：

$$速动比率=\frac{3\ 965-2\ 000-230}{2\ 530}\times100\%=0.69$$

运用速动比率时，决策依据如下：

(1)一般情况下，速动比率越高，反映企业短期偿债能力越强，债权人的权益越有保证。

(2)国际上通常认为：速动比率为 1 较为适当。

(3)速动比率只有和同行业平均速动比率、本企业历史的速动比率进行比较，才能知道这个比率是高还是低。

运用速动比率时，注意事项如下：

(1)速动资产不等于企业的现时支付能力。影响速动比率可信性的重要因素是应收账款的变现能力。

(2)速动比率较低，表明企业可能难以按期偿还债务。但也不是绝对的，如果存货流转顺畅，变现能力较强，即使速动比率较低，只要流动比率高，企业仍然有望偿还短期债务。如，商品流通企业(零售企业)。

(3)要注意企业有没有人为粉饰速动比率的状况。如，期末改变销售政策，大量赊销。

(三)现金流动负债比率

现金流动负债比率是企业一定时期的经营现金净流量与流动负债的比率。该指标从现金流量角度更好地反映企业的即刻偿债能力，是最稳健的短期偿债能力的比率。其计算公式为：

$$现金流动负债比率 = \frac{年经营现金净流量}{流动负债} \times 100\%$$

【例 11－5】根据表 11－2 和补充资料，光明股份公司 2013 年的现金流动负债比率为：

$$现金流动负债比率 = \frac{1\ 200}{2\ 530} \times 100\% = 0.47$$

运用现金流动负债比率时，决策依据如下：

(1)一般情况下，该指标越大，反映企业短期偿债能力越强，债权人的权益越有保证。

(2)应根据行业实际情况确定最佳比率。

运用现金流动负债比率时，现金流动负债比率过大，表明企业流动资金利用不充分，机会成本增加，获利能力不强。

【思考】

1. 短期偿债能力的三个比率的特点。

2. “营运资金”是反映企业短期偿债能力的指标吗？

【练一练】

计算光明股份公司 2014 年年末的短期偿债能力比率，并与年初进行比较，分析其变化的原因。

二、长期偿债能力比率

长期偿债能力比率是指企业偿还长期负债的能力。反映企业长期偿债能力的财务比率主要有:资产负债率、产权比率和已获利息倍数。

(一)资产负债率

资产负债率是指企业负债总额对资产总额的比率。它表明在企业资产总额中，债权人提供资金所占的比重，以及企业资产对债权人权益的保障制度。其计算公式为：

$$资产负债率 = \frac{负债总额}{资产总额} \times 100\%$$

【例 11－6】根据表 11－2 的资料，光明股份公司 2014 年初的资产负债率为：

$$资产负债率 = \frac{3\ 830}{7\ 517} \times 100\% = 50.96\%$$

运用资产负债率时，决策依据如下：

(1)一般情况下,资产负债率越小,反映企业长期债权能力越强，债权人的权益越有保证。

(2)保守的观点认为资产负债率不应高于50%，而国际上通常认为资产负债率等于60%时较为适当。

运用资产负债率时，注意事项如下：

(1)从债权人角度，该指标越小越好，企业偿债越有保证。

(2)从企业投资者角度，如果该指标较大，可以获得财务杠杆收益；如果该指标过小则表明企业对财务杠杆利用不够。

(3)资产负债率过大，则表明企业的债务负担重，企业资金实力不强，不仅对债权人不利，而且企业有濒临倒闭的危险。

(4)企业的长期债权能力与获利能力密切相关，因此企业经营决策者应当将偿债能力指标(风险)与获利能力指标(收益)结合起来分析，予以平衡考虑。

(二)产权比率

产权比率是指企业负债总额与所有者权益总额的比率，是企业财务结构稳健与否的重要标志。它反映企业所有者权益对债权人权益的保障制度。其计算公式为：

$$产权比率=\frac{负债总额}{所有者权益总额}\times 100\%$$

【例11-7】根据表11-2的资料，光明股份公司2014年初的产权比率为：

$$产权比率=\frac{3\ 830}{3\ 685}\times 100\%=103.93\%$$

运用产权比率时，决策依据如下：

一般情况下，产权比率越低，反映企业长期偿债能力越强，债权人权益越有保障。

运用产权比率时，注意事项如下：

产权比率越低，企业不能充分发挥负债的财务杠杆效应。因此，企业在评价产权比率适度与否时，应从获利能力两个方面综合进行，即在保障债务偿还安全的前提下，应尽可能提高产权比率。

(三)已获利息倍数

已获利息倍数是指企业息税前利润与利息费用的比率，用以衡量企业偿付借款利息的能力。该指标不仅反映企业获利能力的大小，而且反映了获利能力对偿还到期债务的保证程度，是衡量企业长期偿债能力大小的重要标志。其计算公式为：

$$已获利息倍数=\frac{息税前利润}{利息费用}$$

【例11-8】根据表11-3的资料，光明股份公司2014年初的已获利息倍数为：

$$已获利息倍数=\frac{1\ 000+100}{100}=11$$

该指标决策依据如下：

(1)一般情况下，该指标越大，反映企业长期偿债能力越强。

(2)国际上通常认为，该指标为3较为适当。

(3)从长期看，该指标至少应当大于1，如果小于1，企业则面临很大的财务风险。企业应根据往年经验结合行业特点确定适当的已获利息倍数。

【思考】

1. 偿债能力分析的三个指标的特点。

2. 还有反映企业长期期偿债能力的指标吗?

【练一练】

计算光明股份公司2014年年末的长期偿债能力指标，并与年初进行比较，分析其变化的原因。

任务三　营运能力分析

运营能力比率又称资产管理比率，是用来衡量企业在资产管理方面效率的财务比率。反映企业运营能力的财务比率主要有:存货周转率、应收账款周转率、流动资产周转率和总资产周转率等。

资产运营能力的强弱取决于资产的周转速度、资产运行状况、资产管理水平等多种因素。一般来说，周转速度越快，资产的使用效率越高，则资产运营能力越强;反之，资产运营能力越差。资产周转速度通常用周转率和周转期表示。周转率是企业在一定时期内资产的周转额与平均余额的比率，它反映资产一定时期的周转次数。周转次数越多，表明周转速度越快，资产运营能力越强。周转次数的反指标是周转天数。二者计算公式如下:

$$周转率(次数)=\frac{周转额}{资产平均余额}$$

$$周转期(天数)=\frac{计算天数}{周转次数}=资产平均余额\times\frac{计算天数}{周转额}$$

一、应收账款周转率

它是企业一定时期营业收入与平均应收账款余额的比率，是反映应收账款周转速度的指标。其计算公式如下:

$$应收账款周转率(次数)=\frac{营业收入}{应收账款平均余额}$$

$$平均应收账款余额=\frac{(应收账款余额年初数+应收账款余额年末数)}{2}$$

$$应收账款周转天数=\frac{360}{应收账款周转次率}$$

【例11-9】根据表11-2、表11-3的资料，光明股份公司2009年初的应收账款周转率为:

$$平均应收账款余额=\frac{(1\ 450+1\ 500)}{2}=1\ 450(万元)$$

$$应收账款周转率(次)=\frac{7\ 500}{1\ 450}=5.17(次)$$

$$应收账款周转天数=\frac{360}{5.17}=69.43(天)$$

该指标决策依据如下：

一般情况下，应收账款周转率越高，应收账款周转天数越短，说明应收账款回收速度越快，资产利用效率越高。

计算应收账款周转率时，注意事项如下：

(1)公式中的应收账款包括会计核算中“应收账款”和“应收票据”等全部赊销账款在内。

(2)分子、分母的数据应注意时间的对应性。

二、存货周转率

存货周转率是企业一定时期营业成本与平均存货余额的比率，它是衡量和评价企业生产经营各环节存货运营效率的一个综合性指标。其计算公式如下：

$$存货周转率(次数)=\frac{营业成本}{平均存货余额}$$

$$平均存货余额=\frac{(存货余额年初数+存货余额年末数)}{2}$$

$$存货周转期(天数)=\frac{360}{存货周转次数}$$

【案例 11－10】根据表 11－2、表 11－3 的资料，光明股份公司 2014 年初的存货周转率为：

$$平均存货余额=\frac{(1\ 900+2\ 000)}{2}=1\ 950(万元)$$

$$存货周转率(次数)=\frac{5\ 600}{1\ 950}=2.87(次)$$

$$存货周转期(天数)=\frac{360}{2.87}=125.44(天)$$

该指标决策依据如下：

一般情况下，存货周转速度越快，存货的占用水平越低，流动性越强，存货转换为现金或应收账款的速度越快；反之则越慢。

计算存货周转率时，注意事项如下：

(1)要考虑存货进货批量、生产销售的季节性、存货结构、存货质量等情况。

(2)要注意存货计价方法的口径一致性。

三、流动资产周转率

流动资产周转率是企业一定时期营业收入与平均流动资产总额的比率，是反映企业流动资产周转速度的指标。其计算公式如下：

$$流动资产周转率(次数)=\frac{营业收入}{平均流动资产总额}$$

$$平均流动资产总额=\frac{(流动资产总额年初数+流动资产总额年末数)}{2}$$

$$流动资产周转期(天数)=\frac{360}{流动资产周转次数}$$

【例 11－11】根据表 11－2、表 11－3 的资料，光明股份公司 2014 年初的流动资产周转率为：

$$平均流动资产总额=\frac{(3\ 800+3\ 965)}{2}=3\ 882.5(万元)$$

$$流动资产周转率(次数)=\frac{7\ 500}{3\ 882.5}=1.93(次)$$

$$流动资产周转期(天数)=\frac{360}{1.93}=186.53(天)$$

该指标决策依据为：一般情况下，流动资产周转率越大，周转天数越短，表明企业流动资产利用效果越好。

四、固定资产周转率

固定资产周转率是企业一定时期营业收入与平均固定资产净值的比值，是衡量固定资产利用效率的一项指标。其计算公式为：

$$固定资产周转率(次数)=\frac{营业收入}{平均固定资产净值}$$

$$平均固定资产净值=\frac{(固定资产净值年初数+固定资产净值年末数)}{2}$$

$$固定资产周转期(天数)=\frac{360}{固定资产周转次数}$$

【例11－12】如果光明股份公司2013年初、2014年初的固定资产净值分别为2 300万元、2 500万元，则2014年初的固定资产周转率为：

$$平均固定资产净值=\frac{(2\ 300+2\ 500)}{2}=2\ 400(万元)$$

$$固定资产周转率(次数)=\frac{7\ 500}{2\ 400}=3.13(次)$$

$$固定资产周转期(天数)=\frac{360}{3.13}=115.02(天)$$

该指标决策依据如下：

一般情况下，固定资产周转率越高，表明企业固定资产利用效果越好；反之则越差。

计算固定资产周转率时，注意事项如下：

(1)固定资产净值为固定资产原价扣除已计提的累计折旧后的金额，即：固定资产净值＝固定资产原价－累计折旧。

(2)要注意折旧方法的不同。

五、总资产周转率

总资产周转率是企业一定时期营业收入与平均资产总额的比值，是衡量全部资产利用效率的一项指标。其计算公式为：

$$总资产周转率=\frac{营业收入}{平均资产总额}$$

$$平均资产总额=\frac{(资产总额年初数+资产总额年末数)}{2}$$

$$总资产周转期(天数)=\frac{360}{总资产周转次数}$$

【例 11－13】根据表 11－2、表 11－3 的资料，光明股份公司 2014 年初的总资产周转率为：

$$平均资产总额=\frac{(6\ 500+7\ 515)}{2}=7\ 007.5(万元)$$

$$总资产周转率=\frac{7\ 500}{7\ 007.5}=1.07(次)$$

$$总资产周转期(天数)=\frac{360}{1.07}=336.45(万元)$$

该指标决策依据为：一般情况下，总资产周转率越大，周转天数越短，表明企业全部资产利用效果越好；反之则越差。

【思考】资产周转率与资产周转期的关系是怎样的?

【练一练】计算光明股份公司 2014 年年末的营运能力的各项指标，并与上年进行比较，分析其变化的原因。

任务四　盈利能力分析

盈利能力就是企业资金增值的能力，通常表现为企业收益数额的大小与水平的高低。反映企业盈利能力的财务比率主要有：营业利润率、成本费用利润率、总资产报酬率和净资产收益率等。此外，上市公司经常使用的获利能力指标还有每股收益、每股股利、市盈率和每股净资产等。

一、营业利润率

营业利润率是企业一定时期营业利润与营业收入的比率。其计算公式为：

$$营业利润率=\frac{营业利润}{营业收入}\times100\%$$

$$营业毛利率=\frac{营业收入-营业成本}{营业收入}\times100\%$$

$$营业净利率=净利润\times100\%$$

【例 11－14】根据表 11－3 的资料，光明股份公司 2013 年的营业利润率为：

$$营业利润率=\frac{1\ 000}{7\ 500}\times100\%=13.33\%$$

该指标决策依据为：营业利润率越高，表明企业市场竞争力越强，发展潜力越大，盈利能力越强。

计算该指标需要注意利润的不同层次，如：营业利润、毛利润、利润总额、净利润等。

二、成本费用利润率

成本费用利润率是企业一定时期利润总额与成本费用总额的比率。其计算公式为：

$$成本费用利润率=\frac{利润总额}{成本费用总额}\times 100\%$$

公式中:成本费用总额 = 营业成本 + 营业税金及附加 + 销售费用 + 管理费用 + 财务费用

【例 11 - 15】根据表 11 - 3 的资料，光明股份公司 2013 年的成本费用利润率为:

$$成本费用利润率=\frac{利润总额}{成本费用总额}\times 100\%$$

$$成本费用利润率=\frac{1\ 000}{5\ 600+420+160+200+150}\times 100\%=15.31\%$$

该指标决策依据为:该指标越高，表明企业为取得利润而付出的代价越小，成本费用控制得越好，获利能力越强。

计算该指标需要注意成本费用的不同层次，如:主营业务成本、营业成本等，应当注意成本费用与利润之间在计算层次和口径上的对应关系。

三、总资产报酬率

总资产报酬率是企业一定时期内获得的报酬总额与平均资产总额的比例、比率。它是反映企业资产综合利用效果的指标，也是衡量企业利用债权人和所有者权益总额所取得盈利的重要指标。其计算公式为:

$$总资产报酬率=\frac{息税前利润}{平均资产总额}\times 100\%$$

【例 11 - 16】根据表 11 - 2、11 - 3 的资料及补充资料，光明股份公司 2013 年的总资产报酬率为:

$$平均资产总额=\frac{(6\ 500+7\ 515)}{2}=7\ 007.5(万元)$$

$$总资产报酬率=\frac{1\ 000+100}{7\ 007.5}\times 100\%=15.70\%$$

该指标决策依据为:一般情况下，该指标越高，表明企业的资产利用效益越好，整个企业获利能力越强，经营管理水平越高。

四、净资产收益率

净资产收益率是企业一定时期的净利润与平均净资产的比率，是反映企业自有资金投资收益水平的指标，是评价企业获利能力的核心指标。其计算公式为:

$$净资产收益率=\frac{净利润}{平均净资产}\times 100\%$$

$$其中:平均净资产=\frac{(所有者权益年初数+所有者权益年末数)}{2}$$

【例 11 - 17】根据表 11 - 2、11 - 3 的资料及补充资料，光明股份公司 2013 年的净资产收益率为:

$$平均净资产=\frac{(3\ 000+3\ 685)}{2}=3\ 342.5(万元)$$

$$净资产收益率=\frac{750}{3\ 342.5}\times 100\%=22.44\%$$

该指标决策依据为：一般认为，净资产收益率越高，企业自有资本获取收益的能力越强，运营效益越好，对企业投资人和债权人利益的保证程度越高。

该指标通用性强，适用范围广，不受行业局限，在国际上的企业综合评价中使用率非常高。通过对该指标的综合对比分析，可以看出企业获利能力在同行业中所处地位，以及与同类企业的差异水平。

【思考】你知道盈利能力分析还有哪些指标吗?

【练一练】计算光明股份公司2014年的盈利能力的各项指标，并与上年进行比较，分析其变化的原因。

任务五　发展能力分析

发展能力指标是企业在生存的基础上，扩大规模、壮大实力的潜在能力。发展能力分析的主要指标包括：营业收入增长率、资本保值增值率、总资产增长率和营业利润增长率。

一、营业收入增长率

营业收入增长率是企业本年营业收入增长额与上年营业收入总额的比率。其计算公式为：

$$营业收入增长率=\frac{本年营业收入增长额}{上年营业收入总额}\times 100\%$$

【例11－18】根据表11－3的资料，光明股份公司2014年的营业收入增长率为：

$$营业收入增长率=\frac{(8\ 600-7\ 500)}{7\ 500}\times 100\%=14.67\%$$

营业收入增长率反映企业营业收入的增加变动情况，是评价企业成长状况和发展能力的重要指标；是衡量企业经营状况和市场占有能力、预测企业经营业务拓展趋势的重要指标。

该指标决策依据为：该指标若大于零，指标值越高，表明增长速度越快，企业市场前景越好；若该指标小于零，指标值越低，则表明企业市场前景差。

该指标在实际操作时，应结合企业历年的营业收入水平、企业市场占有情况、行业未来发展及其他影响企业发展的潜在因素进行前瞻性预测，或者结合企业前三年的营业收入增长率作出趋势性分析判断。

二、资本保值增值率

资本保值增值率是企业扣除客观因素后的本年末所有者权益总额与年初数所有者权益总额的比率，反映企业当年资本的实际增减变动的情况。其计算公式为：

$$资本保值增值率=\frac{扣除客观因素后的年末所有者权益总额}{年初所有者权益}\times 100\%$$

【例11－19】根据表11－2的资料，光明股份公司2013年的资本保值增值率为：

$$资本保值增值率=\frac{3\ 685}{3\ 000}\times 100\%=122.83\%$$

该指标决策依据为：一般认为，资本保值增值率越高，表明企业的资本保全状态越好，所有者权益增长越快，债权人的债务越有保障。该指标通常应当大于100%。

三、总资产增长率

总资产增长率是企业本年总资产增长额与年初资产总额的比率，它反映企业本期资产规模的增长情况。该指标是从企业资产总量扩张方面衡量企业的发展能力，表明企业规模增长水平对企业发展后劲的影响。其计算公式为：

$$总资产增长率=\frac{本年总资产增长额}{年初资产总额}\times 100\%$$

【例11－20】根据表11－2的资料，光明股份公司2013年的总资产增长率为：

$$总资产增长率=\frac{7\ 515-6\ 500}{6\ 500}\times 100\%=15.62\%$$

该指标决策依据为：该指标越高，表明企业一定时期内资产经营规模扩张的速度越快。在实际分析时，应注意考虑资产规模扩张质和量的关系，以及企业的后续发展能力，避免资产盲目扩张。

四、营业利润增长率

营业利润增长率是企业本年营业利润增长额与上年营业利润总额的比率，反映企业营业利润的增减变动情况。其计算公式为：

$$营业利润增长率=\frac{本年营业利润增长额}{年初营业利润总额}\times 100\%$$

【例11－21】根据表11－3的资料，光明股份公司2014年的营业利润增长率为：

$$营业利润增长率=\frac{(1\ 180-1\ 000)}{1\ 000}\times 100\%=18\%$$

【思考】你知道发展能力分析还有哪些指标吗？

【练一练】计算光明股份公司2014年的发展能力的各项指标，并与上年进行比较，分析其变化的原因。

【拓展知识】

财务分析实施步骤

第一步：获取公司资产负债表、利润表和现金流量表。

第二步：分析任务涉及的相关因素，结合任务所需要的财务比率知识，分别进行财务比率的计算。

1. 短期偿债能力分析。通常借助于流动比率、速动比率和现金流动负债比率的分析来完成。

2. 长期偿债能力分析。通常借助于资产负债率、产权比率和已获利息倍数的分析来完成。

3. 盈利能力分析。通常借助于营业利润率、成本费用利润率、总资产报酬率和净资产收益率的分析来完成。

4. 运营能力分析。通常借助于存货周转率、应收账款周转率、流动资产周转率和总资产周转率的分析来完成。

5. 发展能力分析。通常借助于营业收入增长率、资本保值增值率、总资产增长率和营业利润增长率的分析来完成。

第三步：参照各项财务指标的决策依据、注意事项，结合公司实际情况、所在行业的标准进行综合分析，作出正确的结论。

任务六　财务综合分析

财务分析的最终目的是全方位地了解企业经营理财的状况，只有对企业进行综合财务分析，才能对企业经济效益的优劣作出系统的、合理的评价。

财务综合分析就是将营运能力、偿债能力、盈利能力等诸方面分析纳入一个有机的整体之中，全面地对企业经营状况、财务状况进行解剖和分析，从而对企业经济效益的优劣作出准确的评价与判断。

财务综合分析的特点体现在财务指标体系的要求上。一个健全有效的综合财务指标体系必须具备的基本要素是：指标要素齐全适当；主辅指标功能匹配；满足多方信息需要。

一、杜邦财务分析体系

（一）杜邦财务分析体系的含义

杜邦财务分析体系（简称杜邦体系）是根据各财务指标间的内在关系，进行系统分析评价企业综合经营理财及经济效益的方法。因其最初由美国杜邦公司创立并成功运用而得名。

（二）杜邦体系的指标关系

杜邦体系以净资产收益率为核心，将其分解为若干财务指标，通过分析各分解指标的变动对净资产收益率的影响来揭示企业获利能力及其变动原因。

杜邦体系的主要指标关系式如下：

$$\begin{aligned}\text{净资产收益率} &= \text{总资产净利率} \times \text{权益乘数} \\ &= \text{营业净利率} \times \text{总资产周转率} \times \text{权益乘数} \\ &= \frac{\text{净利润}}{\text{营业收入}} \times \frac{\text{营业收入}}{\text{平均资产总额}} \times \frac{1}{1-\text{资产负债率}}\end{aligned}$$

【例 11－22】根据表 11－2、表 11－3 及其补充资料，可计算光明股份公司 2014 年度的杜邦体系中的各项指标如图 11－1。

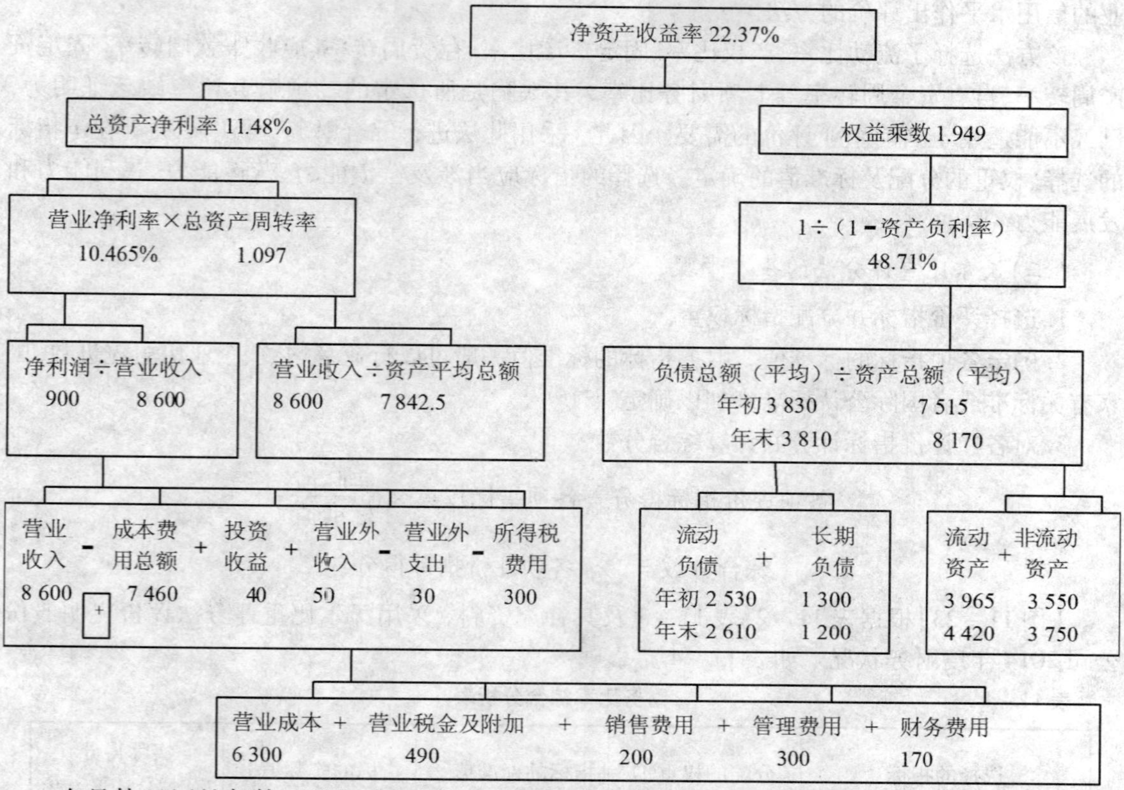

在具体运用杜邦体系进行分析时，可采用因素分析法，首先确定营业净利率、总资产周转率和权益乘数的基准值，然后顺次代入这三个指标的实际值，分别计算分析这三个指标的变动对净资产收益率的影响程度。通过杜邦体系自上而下地分析，不仅可以揭示出公司各项财务指标间的结构关系，查明各项主要财务指标变动的影响因素，而且为决策者优化经营理财决策，提高公司经营效益提供了思路。

【思考】如何提高企业的净资产收益率?

【拓展知识】

杜邦分析实施步骤

第一步:获取公司资产负债表、利润表和现金流量表。

第二步:明确杜邦体系的主要指标关系式。

第三步:分析任务涉及的相关因素，结合任务所需要的财务比率知识，分别进行相关财务比率的计算。

第四步:将计算出来的财务指标实际值代入杜邦体系的主要指标关系式。

第五步:可采用因素分析法，分析相关指标的变动对净资产收益率的影响程度。

二、沃尔比重评分法

(一)沃尔比重评分法的原理

沃尔比重评分法是指将选定的财务比率用线性关系结合起来，并分别给定各自的分数比重，然后通过与标准比率进行比较，确定各项指标的得分及总体指标的累计分数，从而对企业的信用水平作出评价的方法。

该方法选择了流动比率、产权比率、固定资产比率、存货周转率、应收账款周转率、固定资产周转率、自有资金周转率等七项财务比率，其缺陷是所选定的七项财务比率缺乏证明力，已经不能适用于当前企业评价的需要。因此，采用此法进行综合财务分析时，关键在于指标的选择、权重的分配及标准值的确定。选择的指标应当涉及偿债能力、营运能力、获利能力和发展能力。

（二）沃尔比重评分法的基本步骤

1. 选择评价指标并分配指标权重。

2. 确定各项指标的标准值。财务指标的标准值一般可以行业平均数、企业历史先进数、国家有关标准或者国际公认标准来加以确定。

3. 对各项评价指标计分并计算综合分数。

$$\text{各项评价指标得分} = \text{各项指标权重} \times \frac{\text{实际值}}{\text{标准值}}$$

$$\text{综合分数} = \sum \text{各项评价指标得分}$$

【例 11－23】根据表 11－2、表 11－3 及其补充资料，采用沃尔比重评分法评价光明股份公司 2014 年度财务状况。如表 11－4。

表 11－4　　财务比率综合分析表

选择的指标	分配的权重①	指标的标准值②	指标的实际值③	实际得分 ④＝①×③÷②
一、偿债能力指标	23			
1. 流动比率	7	2	1.69	5.915
2. 速动比率	5	1	0.78	3.9
3. 资产负债率	6	40%	46.63%	6.995
4. 已获利息倍数	5	7	11	7.857
二、获利能力指标	36			
1. 营业利润率	8	10%	13.72%	10.976
2. 净资产收益率	20	15%	22.37%	29.827
3. 总资产报酬率	8	12%	16.83%	11.22
三、运营能力指标	17			
1. 存货周转率	5	4 次	3.07	3.838
2. 总资产周转率	5	1 次	1.1	5.5
2. 流动资产周转率	7	3 次	2.05	4.783
四、发展能力指标	24			
1. 营业利润增长率	8	15%	18%	9.6
2. 资本保值增值率	8	110%	118.32%	8.605
3. 总资产增长率	8	6%	8.72%	11.627
综合得分	100		–	120.643

从表11－4看出，光明股份公司2014年度财务指标的综合指数为120.643，大于100，说明光明股份公司财务状况良好。

【思考】运用沃尔比重评分法的关键问题是什么？

【课后专业测评】

一、单项选择题

1. 必须对企业经营理财的各个方面，包括运营能力、偿债能力、获利能力及发展能力的全部信息予以详尽地了解和掌握的是（　　）。

A. 企业所有者　　B. 企业经营决策者

C. 企业债权人　　D. 政府

2. 下列不属于短期偿债能力指标的是（　　）。

A. 流动比率　　B. 速动比率

C. 产权比率　　D. 现金流动负债比率

3. 下列关于短期偿债能力指标的说法不正确的是（　　）。

A. 流动比率并非越高越好

B. 国际上通常认为，速动比率等于100%时较为适当

C. 现金流动负债比率等于现金与年末流动负债的比值

D. 现金流动负债比率过大表明企业流动资金利用不充分，获利能力不强

4. 在杜邦财务分析体系中，核心指标是（　　）。

A. 净资产收益率　　B. 总资产净利率

C. 总资产周转率　　D. 营业净利率

5. 某公司今年与上年相比，营业收入增长15%，净利润增长13%，平均资产总额增加17%，平均负债总额增加14%。可以判断，该公司净资产收益率比上年（　　）。

A. 上升了　　B. 下降了　　C. 不变　　D. 无法判断

二、多项选择题

1. 运用因素分析法进行分析时，应注意的问题有（　　）。

A. 因素分解的关联性　　B. 因素替代的顺序性

C. 顺序替代的连环性　　D. 计算结果的准确性

2. 下列关于财务分析的说法正确的有（　　）。

A. 以企业财务报告为主要依据

B. 对企业的财务状况和经营成果进行评价和剖析

C. 反映企业在运营过程中的利弊得失和发展趋势

D. 为改进企业财务管理工作和优化经济决策提供重要的财务信息

3. 财务分析的局限性主要表现为（　　）。

A. 资料来源的局限性　　B. 分析方法的局限性

C. 分析指标的局限性　　D. 分析人员水平的局限性

4. 综合指标分析的特点体现在其对财务指标体系的要求上。综合财务指标体系的建立应当具备的基本素质包括（　　）。

A. 指标要素齐全适当　　B. 主辅指标功能匹配

C. 满足多方信息需要　　D. 指标之间要相互关联

5. 某公司当年经营利润很多，却不能偿还当年债务，为查清原因，应检查的财务比率有(　)。

A. 已获利息倍数　　B. 流动比率

C. 速动比率　　D. 现金流动负债比率

三、计算题

1. 大宇股份公司2009年有关资料如表11-5

表11-5　　金额单位：万元

项　目	年初数	年末数	本年数或平均数
存货	3 120	3 600	
流动负债	1 000	800	
总资产	12 000	14 000	
流动比率		550%	
速动比率	80%		
权益乘数			1.3
流动资产周转次数			2.5
净利润			3120
普通股股数(均发行在外)	800 万股	800 万股	

要求：

(1)计算流动资产的平均余额(假定流动资产由速动资产与存货组成)；

(2)计算本年营业收入和总资产周转率；

(3)计算营业净利率、净资产收益率；

(4)计算每股利润和平均每股净资产；

(5)若2008年的营业净利率、总资产周转率、权益乘数和平均每股净资产分别为24%、1.2次、2.5和10元，要求用连环替代法分析营业净利率、总资产周转率、权益乘数和平均每股净资产对每股收益指标的影响。

2. 阳明公司2009年年初存货为150万元，年初全部资产总额为1 400万元，年初资产负债率40%。2009年年末有关财务指标为：流动比率210%，速动比率110%，资产负债率35%，长期负债420万元，全部资产总额1 600万元，流动资产由速动资产和存货组成。2009年获得营业收入1200万元，发生经营管理费用90万元，利息费用100万元，发生科技支出58万元(包含在管理费用中)，存货周转率6次。2006年末的股东权益为600万元，企业适用的所得税税率为25%。假设不存在导致股东权益发生变化的客观因素，普通股股数一直保持为100万股。

要求根据以上资料：

(1)计算2009年年末的流动负债总额、流动资产总额、存货总额、权益乘数。

(2)计算2009年的营业成本、已获利息倍数、资本保值增值率、资本三年平均增长率、总资产报酬率和技术投入比率。

(3)计算2009年的营业净利率、总资产周转率、权益乘数和平均每股净资产。

(4)假设预计2010年的营业净利率、总资产周转率、权益乘数和平均每股净资产分别为4%、1.2次、250%和10元，要求用差额分析法依次分析营业净利率、总资产周转率、股东权益比率和平均每股净资产对每股收益指标的影响。

四、案例分析

阳明股份有限公司是一家汽车零配件制造商，拥有国内一流的生产线。公司生产的产品在国内具有较高的市场占有率。由于近两年来公司扩展太快，经营效率有所下降。为了把握未来，公司对未来几年面临的市场和风险进行了预测。预测结果表明，未来几年里，伴随着国民经济快速发展及汽车工业的迅速崛起，市场对产品的需求剧增，这种势头必将给公司带来大好的发展机会。但同时，公司未来面临的风险加大了，国内介入该产品的企业逐步增多，国外同类产品也欲打入中国市场，这些都会给公司的未来市场、生产经营和经济效益提出严峻的挑战。

阳明公司本年度资产负债表、利润表资料如下表 11－6、表 11－7 所示。阳明公司发行在外的普通股上年 1 000 万股，本年 1 200 万股，其平均市价分别为 2.2 元/股和 2.5 元/股，本年分配普通股股东现金股利 400 万元。

资产负债表

表 11－6

编制单位：阳明公司　　　　2009 年 12 月 31 日　　　　单位：万元

资　产	期末余额	年初余额	负债和股东权益	期末余额	年初余额
流动资产：			流动负债：		
货币资金	1 550	880	短期借款	150	200
交易性金融资产	60	132	应付账款	400	600
应收账款	1 200	1 080	应付职工薪酬	300	180
预付款项	250	200	应付股利	800	500
存货	880	808	一年内到期的非流动负债	150	120
流动资产合计	3 940	3 100	流动负债合计	1 800	1 600
非流动资产：			非流动负债：		
可供出售金融资产			长期借款	300	200
持有至到期投资			应付债券	200	100
长期应收款			非流动负债合计	500	300
长期股权投资	500	300	负债合计	2 300	1 900
投资性房地产			股东权益：		
固定资产	1 920	1 750	股本	1 800	1 500
在建工程			资本公积	700	500
无形资产	40	50	盈余公积	1 000	800
其他非流动资产			未分配利润	600	500
非流动资产合计			股东权益合计	4 100	3 300
资产总计	6 400	5 200	负债和股东权益总计	6 400	5 200

利润表

表 11－7

编制单位:阳明公司　　2009 年 12 月　　单位:万元

项　目	本年数	上年数
一、营业收入	17 000	13 000
减:营业成本	8 500	6 900
营业税金及附加	750	575
销售费用	500	450
管理费用	840	750
财务费用	60	50
资产减值损失		
加:公允价值变动收益(损失以“－”填列)		
投资收益(亏损以“－”号填列)	70	50
其中:对联营企业和合营企业的投资收益		
二、营业利润(亏损以“－”号填列)	6 420	4 325
加:营业外收入	50	60
减:营业外支出	30	50
其中:非流动资产处理损失		
三、利润总额(亏损总额以“－”号填列)	6 440	4 335
减:所得税(税率 25%)	2 576	1 732
四、净利润(净亏损以“－”号填列)	3 864	2 603

要求:

1. 根据报表资料分别计算该公司本年的偿债能力、营运能力、获利能力、发展能力各项财务指标。

2. 运用杜邦财务分析体系对净资产收益率的差异进行分析，并确定各因素变动对差异影响的份额。

3. 运用上述分析结果，归纳影响公司的经营变动的有利因素和不利因素，找出产生不利因素的主要问题和原因，并针对问题提出相应的改进意见，促使公司的生产经营管理更加完善，提高竞争力。

附表一

复利终值系数表

期数	1%	2%	3%	4%	5%	6%	7%	8%	9%	10%	11%	12%	13%	14%	15%
1	1.0100	1.0200	1.0300	1.0400	1.0500	1.0600	1.0700	1.0800	1.0900	1.1000	1.1100	1.1200	1.1300	1.1400	1.1500
2	1.0201	1.0404	1.0609	1.0816	1.1025	1.1236	1.1449	1.1664	1.1881	1.2100	1.2321	1.2544	1.2769	1.2996	1.3225
3	1.0303	1.0612	1.0927	1.1249	1.1576	1.1910	1.2250	1.2597	1.2950	1.3310	1.3676	1.4049	1.4429	1.4815	1.5209
4	1.0406	1.0824	1.1255	1.1699	1.2155	1.2625	1.3108	1.3605	1.4116	1.4641	1.5181	1.5735	1.6305	1.6890	1.7490
5	1.0510	1.1041	1.1593	1.2167	1.2763	1.3382	1.4026	1.4693	1.5386	1.6105	1.6851	1.7623	1.8424	1.9254	2.0114
6	1.0615	1.1262	1.1941	1.2653	1.3401	1.4185	1.5007	1.5869	1.6771	1.7716	1.8704	1.9738	2.0820	2.1950	2.3131
7	1.0721	1.1487	1.2299	1.3159	1.4071	1.5036	1.6058	1.7138	1.8280	1.9487	2.0762	2.2107	2.3526	2.5023	2.6600
8	1.0829	1.1717	1.2668	1.3686	1.4775	1.5938	1.7182	1.8509	1.9926	2.1436	2.3045	2.4760	2.6584	2.8526	3.0590
9	1.0937	1.1951	1.3048	1.4233	1.5513	1.6895	1.8385	1.9990	2.1719	2.3579	2.5580	2.7731	3.0040	3.2519	3.5179
10	1.1046	1.2190	1.3439	1.4802	1.6289	1.7908	1.9672	2.1589	2.3674	2.5937	2.8394	3.1058	3.3946	3.7072	4.0456
11	1.1157	1.2434	1.3842	1.5395	1.7103	1.8983	2.1049	2.3316	2.5804	2.8531	3.1518	3.4786	3.8359	4.2262	4.6524
12	1.1268	1.2682	1.4258	1.6010	1.7959	2.0122	2.2522	2.5182	2.8127	3.1384	3.4985	3.8960	4.3345	4.8179	5.3503
13	1.1381	1.2936	1.4685	1.6651	1.8856	2.1329	2.4098	2.7196	3.0658	3.4523	3.8833	4.3635	4.8980	5.4924	6.1528
14	1.1495	1.3195	1.5126	1.7317	1.9799	2.2609	2.5785	2.9372	3.3417	3.7975	4.3104	4.8871	5.5348	6.2613	7.0757
15	1.1610	1.3459	1.5580	1.8009	2.0789	2.3966	2.7590	3.1722	3.6425	4.1772	4.7846	5.4736	6.2543	7.1379	8.1371
16	1.1726	1.3728	1.6047	1.8730	2.1829	2.5404	2.9522	3.4259	3.9703	4.5950	5.3109	6.1304	7.0673	8.1372	9.3576
17	1.1843	1.4002	1.6528	1.9479	2.2920	2.6928	3.1588	3.7000	4.3276	5.0545	5.8951	6.8660	7.9861	9.2765	10.7613
18	1.1961	1.4282	1.7024	2.0258	2.4066	2.8543	3.3799	3.9960	4.7171	5.5599	6.5436	7.6900	9.0243	10.5752	12.3755
19	1.2081	1.4568	1.7535	2.1068	2.5270	3.0256	3.6165	4.3157	5.1417	6.1159	7.2633	8.6128	10.1974	12.0557	14.2318

续表

20	1.2202	1.4859	1.8061	2.1911	2.6533	3.2071	3.8697	4.6610	5.6044	6.7275	8.0623	9.6463	11.5231	13.7435	16.3665
21	1.2324	1.5157	1.8603	2.2788	2.7860	3.3996	4.1406	5.0338	6.1088	7.4002	8.9492	10.8038	13.0211	15.6676	18.8215
22	1.2447	1.5460	1.9161	2.3699	2.9253	3.6035	4.4304	5.4365	6.6586	8.1403	9.9336	12.1003	14.7138	17.8610	21.6447
23	1.2572	1.5769	1.9736	2.4647	3.0715	3.8197	4.7405	5.8715	7.2579	8.9543	11.0263	13.5523	16.6266	20.3616	24.8915
24	1.2697	1.6084	2.0328	2.5633	3.2251	4.0489	5.0724	6.3412	7.9111	9.8497	12.2392	15.1786	18.7881	23.2122	28.6252
25	1.2824	1.6406	2.0938	2.6658	3.3864	4.2919	5.4274	6.8485	8.6231	10.8347	13.5855	17.0001	21.2305	26.4619	32.9190
26	1.2953	1.6734	2.1566	2.7725	3.5557	4.5494	5.8074	7.3964	9.3992	11.9182	15.0799	19.0401	23.9905	30.1666	37.8568
27	1.3082	1.7069	2.2213	2.8834	3.7335	4.8223	6.2139	7.9881	10.2451	13.1100	16.7387	21.3249	27.1093	34.3899	43.5353
28	1.3213	1.7410	2.2879	2.9987	3.9201	5.1117	6.6488	8.6271	11.1671	14.4210	18.5799	23.8839	30.6335	39.2045	50.0656
29	1.3345	1.7758	2.3566	3.1187	4.1161	5.4184	7.1143	9.3173	12.1722	15.8631	20.6237	26.7499	34.6158	44.6931	57.5755
30	1.3478	1.8114	2.4273	3.2434	4.3219	5.7435	7.6123	10.0627	13.2677	17.4494	22.8923	29.9599	39.1159	50.9502	66.2118

期数	16%	17%	18%	19%	20%	21%	22%	23%	24%	25%	26%	27%	28%	29%	30%
1	1.1600	1.1700	1.1800	1.1900	1.2000	1.2100	1.2200	1.2300	1.2400	1.2500	1.2600	1.2700	1.2800	1.2900	1.3000
2	1.3456	1.3689	1.3924	1.4161	1.4400	1.4641	1.4884	1.5129	1.5376	1.5625	1.5876	1.6129	1.6384	1.6641	1.6900
3	1.5609	1.6016	1.6430	1.6852	1.7280	1.7716	1.8158	1.8609	1.9066	1.9531	2.0004	2.0484	2.0972	2.1467	2.1970
4	1.8106	1.8739	1.9388	2.0053	2.0736	2.1436	2.2153	2.2889	2.3642	2.4414	2.5205	2.6014	2.6844	2.7692	2.8561
5	2.1003	2.1924	2.2878	2.3864	2.4883	2.5937	2.7027	2.8153	2.9316	3.0518	3.1758	3.3038	3.4360	3.5723	3.7129
6	2.4364	2.5652	2.6996	2.8398	2.9860	3.1384	3.2973	3.4628	3.6352	3.8147	4.0015	4.1959	4.3980	4.6083	4.8268
7	2.8262	3.0012	3.1855	3.3793	3.5832	3.7975	4.0227	4.2593	4.5077	4.7684	5.0419	5.3288	5.6295	5.9447	6.2749
8	3.2784	3.5115	3.7589	4.0214	4.2998	4.5950	4.9077	5.2389	5.5895	5.9605	6.3528	6.7675	7.2058	7.6686	8.1573
9	3.8030	4.1084	4.4355	4.7854	5.1598	5.5599	5.9874	6.4439	6.9310	7.4506	8.0045	8.5948	9.2234	9.8925	10.6045

续表

10	4.4114	4.8068	5.2338	5.6947	6.1917	6.7275	7.3046	7.9259	8.5944	9.3132	10.0857	10.9153	11.8059	12.7614	13.7858
11	5.1173	5.6240	6.1759	6.7767	7.4301	8.1403	8.9117	9.7489	10.6571	11.6415	12.7080	13.8625	15.1116	16.4622	17.9216
12	5.9360	6.5801	7.2876	8.0642	8.9161	9.8497	10.8722	11.9912	13.2148	14.5519	16.0120	17.6053	19.3428	21.2362	23.2981
13	6.8858	7.6987	8.5994	9.5964	10.6993	11.9182	13.2641	14.7491	16.3863	18.1899	20.1752	22.3588	24.7588	27.3947	30.2875
14	7.9875	9.0075	10.1472	11.4198	12.8392	14.4210	16.1822	18.1414	20.3191	22.7374	25.4207	28.3957	31.6913	35.3391	39.3738
15	9.2655	10.5387	11.9737	13.5895	15.4070	17.4494	19.7423	22.3140	25.1956	28.4217	32.0301	36.0625	40.5648	45.5875	51.1859
16	10.7480	12.3303	14.1290	16.1715	18.4884	21.1138	24.0856	27.4462	31.2426	35.5271	40.3579	45.7994	51.9230	58.8079	66.5417
17	12.4677	14.4265	16.6722	19.2441	22.1861	25.5477	29.3844	33.7588	38.7408	44.4089	50.8510	58.1652	66.4614	75.8621	86.5042
18	14.4625	16.8790	19.6733	22.9005	26.6233	30.9127	35.8490	41.5233	48.0386	55.5112	64.0722	73.8698	85.0706	97.8622	112.4554
19	16.7765	19.7484	23.2144	27.2516	31.9480	37.4043	43.7358	51.0737	59.5679	69.3889	80.7310	93.8147	108.8904	126.2422	146.1920
20	19.4608	23.1056	27.3930	32.4294	38.3376	45.2593	53.3576	62.8206	73.8641	86.7362	101.7211	119.1446	139.3797	162.8524	190.0496
21	22.5745	27.0336	32.3238	38.5910	46.0051	54.7637	65.0963	77.2694	91.5915	108.4202	128.1685	151.3137	178.4060	210.0796	247.0645
22	26.1864	31.6293	38.1421	45.9233	55.2061	66.2641	79.4175	95.0413	113.5735	135.5253	161.4924	192.1683	228.3596	271.0027	321.1839
23	30.3762	37.0062	45.0076	54.6487	66.2474	80.1795	96.8894	116.9008	140.8312	169.4066	203.4804	244.0538	292.3003	349.5935	417.5391
24	35.2364	43.2973	53.1090	65.0320	79.4968	97.0172	118.2050	143.7880	174.6306	211.7582	256.3853	309.9483	374.1444	450.9756	542.8008
25	40.8742	50.6578	62.6686	77.3881	95.3962	117.3909	144.2101	176.8593	216.5420	264.6978	323.0454	393.6344	478.9049	581.7585	705.6410
26	47.4141	59.2697	73.9490	92.0918	114.4755	142.0429	175.9364	217.5369	268.5121	330.8722	407.0373	499.9157	612.9982	750.4685	917.3333
27	55.0004	69.3455	87.2598	109.5893	137.3706	171.8719	214.6424	267.5704	332.9550	413.5903	512.8670	634.8929	784.6377	968.1044	1192.5333
28	63.8004	81.1342	102.9666	130.4112	164.8447	207.9651	261.8637	329.1115	412.8642	516.9879	646.2124	806.3140	1004.3363	1248.8546	1550.2933
29	74.0085	94.9271	121.5005	155.1893	197.8136	251.6377	319.4737	404.8072	511.9516	646.2349	814.2276	1024.0187	1285.5504	1611.0225	2015.3813
30	85.8499	111.0647	143.3706	184.6753	237.3763	304.4816	389.7579	497.9129	634.8199	807.7936	1025.9267	1300.5038	1645.5046	2078.2190	2619.9956

附表二

复利现值系数表

期数	1%	2%	3%	4%	5%	6%	7%	8%	9%	10%	11%	12%	13%	14%	15%
1	0.9901	0.9804	0.9709	0.9615	0.9524	0.9434	0.9346	0.9259	0.9174	0.9091	0.9009	0.8929	0.8850	0.8772	0.8696
2	0.9803	0.9612	0.9426	0.9246	0.9070	0.8900	0.8734	0.8573	0.8417	0.8264	0.8116	0.7972	0.7831	0.7695	0.7561
3	0.9706	0.9423	0.9151	0.8890	0.8638	0.8396	0.8163	0.7938	0.7722	0.7513	0.7312	0.7118	0.6931	0.6750	0.6575
4	0.9610	0.9238	0.8885	0.8548	0.8227	0.7921	0.7629	0.7350	0.7084	0.6830	0.6587	0.6355	0.6133	0.5921	0.5718
5	0.9515	0.9057	0.8626	0.8219	0.7835	0.7473	0.7130	0.6806	0.6499	0.6209	0.5935	0.5674	0.5428	0.5194	0.4972
6	0.9420	0.8880	0.8375	0.7903	0.7462	0.7050	0.6663	0.6302	0.5963	0.5645	0.5346	0.5066	0.4803	0.4556	0.4323
7	0.9327	0.8706	0.8131	0.7599	0.7107	0.6651	0.6227	0.5835	0.5470	0.5132	0.4817	0.4523	0.4251	0.3996	0.3759
8	0.9235	0.8535	0.7894	0.7307	0.6768	0.6274	0.5820	0.5403	0.5019	0.4665	0.4339	0.4039	0.3762	0.3506	0.3269
9	0.9143	0.8368	0.7664	0.7026	0.6446	0.5919	0.5439	0.5002	0.4604	0.4241	0.3909	0.3606	0.3329	0.3075	0.2843
10	0.9053	0.8203	0.7441	0.6756	0.6139	0.5584	0.5083	0.4632	0.4224	0.3855	0.3522	0.3220	0.2946	0.2697	0.2472
11	0.8963	0.8043	0.7224	0.6496	0.5847	0.5268	0.4751	0.4289	0.3875	0.3505	0.3173	0.2875	0.2607	0.2366	0.2149
12	0.8874	0.7885	0.7014	0.6246	0.5568	0.4970	0.4440	0.3971	0.3555	0.3186	0.2858	0.2567	0.2307	0.2076	0.1869
13	0.8787	0.7730	0.6810	0.6006	0.5303	0.4688	0.4150	0.3677	0.3262	0.2897	0.2575	0.2292	0.2042	0.1821	0.1625
14	0.8700	0.7579	0.6611	0.5775	0.5051	0.4423	0.3878	0.3405	0.2992	0.2633	0.2320	0.2046	0.1807	0.1597	0.1413
15	0.8613	0.7430	0.6419	0.5553	0.4810	0.4173	0.3624	0.3152	0.2745	0.2394	0.2090	0.1827	0.1599	0.1401	0.1229
16	0.8528	0.7284	0.6232	0.5339	0.4581	0.3936	0.3387	0.2919	0.2519	0.2176	0.1883	0.1631	0.1415	0.1229	0.1069
17	0.8444	0.7142	0.6050	0.5134	0.4363	0.3714	0.3166	0.2703	0.2311	0.1978	0.1696	0.1456	0.1252	0.1078	0.0929
18	0.8360	0.7002	0.5874	0.4936	0.4155	0.3503	0.2959	0.2502	0.2120	0.1799	0.1528	0.1300	0.1108	0.0946	0.0808
19	0.8277	0.6864	0.5703	0.4746	0.3957	0.3305	0.2765	0.2317	0.1945	0.1635	0.1377	0.1161	0.0981	0.0829	0.0703

续表

20	0.8195	0.6730	0.5537	0.4564	0.3769	0.3118	0.2584	0.2145	0.1784	0.1486	0.1240	0.1037	0.0868	0.0728	0.0611
21	0.8114	0.6598	0.5375	0.4388	0.3589	0.2942	0.2415	0.1987	0.1637	0.1351	0.1117	0.0926	0.0768	0.0638	0.0531
22	0.8034	0.6468	0.5219	0.4220	0.3418	0.2775	0.2257	0.1839	0.1502	0.1228	0.1007	0.0826	0.0680	0.0560	0.0462
23	0.7954	0.6342	0.5067	0.4057	0.3256	0.2618	0.2109	0.1703	0.1378	0.1117	0.0907	0.0738	0.0601	0.0491	0.0402
24	0.7876	0.6217	0.4919	0.3901	0.3101	0.2470	0.1971	0.1577	0.1264	0.1015	0.0817	0.0659	0.0532	0.0431	0.0349
25	0.7798	0.6095	0.4776	0.3751	0.2953	0.2330	0.1842	0.1460	0.1160	0.0923	0.0736	0.0588	0.0471	0.0378	0.0304
26	0.7720	0.5976	0.4637	0.3607	0.2812	0.2198	0.1722	0.1352	0.1064	0.0839	0.0663	0.0525	0.0417	0.0331	0.0264
27	0.7644	0.5859	0.4502	0.3468	0.2678	0.2074	0.1609	0.1252	0.0976	0.0763	0.0597	0.0469	0.0369	0.0291	0.0230
28	0.7568	0.5744	0.4371	0.3335	0.2551	0.1956	0.1504	0.1159	0.0895	0.0693	0.0538	0.0419	0.0326	0.0255	0.0200
29	0.7493	0.5631	0.4243	0.3207	0.2429	0.1846	0.1406	0.1073	0.0822	0.0630	0.0485	0.0374	0.0289	0.0224	0.0174
30	0.7419	0.5521	0.4120	0.3083	0.2314	0.1741	0.1314	0.0994	0.0754	0.0573	0.0437	0.0334	0.0256	0.0196	0.0151

期数	16%	17%	18%	19%	20%	21%	22%	23%	24%	25%	26%	27%	28%	29%	30%
1	0.8621	0.8547	0.8475	0.8403	0.8333	0.8264	0.8197	0.8130	0.8065	0.8000	0.7937	0.7874	0.7813	0.7752	0.7692
2	0.7432	0.7305	0.7182	0.7062	0.6944	0.6830	0.6719	0.6610	0.6504	0.6400	0.6299	0.6200	0.6104	0.6009	0.5917
3	0.6407	0.6244	0.6086	0.5934	0.5787	0.5645	0.5507	0.5374	0.5245	0.5120	0.4999	0.4882	0.4768	0.4658	0.4552
4	0.5523	0.5337	0.5158	0.4987	0.4823	0.4665	0.4514	0.4369	0.4230	0.4096	0.3968	0.3844	0.3725	0.3611	0.3501
5	0.4761	0.4561	0.4371	0.4190	0.4019	0.3855	0.3700	0.3552	0.3411	0.3277	0.3149	0.3027	0.2910	0.2799	0.2693
6	0.4104	0.3898	0.3704	0.3521	0.3349	0.3186	0.3033	0.2888	0.2751	0.2621	0.2499	0.2383	0.2274	0.2170	0.2072
7	0.3538	0.3332	0.3139	0.2959	0.2791	0.2633	0.2486	0.2348	0.2218	0.2097	0.1983	0.1877	0.1776	0.1682	0.1594
8	0.3050	0.2848	0.2660	0.2487	0.2326	0.2176	0.2038	0.1909	0.1789	0.1678	0.1574	0.1478	0.1388	0.1304	0.1226
9	0.2630	0.2434	0.2255	0.2090	0.1938	0.1799	0.1670	0.1552	0.1443	0.1342	0.1249	0.1164	0.1084	0.1011	0.0943

续表

10	0.2267	0.2080	0.1911	0.1756	0.1615	0.1486	0.1369	0.1262	0.1164	0.1074	0.0992	0.0916	0.0847	0.0784	0.0725
11	0.1954	0.1778	0.1619	0.1476	0.1346	0.1228	0.1122	0.1026	0.0938	0.0859	0.0787	0.0721	0.0662	0.0607	0.0558
12	0.1685	0.1520	0.1372	0.1240	0.1122	0.1015	0.0920	0.0834	0.0757	0.0687	0.0625	0.0568	0.0517	0.0471	0.0429
13	0.1452	0.1299	0.1163	0.1042	0.0935	0.0839	0.0754	0.0678	0.0610	0.0550	0.0496	0.0447	0.0404	0.0365	0.0330
14	0.1252	0.1110	0.0985	0.0876	0.0779	0.0693	0.0618	0.0551	0.0492	0.0440	0.0393	0.0352	0.0316	0.0283	0.0254
15	0.1079	0.0949	0.0835	0.0736	0.0649	0.0573	0.0507	0.0448	0.0397	0.0352	0.0312	0.0277	0.0247	0.0219	0.0195
16	0.0930	0.0811	0.0708	0.0618	0.0541	0.0474	0.0415	0.0364	0.0320	0.0281	0.0248	0.0218	0.0193	0.0170	0.0150
17	0.0802	0.0693	0.0600	0.0520	0.0451	0.0391	0.0340	0.0296	0.0258	0.0225	0.0197	0.0172	0.0150	0.0132	0.0116
18	0.0691	0.0592	0.0508	0.0437	0.0376	0.0323	0.0279	0.0241	0.0208	0.0180	0.0156	0.0135	0.0118	0.0102	0.0089
19	0.0596	0.0506	0.0431	0.0367	0.0313	0.0267	0.0229	0.0196	0.0168	0.0144	0.0124	0.0107	0.0092	0.0079	0.0068
20	0.0514	0.0433	0.0365	0.0308	0.0261	0.0221	0.0187	0.0159	0.0135	0.0115	0.0098	0.0084	0.0072	0.0061	0.0053
21	0.0443	0.0370	0.0309	0.0259	0.0217	0.0183	0.0154	0.0129	0.0109	0.0092	0.0078	0.0066	0.0056	0.0048	0.0040
22	0.0382	0.0316	0.0262	0.0218	0.0181	0.0151	0.0126	0.0105	0.0088	0.0074	0.0062	0.0052	0.0044	0.0037	0.0031
23	0.0329	0.0270	0.0222	0.0183	0.0151	0.0125	0.0103	0.0086	0.0071	0.0059	0.0049	0.0041	0.0034	0.0029	0.0024
24	0.0284	0.0231	0.0188	0.0154	0.0126	0.0103	0.0085	0.0070	0.0057	0.0047	0.0039	0.0032	0.0027	0.0022	0.0018
25	0.0245	0.0197	0.0160	0.0129	0.0105	0.0085	0.0069	0.0057	0.0046	0.0038	0.0031	0.0025	0.0021	0.0017	0.0014
26	0.0211	0.0169	0.0135	0.0109	0.0087	0.0070	0.0057	0.0046	0.0037	0.0030	0.0025	0.0020	0.0016	0.0013	0.0011
27	0.0182	0.0144	0.0115	0.0091	0.0073	0.0058	0.0047	0.0037	0.0030	0.0024	0.0019	0.0016	0.0013	0.0010	0.0008
28	0.0157	0.0123	0.0097	0.0077	0.0061	0.0048	0.0038	0.0030	0.0024	0.0019	0.0015	0.0012	0.0010	0.0008	0.0006
29	0.0135	0.0105	0.0082	0.0064	0.0051	0.0040	0.0031	0.0025	0.0020	0.0015	0.0012	0.0010	0.0008	0.0006	0.0005
30	0.0116	0.0090	0.0070	0.0054	0.0042	0.0033	0.0026	0.0020	0.0016	0.0012	0.0010	0.0008	0.0006	0.0005	0.0004

附表三

年金终值系数表

期数	1%	2%	3%	4%	5%	6%	7%	8%	9%	10%	11%	12%	13%	14%	15%
1	1.0000	1.0000	1.0000	1.0000	1.0000	1.0000	1.0000	1.0000	1.0000	1.0000	1.0000	1.0000	1.0000	1.0000	1.0000
2	2.0100	2.0200	2.0300	2.0400	2.0500	2.0600	2.0700	2.0800	2.0900	2.1000	2.1100	2.1200	2.1300	2.1400	2.1500
3	3.0301	3.0604	3.0909	3.1216	3.1525	3.1836	3.2149	3.2464	3.2781	3.3100	3.3421	3.3744	3.4069	3.4396	3.4725
4	4.0604	4.1216	4.1836	4.2465	4.3101	4.3746	4.4399	4.5061	4.5731	4.6410	4.7097	4.7793	4.8498	4.9211	4.9934
5	5.1010	5.2040	5.3091	5.4163	5.5256	5.6371	5.7507	5.8666	5.9847	6.1051	6.2278	6.3528	6.4803	6.6101	6.7424
6	6.1520	6.3081	6.4684	6.6330	6.8019	6.9753	7.1533	7.3359	7.5233	7.7156	7.9129	8.1152	8.3227	8.5355	8.7537
7	7.2135	7.4343	7.6625	7.8983	8.1420	8.3938	8.6540	8.9228	9.2004	9.4872	9.7833	10.0890	10.4047	10.7305	11.0668
8	8.2857	8.5830	8.8923	9.2142	9.5491	9.8975	10.2598	10.6366	11.0285	11.4359	11.8594	12.2997	12.7573	13.2328	13.7268
9	9.3685	9.7546	10.1591	10.5828	11.0266	11.4913	11.9780	12.4876	13.0210	13.5795	14.1640	14.7757	15.4157	16.0853	16.7858
10	10.4622	10.9497	11.4639	12.0061	12.5779	13.1808	13.8164	14.4866	15.1929	15.9374	16.7220	17.5487	18.4197	19.3373	20.3037
11	11.5668	12.1687	12.8078	13.4864	14.2068	14.9716	15.7836	16.6455	17.5603	18.5312	19.5614	20.6546	21.8143	23.0445	24.3493
12	12.6825	13.4121	14.1920	15.0258	15.9171	16.8699	17.8885	18.9771	20.1407	21.3843	22.7132	24.1331	25.6502	27.2707	29.0017
13	13.8093	14.6803	15.6178	16.6268	17.7130	18.8821	20.1406	21.4953	22.9534	24.5227	26.2116	28.0291	29.9847	32.0887	34.3519
14	14.9474	15.9739	17.0863	18.2919	19.5986	21.0151	22.5505	24.2149	26.0192	27.9750	30.0949	32.3926	34.8827	37.5811	40.5047
15	16.0969	17.2934	18.5989	20.0236	21.5786	23.2760	25.1290	27.1521	29.3609	31.7725	34.4054	37.2797	40.4175	43.8424	47.5804
16	17.2579	18.6393	20.1569	21.8245	23.6575	25.6725	27.8881	30.3243	33.0034	35.9497	39.1899	42.7533	46.6717	50.9804	55.7175
17	18.4304	20.0121	21.7616	23.6975	25.8404	28.2129	30.8402	33.7502	36.9737	40.5447	44.5008	48.8837	53.7391	59.1176	65.0751
18	19.6147	21.4123	23.4144	25.6454	28.1324	30.9057	33.9990	37.4502	41.3013	45.5992	50.3959	55.7497	61.7251	68.3941	75.8364
19	20.8109	22.8406	25.1169	27.6712	30.5390	33.7600	37.3790	41.4463	46.0185	51.1591	56.9395	63.4397	70.7494	78.9692	88.2118

续表

20	22.0190	24.2974	26.8704	29.7781	33.0660	36.7856	40.9955	45.7620	51.1601	57.2750	64.2028	72.0524	80.9468	91.0249	102.4436
21	23.2392	25.7833	28.6765	31.9692	35.7193	39.9927	44.8652	50.4229	56.7645	64.0025	72.2651	81.6987	92.4699	104.7684	118.8101
22	24.4716	27.2990	30.5368	34.2480	38.5052	43.3923	49.0057	55.4568	62.8733	71.4027	81.2143	92.5026	105.4910	120.4360	137.6316
23	25.7163	28.8450	32.4529	36.6179	41.4305	46.9958	53.4361	60.8933	69.5319	79.5430	91.1479	104.6029	120.2048	138.2970	159.2764
24	26.9735	30.4219	34.4265	39.0826	44.5020	50.8156	58.1767	66.7648	76.7898	88.4973	102.1742	118.1552	136.8315	158.6586	184.1678
25	28.2432	32.0303	36.4593	41.6459	47.7271	54.8645	63.2490	73.1059	84.7009	98.3471	114.4133	133.3339	155.6196	181.8708	212.7930
26	29.5256	33.6709	38.5530	44.3117	51.1135	59.1564	68.6765	79.9544	93.3240	109.1818	127.9988	150.3339	176.8501	208.3327	245.7120
27	30.8209	35.3443	40.7096	47.0842	54.6691	63.7058	74.4838	87.3508	102.7231	121.0999	143.0786	169.3740	200.8406	238.4993	283.5688
28	32.1291	37.0512	42.9309	49.9676	58.4026	68.5281	80.6977	95.3388	112.9682	134.2099	159.8173	190.6989	227.9499	272.8892	327.1041
29	33.4504	38.7922	45.2189	52.9663	62.3227	73.6398	87.3465	103.9659	124.1354	148.6309	178.3972	214.5828	258.5834	312.0937	377.1697
30	34.7849	40.5681	47.5754	56.0849	66.4388	79.0582	94.4608	113.2832	136.3075	164.4940	199.0209	241.3327	293.1992	356.7868	434.7451

期数	16%	17%	18%	19%	20%	21%	22%	23%	24%	25%	26%	27%	28%	29%	30%
1	1.0000	1.0000	1.0000	1.0000	1.0000	1.0000	1.0000	1.0000	1.0000	1.0000	1.0000	1.0000	1.0000	1.0000	1.0000
2	2.1600	2.1700	2.1800	2.1900	2.2000	2.2100	2.2200	2.2300	2.2400	2.2500	2.2600	2.2700	2.2800	2.2900	2.3000
3	3.5056	3.5389	3.5724	3.6061	3.6400	3.6741	3.7084	3.7429	3.7776	3.8125	3.8476	3.8829	3.9184	3.9541	3.9900
4	5.0665	5.1405	5.2154	5.2913	5.3680	5.4457	5.5242	5.6038	5.6842	5.7656	5.8480	5.9313	6.0156	6.1008	6.1870
5	6.8771	7.0144	7.1542	7.2966	7.4416	7.5892	7.7396	7.8926	8.0484	8.2070	8.3684	8.5327	8.6999	8.8700	9.0431
6	8.9775	9.2068	9.4420	9.6830	9.9299	10.1830	10.4423	10.7079	10.9801	11.2588	11.5442	11.8366	12.1359	12.4423	12.7560
7	11.4139	11.7720	12.1415	12.5227	12.9159	13.3214	13.7396	14.1708	14.6153	15.0735	15.5458	16.0324	16.5339	17.0506	17.5828
8	14.2401	14.7733	15.3270	15.9020	16.4991	17.1189	17.7623	18.4300	19.1229	19.8419	20.5876	21.3612	22.1634	22.9953	23.8577
9	17.5185	18.2847	19.0859	19.9234	20.7989	21.7139	22.6700	23.6690	24.7125	25.8023	26.9404	28.1287	29.3692	30.6639	32.0150

续表

10	21.3215	22.3931	23.5213	24.7089	25.9587	27.2738	28.6574	30.1128	31.6434	33.2529	34.9449	36.7235	38.5926	40.5564	42.6195
11	25.7329	27.1999	28.7551	30.4035	32.1504	34.0013	35.9620	38.0388	40.2379	42.5661	45.0306	47.6388	50.3985	53.3178	56.4053
12	30.8502	32.8239	34.9311	37.1802	39.5805	42.1416	44.8737	47.7877	50.8950	54.2077	57.7386	61.5013	65.5100	69.7800	74.3270
13	36.7862	39.4040	42.2187	45.2445	48.4966	51.9913	55.7459	59.7788	64.1097	68.7596	73.7506	79.1066	84.8529	91.0161	97.6250
14	43.6720	47.1027	50.8180	54.8409	59.1959	63.9095	69.0100	74.5280	80.4961	86.9495	93.9258	101.4654	109.6117	118.4108	127.9125
15	51.6595	56.1101	60.9653	66.2607	72.0351	78.3305	85.1922	92.6694	100.8151	109.6868	119.3465	129.8611	141.3029	153.7500	167.2863
16	60.9250	66.6488	72.9390	79.8502	87.4421	95.7799	104.9345	114.9834	126.0108	138.1085	151.3766	165.9236	181.8677	199.3374	218.4722
17	71.6730	78.9792	87.0680	96.0218	105.9306	116.8937	129.0201	142.4295	157.2534	173.6357	191.7345	211.7230	233.7907	258.1453	285.0139
18	84.1407	93.4056	103.7403	115.2659	128.1167	142.4413	158.4045	176.1883	195.9942	218.0446	242.5855	269.8882	300.2521	334.0074	371.5180
19	98.6032	110.2846	123.4135	138.1664	154.7400	173.3540	194.2535	217.7116	244.0328	273.5558	306.6577	343.7580	385.3227	431.8696	483.9734
20	115.3797	130.0329	146.6280	165.4180	186.6880	210.7584	237.9893	268.7853	303.6006	342.9447	387.3887	437.5726	494.2131	558.1118	630.1655
21	134.8405	153.1385	174.0210	197.8474	225.0256	256.0176	291.3469	331.6059	377.4648	429.6809	489.1098	556.7173	633.5927	720.9642	820.2151
22	157.4150	180.1721	206.3448	236.4385	271.0307	310.7813	356.4432	408.8753	469.0563	538.1011	617.2783	708.0309	811.9987	931.0438	1067.2796
23	183.6014	211.8013	244.4868	282.3618	326.2369	377.0454	435.8607	503.9166	582.6298	673.6264	778.7707	900.1993	1040.3583	1202.0465	1388.4635
24	213.9776	248.8076	289.4945	337.0105	392.4842	457.2249	532.7501	620.8174	723.4610	843.0329	982.2511	1144.2531	1332.6586	1551.6400	1806.0026
25	249.2140	292.1049	342.6035	402.0425	471.9811	554.2422	650.9551	764.6054	898.0916	1054.7912	1238.6363	1454.2014	1706.8031	2002.6156	2348.8033
26	290.0883	342.7627	405.2721	479.4306	567.3773	671.6330	795.1653	941.4647	1114.6336	1319.4890	1561.6818	1847.8358	2185.7079	2584.3741	3054.4443
27	337.5024	402.0323	479.2211	571.5224	681.8528	813.6759	971.1016	1159.0016	1383.1457	1650.3612	1968.7191	2347.7515	2798.7061	3334.8426	3971.7776
28	392.5028	471.3778	566.4809	681.1116	819.2233	985.5479	1185.7440	1426.5719	1716.1007	2063.9515	2481.5860	2982.6444	3583.3438	4302.9470	5164.3109
29	456.3032	552.5121	669.4475	811.5228	984.0680	1193.5129	1447.6077	1755.6835	2128.9648	2580.9394	3127.7984	3788.9583	4587.6801	5551.8016	6714.6042
30	530.3117	647.4391	790.9480	966.7122	1181.8816	1445.1507	1767.0813	2160.4907	2640.9164	3227.1743	3942.0260	4812.9771	5873.2306	7162.8241	8729.9855

附表四

年金现值系数表

期数	1%	2%	3%	4%	5%	6%	7%	8%	9%	10%	11%	12%	13%	14%	15%
1	0.9901	0.9804	0.9709	0.9615	0.9524	0.9434	0.9346	0.9259	0.9174	0.9091	0.9009	0.8929	0.8850	0.8772	0.8696
2	1.9704	1.9416	1.9135	1.8861	1.8594	1.8334	1.8080	1.7833	1.7591	1.7355	1.7125	1.6901	1.6681	1.6467	1.6257
3	2.9410	2.8839	2.8286	2.7751	2.7232	2.6730	2.6243	2.5771	2.5313	2.4869	2.4437	2.4018	2.3612	2.3216	2.2832
4	3.9020	3.8077	3.7171	3.6299	3.5460	3.4651	3.3872	3.3121	3.2397	3.1699	3.1024	3.0373	2.9745	2.9137	2.8550
5	4.8534	4.7135	4.5797	4.4518	4.3295	4.2124	4.1002	3.9927	3.8897	3.7908	3.6959	3.6048	3.5172	3.4331	3.3522
6	5.7955	5.6014	5.4172	5.2421	5.0757	4.9173	4.7665	4.6229	4.4859	4.3553	4.2305	4.1114	3.9975	3.8887	3.7845
7	6.7282	6.4720	6.2303	6.0021	5.7864	5.5824	5.3893	5.2064	5.0330	4.8684	4.7122	4.5638	4.4226	4.2883	4.1604
8	7.6517	7.3255	7.0197	6.7327	6.4632	6.2098	5.9713	5.7466	5.5348	5.3349	5.1461	4.9676	4.7988	4.6389	4.4873
9	8.5660	8.1622	7.7861	7.4353	7.1078	6.8017	6.5152	6.2469	5.9952	5.7590	5.5370	5.3282	5.1317	4.9464	4.7716
10	9.4713	8.9826	8.5302	8.1109	7.7217	7.3601	7.0236	6.7101	6.4177	6.1446	5.8892	5.6502	5.4262	5.2161	5.0188
11	10.3676	9.7868	9.2526	8.7605	8.3064	7.8869	7.4987	7.1390	6.8052	6.4951	6.2065	5.9377	5.6869	5.4527	5.2337
12	11.2551	10.5753	9.9540	9.3851	8.8633	8.3838	7.9427	7.5361	7.1607	6.8137	6.4924	6.1944	5.9176	5.6603	5.4206
13	12.1337	11.3484	10.6350	9.9856	9.3936	8.8527	8.3577	7.9038	7.4869	7.1034	6.7499	6.4235	6.1218	5.8424	5.5831
14	13.0037	12.1062	11.2961	10.5631	9.8986	9.2950	8.7455	8.2442	7.7862	7.3667	6.9819	6.6282	6.3025	6.0021	5.7245
15	13.8651	12.8493	11.9379	11.1184	10.3797	9.7122	9.1079	8.5595	8.0607	7.6061	7.1909	6.8109	6.4624	6.1422	5.8474
16	14.7179	13.5777	12.5611	11.6523	10.8378	10.1059	9.4466	8.8514	8.3126	7.8237	7.3792	6.9740	6.6039	6.2651	5.9542
17	15.5623	14.2919	13.1661	12.1657	11.2741	10.4773	9.7632	9.1216	8.5436	8.0216	7.5488	7.1196	6.7291	6.3729	6.0472
18	16.3983	14.9920	13.7535	12.6593	11.6896	10.8276	10.0591	9.3719	8.7556	8.2014	7.7016	7.2497	6.8399	6.4674	6.1280
19	17.2260	15.6785	14.3238	13.1339	12.0853	11.1581	10.3356	9.6036	8.9501	8.3649	7.8393	7.3658	6.9380	6.5504	6.1982

续表

20	18.0456	16.3514	14.8775	13.5903	12.4622	11.4699	10.5940	9.8181	9.1285	8.5136	7.9633	7.4694	7.0248	6.6231	6.2593
21	18.8570	17.0112	15.4150	14.0292	12.8212	11.7641	10.8355	10.0168	9.2922	8.6487	8.0751	7.5620	7.1016	6.6870	6.3125
22	19.6604	17.6580	15.9369	14.4511	13.1630	12.0416	11.0612	10.2007	9.4424	8.7715	8.1757	7.6446	7.1695	6.7429	6.3587
23	20.4558	18.2922	16.4436	14.8568	13.4886	12.3034	11.2722	10.3711	9.5802	8.8832	8.2664	7.7184	7.2297	6.7921	6.3988
24	21.2434	18.9139	16.9355	15.2470	13.7986	12.5504	11.4693	10.5288	9.7066	8.9847	8.3481	7.7843	7.2829	6.8351	6.4338
25	22.0232	19.5235	17.4131	15.6221	14.0939	12.7834	11.6536	10.6748	9.8226	9.0770	8.4217	7.8431	7.3300	6.8729	6.4641
26	22.7952	20.1210	17.8768	15.9828	14.3752	13.0032	11.8258	10.8100	9.9290	9.1609	8.4881	7.8957	7.3717	6.9061	6.4906
27	23.5596	20.7069	18.3270	16.3296	14.6430	13.2105	11.9867	10.9352	10.0266	9.2372	8.5478	7.9426	7.4086	6.9352	6.5135
28	24.3164	21.2813	18.7641	16.6631	14.8981	13.4062	12.1371	11.0511	10.1161	9.3066	8.6016	7.9844	7.4412	6.9607	6.5335
29	25.0658	21.8444	19.1885	16.9837	15.1411	13.5907	12.2777	11.1584	10.1983	9.3696	8.6501	8.0218	7.4701	6.9830	6.5509
30	25.8077	22.3965	19.6004	17.2920	15.3725	13.7648	12.4090	11.2578	10.2737	9.4269	8.6938	8.0552	7.4957	7.0027	6.5660

期数	16%	17%	18%	19%	20%	21%	22%	23%	24%	25%	26%	27%	28%	29%	30%
1	0.8621	0.8547	0.8475	0.8403	0.8333	0.8264	0.8197	0.8130	0.8065	0.8000	0.7937	0.7874	0.7813	0.7752	0.7692
2	1.6052	1.5852	1.5656	1.5465	1.5278	1.5095	1.4915	1.4740	1.4568	1.4400	1.4235	1.4074	1.3916	1.3761	1.3609
3	2.2459	2.2096	2.1743	2.1399	2.1065	2.0739	2.0422	2.0114	1.9813	1.9520	1.9234	1.8956	1.8684	1.8420	1.8161
4	2.7982	2.7432	2.6901	2.6386	2.5887	2.5404	2.4936	2.4483	2.4043	2.3616	2.3202	2.2800	2.2410	2.2031	2.1662
5	3.2743	3.1993	3.1272	3.0576	2.9906	2.9260	2.8636	2.8035	2.7454	2.6893	2.6351	2.5827	2.5320	2.4830	2.4356
6	3.6847	3.5892	3.4976	3.4098	3.3255	3.2446	3.1669	3.0923	3.0205	2.9514	2.8850	2.8210	2.7594	2.7000	2.6427
7	4.0386	3.9224	3.8115	3.7057	3.6046	3.5079	3.4155	3.3270	3.2423	3.1611	3.0833	3.0087	2.9370	2.8682	2.8021
8	4.3436	4.2072	4.0776	3.9544	3.8372	3.7256	3.6193	3.5179	3.4212	3.3289	3.2407	3.1564	3.0758	2.9986	2.9247
9	4.6065	4.4506	4.3030	4.1633	4.0310	3.9054	3.7863	3.6731	3.5655	3.4631	3.3657	3.2728	3.1842	3.0997	3.0190

续表

10	4.8332	4.6586	4.4941	4.3389	4.1925	4.0541	3.9232	3.7993	3.6819	3.5705	3.4648	3.3644	3.2689	3.1781	3.0915
11	5.0286	4.8364	4.6560	4.4865	4.3271	4.1769	4.0354	3.9018	3.7757	3.6564	3.5435	3.4365	3.3351	3.2388	3.1473
12	5.1971	4.9884	4.7932	4.6105	4.4392	4.2784	4.1274	3.9852	3.8514	3.7251	3.6059	3.4933	3.3868	3.2859	3.1903
13	5.3423	5.1183	4.9095	4.7147	4.5327	4.3624	4.2028	4.0530	3.9124	3.7801	3.6555	3.5381	3.4272	3.3224	3.2233
14	5.4675	5.2293	5.0081	4.8023	4.6106	4.4317	4.2646	4.1082	3.9616	3.8241	3.6949	3.5733	3.4587	3.3507	3.2487
15	5.5755	5.3242	5.0916	4.8759	4.6755	4.4890	4.3152	4.1530	4.0013	3.8593	3.7261	3.6010	3.4834	3.3726	3.2682
16	5.6685	5.4053	5.1624	4.9377	4.7296	4.5364	4.3567	4.1894	4.0333	3.8874	3.7509	3.6228	3.5026	3.3896	3.2832
17	5.7487	5.4746	5.2223	4.9897	4.7746	4.5755	4.3908	4.2190	4.0591	3.9099	3.7705	3.6400	3.5177	3.4028	3.2948
18	5.8178	5.5339	5.2732	5.0333	4.8122	4.6079	4.4187	4.2431	4.0799	3.9279	3.7861	3.6536	3.5294	3.4130	3.3037
19	5.8775	5.5845	5.3162	5.0700	4.8435	4.6346	4.4415	4.2627	4.0967	3.9424	3.7985	3.6642	3.5386	3.4210	3.3105
20	5.9288	5.6278	5.3527	5.1009	4.8696	4.6567	4.4603	4.2786	4.1103	3.9539	3.8083	3.6726	3.5458	3.4271	3.3158
21	5.9731	5.6648	5.3837	5.1268	4.8913	4.6750	4.4756	4.2916	4.1212	3.9631	3.8161	3.6792	3.5514	3.4319	3.3198
22	6.0113	5.6964	5.4099	5.1486	4.9094	4.6900	4.4882	4.3021	4.1300	3.9705	3.8223	3.6844	3.5558	3.4356	3.3230
23	6.0442	5.7234	5.4321	5.1668	4.9245	4.7025	4.4985	4.3106	4.1371	3.9764	3.8273	3.6885	3.5592	3.4384	3.3254
24	6.0726	5.7465	5.4509	5.1822	4.9371	4.7128	4.5070	4.3176	4.1428	3.9811	3.8312	3.6918	3.5619	3.4406	3.3272
25	6.0971	5.7662	5.4669	5.1951	4.9476	4.7213	4.5139	4.3232	4.1474	3.9849	3.8342	3.6943	3.5640	3.4423	3.3286
26	6.1182	5.7831	5.4804	5.2060	4.9563	4.7284	4.5196	4.3278	4.1511	3.9879	3.8367	3.6963	3.5656	3.4437	3.3297
27	6.1364	5.7975	5.4919	5.2151	4.9636	4.7342	4.5243	4.3316	4.1542	3.9903	3.8387	3.6979	3.5669	3.4447	3.3305
28	6.1520	5.8099	5.5016	5.2228	4.9697	4.7390	4.5281	4.3346	4.1566	3.9923	3.8402	3.6991	3.5679	3.4455	3.3312
29	6.1656	5.8204	5.5098	5.2292	4.9747	4.7430	4.5312	4.3371	4.1585	3.9938	3.8414	3.7001	3.5687	3.4461	3.3317
30	6.1772	5.8294	5.5168	5.2347	4.9789	4.7463	4.5338	4.3391	4.1601	3.9950	3.8424	3.7009	3.5693	3.4466	3.3321